Übernachten in deutschen Städten

Gute Nacht zum kleinen Preis

D1722302

Übernachten in deutschen Städten

Gute Nacht zum kleinen Preis

grafit

© 1995 by GRAFIT Verlag GmbH
Postfach 300 240, D-44232 Dortmund
Alle Rechte vorbehalten.
Redaktionsschluß: 7.2.1995
Kein Teil dieses Buches darf in irgendeiner Form (Druck, Fotokopie oder in einem anderen Verfahren) ohne schriftliche Genehmigung des Verlages reproduziert oder unter Verwendung elektronischer Systeme verarbeitet, vervielfältigt oder verbreitet werden.
Alle Angaben nach bestem Wissen, aber ohne Gewähr.
Redaktion: Ulrike Rodi
Anzeigenredaktion: Rutger Booß
Umschlagfoto: Bildwerk, Dortmund
Satz und EDV-Aufbereitung: Knipp Satz und Bild digital, Dortmund
Druck und Bindearbeiten: Ebner Ulm
ISBN 3-89425-113-1
1. 2. 3. / 1995

Inhalt

Legende

In die „Gute Nacht zum kleinen Preis" wurden alle Hotels und Pensionen aufgenommen, die in den 25 dargestellten Städten ganzjährig Einzelzimmer unter DM 150,– anbieten (Preisangaben für 1995).
Das nachfolgende Verzeichnis ist alphabetisch nach Städten und innerhalb dieser nach Stadtteilen geordnet. Die Kopfzeile jeder Seite enthält die Angabe des Stadtteils (innen) und die Bezeichnung der Stadt (außen).

Verwendete Piktogramme:

🔧 Kaltes und warmes Wasser in allen Zimmern	TV im Haus
Kaltes und warmes Wasser in einigen Zimmern	Restaurant
Dusche/Bad + WC in allen Zimmern	Garage
Dusche/Bad + WC in einigen Zimmern	Eigener Parkplatz
Dusche/Bad in allen Zimmern	Hunde erlaubt
Dusche/Bad in einigen Zimmern	Hallenbad
Dusche/Bad in Etage/Haus	Freibad
Telefon in allen Zimmern	Sauna
Telefon in einigen Zimmern	Lift
Minibar in allen Zimmern	Kreditkarten akzeptiert
Minibar in einigen Zimmern	Behindertentauglich
TV in allen Zimmern	Eingeschränkt behindertentauglich
TV in einigen Zimmern	Konferenzraum, Plätze
	Ruhetag
	Wochenendangebote
	Entfernung von Hbf/Stadtmitte in km

Berlin

Charlottenburg

Econtel Berlin
PLZ 10589, Sömmeringstr. 24
☎ 030–34681-147 Fax: 3447034
205 Zimmer, 465 Betten
EZ: 146,00 – 231,00 DM,
DZ: 167,00 – 252,00 DM

Hotel Bogota
Inh. Steffen Rissmann
PLZ 10707, Schlüterstr. 45
☎ 030–8815001 Fax: 8835887
128 Zimmer, 245 Betten
EZ: 68,00 – 125,00 DM,
DZ: 110,00 – 180,00 DM

Berlin Plaza Hotel
PLZ 10719, Knesebeckstr. 63
☎ 030–88413-0 Fax: 88413-754
31 Zimmer, 221 Betten
EZ: 148,00 – 265,00 DM,
DZ: 198,00 – 335,00 DM

Hotel Consul
PLZ 10623, Knesebeckstr. 8-9
☎ 030–31106-0 Fax: 3122060
75 Zimmer, 130 Betten
EZ: 119,00 – 169,00 DM,
DZ: 215,00 – 269,00 DM

Hotel-Pension am Lehniner Platz
PLZ 10711, Damaschkestr. 4
☎ 030–3234282 Fax: 3239359
29 Zimmer, 96 Betten
EZ: 80,00 – 90,00 DM,
DZ: 128,00 – 140,00 DM

Hotel May
PLZ 10719, Lietzenburger Str. 76
☎ 030–8815064/-65 Fax: 8834093
49 Zimmer, 89 Betten
EZ: 110,00 – 150,00 DM,
DZ: 150,00 – 180,00 DM
Frühstück: 10,00 DM

Hotel „Eremitage" Berlin
PLZ 10629, Schlüterstr. 54
☎ 030–8827151/-52 Fax: 8833410
44 Zimmer, 84 Betten
EZ: 80,00 – 140,00 DM,
DZ: 100,00 – 200,00 DM

Hotel Charlottenburger Hof
PLZ 10627, Stuttgarter Platz 14
☎ 030–329070 Fax: 3233723
45 Zimmer, 80 Betten
EZ: 80,00 – 120,00 DM,
DZ: 100,00 – 160,00 DM,
HP: 18,00 DM, VP: 30,00 DM
Frühstück: 5,00 DM

Hotel Alpenland
PLZ 10623, Carmerstr. 8
☎ 030–3124898 Fax: 3138444
42 Zimmer, 80 Betten
EZ: 80,00 – 120,00 DM,
DZ: 110,00 – 180,00 DM,
HP: 15,00 DM, VP: 30,00 DM

Hotel Bialas
PLZ 10623, Carmerstr. 16
☎ 030–3125025 Fax: 3124396
40 Zimmer, 80 Betten
EZ: 70,00 – 100,00 DM,
DZ: 100,00 – 150,00 DM

Hotel Hardenberg Garni
PLZ 10623, Joachimstaler Str. 39/40
☎ 030–8851824, 8823071 Fax: 8815170
42 Zimmer, 68 Betten
EZ: 140,00 – 225,00 DM,
DZ: 170,00 – 320,00 DM

 15
 0,3

Hotel Börse
PLZ 10719, Kurfürstendamm 34
☎ 030–8813021 Fax: 8832034
45 Zimmer, 66 Betten
EZ: 110,00 – 120,00 DM,
DZ: 140,00 – 150,00 DM

Hotel Funkturm
PLZ 14057, Wundtstr. 72
☎ 030–3221081/-82 Fax: 3255945
29 Zimmer, 66 Betten
EZ: 65,00 – 120,00 DM,
DZ: 110,00 – 170,00 DM
Frühstück: 5,00 DM

 4,0

Hotel Westerland
PLZ 10623, Knesebeckstr. 10
☎ 030–3121004 Fax: 3136489
31 Zimmer, 65 Betten
EZ: 115,00 – 135,00 DM,
DZ: 185,00 – 205,00 DM

Hotel-Pension Stadt Tilsit
PLZ 10627, Stuttgarter Platz 9
☎ 030–3231027 Fax: 3245008
26 Zimmer, 65 Betten
EZ: 90,00 – 125,00 DM,
DZ: 125,00 – 160,00 DM

Hotel-Pension Tauentzien
PLZ 10789, Nürnberger Str. 14/15
☎ 030–2185935, 2119880 Fax: 2138557
24 Zimmer, 63 Betten
EZ: 110,00 – 130,00 DM,
DZ: 140,00 – 170,00 DM
Frühstück: 10,00 DM

Hotel Heidelberg
PLZ 10623, Knesebeckstr. 15
☎ 030–3130103 Fax: 3135870
40 Zimmer, 60 Betten
EZ: 98,00 – 168,00 DM,
DZ: 158,00 – 198,00 DM

 0,8

Hotel Charlot am Kurfürstendamm
PLZ 10629, Giesebrechtstr. 17
☎ 030–3234051/-52 Fax: 3240819
29 Zimmer, 60 Betten
EZ: 60,00 – 155,00 DM,
DZ: 108,00 – 230,00 DM

Hotel Spreewitz
PLZ 10627, Kantstr. 104
☎ 030–3235011 Fax: 3240780
27 Zimmer, 60 Betten
EZ: 70,00 – 110,00 DM,
DZ: 120,00 – 190,00 DM

Hotel Crystal
PLZ 10623, Kantstr. 144
☎ 030–3129047/-48/-49 Fax: 3126465
25 Zimmer, 60 Betten
EZ: 70,00 – 120,00 DM,
DZ: 90,00 – 150,00 DM

Hotel Pension Majesty
PLZ 10629, Mommsenstr. 55
☎ 030–3232061 Fax: 3232063
16 Zimmer, 60 Betten
EZ: 50,00 – 95,00 DM,
DZ: 100,00 – 165,00 DM

Hotel-Pension „Messe"
PLZ 14057, Neue Kantstr. 5
☎ 030–3216446 Fax: 3216446
20 Zimmer, 59 Betten
EZ: 55,00 – 85,00 DM,
DZ: 95,00 – 150,00 DM

Hotel Ahorn
PLZ 10707, Schlüterstr. 40
☎ 030–8814344 Fax: 8816500
27 Zimmer, 54 Betten
EZ: 110,00 – 175,00 DM,
DZ: 150,00 – 210,00 DM

 1,0

Hotel-Pension „Kurfürst"
PLZ 10707, Bleibtreustr. 34
☎ 030–8831800 Fax: 8831376
23 Zimmer, 52 Betten
EZ: 140,00 – 170,00 DM,
DZ: 160,00 – 190,00 DM

Hotel West-Pension
PLZ 10707, Kurfürstendamm 48/49
☎ 030–8818057/-58 Fax: 8813892
29 Zimmer, 50 Betten
EZ: 70,00 – 90,00 DM,
DZ: 110,00 – 200,00 DM
Frühstück: 12,00 DM

Hotel-Pension „Zum Schild"
PLZ 10719, Lietzenburger Str. 62
☎ 030–885925-0 Fax: 885925-88
24 Zimmer, 50 Betten
EZ: 65,00 – 110,00 DM,
DZ: 100,00 – 170,00 DM

 0,0

Hotel-Restaurant Heinz Kardell
PLZ 10629, Gervinusstr. 24
☎ 030–3241066 Fax: 3249710
32 Zimmer, 49 Betten
EZ: 125,00 – 160,00 DM,
DZ: 220,00 DM

Hotel-Pension Cortina
PLZ 10623, Kantstr. 140
☎ 030–3139059 Fax: 3127396
20 Zimmer, 45 Betten
EZ: 60,00 – 70,00 DM,
DZ: 90,00 – 130,00 DM

Hotel-Pension „Castell"
PLZ 10707, Wielandstr. 24
☎ 030–8827181 Fax: 8815548
22 Zimmer, 40 Betten
EZ: 65,00 – 95,00 DM,
DZ: 110,00 – 160,00 DM

Hotel-Pension Augusta
Inh. Danuta Lippoth
PLZ 10719, Fasanenstr. 22
☎ 030–8835028 Fax: 8824779
25 Zimmer, 38 Betten
EZ: 95,00 – 155,00 DM,
DZ: 149,00 – 195,00 DM

24  1,0

Arco Hotel-Pension
PLZ 10719, Kurfürstendamm 30
☎ 030–8826388 Fax: 8819902
20 Zimmer, 38 Betten
EZ: 68,00 – 135,00 DM,
DZ: 110,00 – 165,00 DM

Hotel Wieland
PLZ 10629, Wielandstr. 15
☎ 030–3236011 Fax: 3244907
17 Zimmer, 33 Betten
EZ: 92,00 – 145,00 DM,
DZ: 132,00 – 182,00 DM

 40  1,0

Hotel-Pension Fasanenhaus
PLZ 10719, Fasanenstr. 73
☎ 030–8816713 Fax: 8823947
19 Zimmer, 32 Betten
EZ: 75,00 – 90,00 DM,
DZ: 110,00 – 170,00 DM

Hotel-Pension Dittberner
PLZ 10707, Wielandstr. 26
☎ 030–8816485, 8823963 Fax: 8854046
22 Zimmer, 30 Betten
EZ: 85,00 – 140,00 DM,
DZ: 110,00 – 195,00 DM

Hotel von Korff
PLZ 14057, Kaiserdamm 29
☎ 030–3026198 Fax: 3022590
20 Zimmer, 30 Betten
EZ: 112,00 – 140,00 DM,
DZ: 110,00 – 174,00 DM

Hotel-Pension Modena
PLZ 10707, Wielandstr. 26
☎ 030–8857010, 8835404 Fax: 8815294
20 Zimmer, 30 Betten
EZ: 55,00 – 120,00 DM,
DZ: 95,00 – 170,00 DM

Hotel-Pension Elite
PLZ 10789, Rankestr. 9
☎ 030–8818308, 8815308 Fax: 8825422
17 Zimmer, 30 Betten
EZ: 100,00 – 125,00 DM,
DZ: 150,00 – 195,00 DM

Hotel-Pension Radloff-Rumland
PLZ 10719, Kurfürstendamm 226
☎ 030–8813331 Fax: 8813631
16 Zimmer, 30 Betten
EZ: 95,00 – 110,00 DM,
DZ: 140,00 – 160,00 DM
Frühstück: 10,00 DM

Pension Olivia
PLZ 10625, Schlüterstr. 36
☎ 030–8815895, 885981-0
Fax: 8854837
15 Zimmer, 30 Betten
EZ: 95,00 – 125,00 DM,
DZ: 130,00 – 145,00 DM

 0,1

Hotel Pension Dorothee
PLZ 10789, Nürnberger Str. 14
☎ 030–2114054 Fax: 2117855
15 Zimmer, 30 Betten
EZ: 95,00 DM, DZ: 145,00 DM

Pension Silvia
PLZ 10623, Knesebeckstr. 29
☎ 030–8812129 Fax: 8850435
15 Zimmer, 30 Betten
EZ: 55,00 DM, DZ: 90,00 – 200,00 DM
Frühstück: 9,50 DM

Hotel-Pension Charlottenburg
PLZ 10623, Grolmannstr. 32/33
☎ 030–8815254
14 Zimmer, 30 Betten
EZ: 65,00 – 110,00 DM,
DZ: 100,00 – 150,00 DM

Hotel garni Astrid
PLZ 10623, Bleibtreustr. 20
☎ 030–8815959, 8818686 Fax: 8822040
14 Zimmer, 30 Betten
EZ: 85,00 – 115,00 DM,
DZ: 125,00 – 165,00 DM

 0,2

Hotel-Pension Amiri
PLZ 10629, Leibnizstr. 57
☎ 030–3241926 Fax: 3242326
12 Zimmer, 30 Betten
EZ: 80,00 – 100,00 DM,
DZ: 120,00 – 140,00 DM

 0,4

Hotel-Pension Elba
PLZ 10707, Bleibtreustr. 26
☎ 030–8817504 Fax: 8823246
14 Zimmer, 29 Betten
EZ: 90,00 – 150,00 DM,
DZ: 165,00 – 185,00 DM

Hotel-Pension Birth
PLZ 10789, Rankestr. 23
☎ 030–2119001 Fax: 2137393
11 Zimmer, 28 Betten
EZ: 125,00 – 160,00 DM,
DZ: 160,00 – 235,00 DM

Hotel-Pension Gloria
PLZ 10707, Wielandstr. 27
☎ 030–8818060, 8816343 Fax: 8815294
15 Zimmer, 27 Betten
EZ: 55,00 – 85,00 DM,
DZ: 120,00 – 150,00 DM

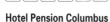

Hotel Pension Columbus
PLZ 10719, Meinekestr. 5
☎ 030–8815061 Fax: 8815061
19 Zimmer, 25 Betten
EZ: 80,00 – 120,00 DM,
DZ: 120,00 – 180,00 DM

Hotel Pension Großmann
PLZ 10623, Bleibtreustr. 17
☎ 030–8816462
8 Zimmer, 25 Betten
EZ: 105,00 – 120,00 DM,
DZ: 130,00 – 150,00 DM
Frühstück: 9,00 DM

 0,1

Pension Eden Am Zoo
PLZ 10623, Uhlandstr. 184
☎ 030–8815900 Fax: 8815732
16 Zimmer, 24 Betten
EZ: 120,00 – 150,00 DM,
DZ: 150,00 – 200,00 DM
Frühstück: 5,00 DM

Hotel-Pension Funk
PLZ 10719, Fasanenstr. 69
☎ 030–8827193 Fax: 8833329
13 Zimmer, 24 Betten
EZ: 60,00 – 75,00 DM,
DZ: 100,00 – 135,00 DM

Hotel-Pension „West"
PLZ 14057, Kaiserdamm 102
☎ 030–3227867 Fax: 3212062
12 Zimmer, 24 Betten
EZ: 90,00 – 145,00 DM,
DZ: 120,00 – 175,00 DM

Hotel-Pension Reichsstraße
PLZ 14052, Reichsstraße 105
☎ 030–3021088 Fax: 3021052
14 Zimmer, 23 Betten
EZ: 68,00 – 150,00 DM,
DZ: 115,00 – 175,00 DM

Hotel-Pension Leibniz
PLZ 10629, Leibnizstr. 59
☎ 030–3238495 Fax: 3238923
12 Zimmer, 23 Betten
EZ: 75,00 – 95,00 DM,
DZ: 95,00 – 140,00 DM

Hotel-Pension Juwel
PLZ 10719, Meinekestr. 26
☎ 030–8827141 Fax: 8851413
17 Zimmer, 22 Betten
EZ: 95,00 – 110,00 DM,
DZ: 140,00 – 220,00 DM

Pension Arkade
PLZ 10625, Kantstr. 34
☎ 030–3130824 Fax: 3134929
10 Zimmer, 22 Betten
EZ: 110,00 – 120,00 DM,
DZ: 140,00 – 160,00 DM

Pension Niebuhr
PLZ 10629, Niebuhrstr. 74
☎ 030–3249595/-96 Fax: 3248021
12 Zimmer, 21 Betten
EZ: 95,00 – 140,00 DM,
DZ: 120,00 – 170,00 DM

 0,0

Hotel-Pension Imperator
PLZ 10719, Meinekestr. 5
☎ 030–8814181, 8825185 Fax: 8851919
11 Zimmer, 20 Betten
EZ: 70,00 – 100,00 DM,
DZ: 120,00 – 160,00 DM
Frühstück: 12,00/20,00 DM

Hotel-Pension Elfert
PLZ 10623, Knesebeckstr. 13/14
☎ 030–3121236
10 Zimmer, 20 Betten
EZ: 85,00 – 130,00 DM,
DZ: 130,00 – 160,00 DM

Pension Fischer
PLZ 10789, Nürnberger Str. 24 a
☎ 030–2186808 Fax: 2134225
10 Zimmer, 20 Betten
EZ: 50,00 – 60,00 DM,
DZ: 70,00 – 110,00 DM
Frühstück: 7,00/9,00 DM

Pension Knesebeck
PLZ 10623, Knesebeckstr. 86
☎ 030–317255 Fax: 3139507
9 Zimmer, 18 Betten
EZ: 75,00 DM, DZ: 120,00 – 140,00 DM

City-Pension Alexandra
PLZ 10629, Wielandstr. 32
☎ 030–885778-0 Fax: 885778-18
8 Zimmer, 18 Betten
EZ: 85,00 – 155,00 DM,
DZ: 95,00 – 185,00 DM

Pension Galerie 48
PLZ 10629, Leibnizstr. 48
☎ 030–3232351 Fax: 3242658
8 Zimmer, 15 Betten
EZ: 70,00 DM, DZ: 110,00 – 120,00 DM

Pension Brinn
PLZ 10625, Schillerstr. 10
☎ 030–3121605 Fax: 3121605
6 Zimmer, 15 Betten
EZ: 90,00 – 120,00 DM,
DZ: 130,00 – 150,00 DM
Preise ohne Frühstück

 1,0

Hotel-Pension Nürnberger Eck
PLZ 10789, Nürnberger Str. 24 a
☎ 030–2185371 Fax: 2141540
8 Zimmer, 14 Betten
EZ: 75,00 DM, DZ: 120,00 DM

 1,5

Hotel Am Park - Pension
PLZ 14057, Sophie-Charlotten-Str. 57/58
☎ 030–3213485 Fax: 3213485
8 Zimmer, 13 Betten
EZ: 75,00 – 115,00 DM,
DZ: 115,00 – 125,00 DM

 16 3,0

Pension Kettler
PLZ 10623, Bleibtreustr. 19
☎ 030–8834949, 8835676 Fax: 8824228
7 Zimmer, 13 Betten
EZ: 100,00 – 145,00 DM,
DZ: 120,00 – 180,00 DM
Frühstück: 15,00 DM

Pension Zumpe
PLZ 10629, Sybelstr. 35
☎ 030–3232067 Fax: 3237832
7 Zimmer, 13 Betten
EZ: 48,00 – 88,00 DM,
DZ: 89,00 – 129,00 DM

Pension Flora
PLZ 10623, Uhlandstr. 184
☎ 030–8811617 Fax: 8833156
6 Zimmer, 13 Betten
EZ: 100,00 – 120,00 DM,
DZ: 130,00 – 140,00 DM

Hotel-Pension Ingeborg
PLZ 10629, Wielandstr. 33
☎ 030–8831343 Fax: 8824116
6 Zimmer, 11 Betten
EZ: 110,00 – 130,00 DM,
DZ: 135,00 – 160,00 DM

Pension Peters
PLZ 10623, Kantstr. 146
☎ 030–3122278 Fax: 7847915
2 Zimmer, 10 Betten
EZ: 50,00 – 80,00 DM,
DZ: 105,00 – 130,00 DM

Pension Hannelore
PLZ 14050, Platanenallee 10
☎ 030–3022829
4 Zimmer, 8 Betten
EZ: 85,00 DM, DZ: 125,00 DM

Grünau

Touristenhaus Grünau
PLZ 12527, Dahmestr. 6
☎ 030–6764422 Fax: 6764421
36 Zimmer, 115 Betten
EZ: ab 50,00 DM, DZ: ab 95,00 DM

Hohenschönhausen

Berlin City-Apartments
BCA Wilhelmsberg
PLZ 13055, Landsberger Allee 203
☎ 030–97808-0 Fax: 97808-450
292 Zimmer, 584 Betten
EZ: 140,00 – 160,00 DM,
DZ: 180,00 – 200,00 DM,
HP: 25,00 DM, VP: 50,00 DM

 250

Sporthotel
im Sport- u. Kongreßzentrum Berlin
PLZ 13053, Weißenseer Weg 51-55
☎ 030–97972100 Fax: 97972444
94 Zimmer, 191 Betten
EZ: 100,00 DM, DZ: 130,00 DM,
HP: 25,00 DM, VP: 50,00 DM
Übernachtung im zugehörigen
Bettenhaus 40,00 DM/Person

 25-600

Gasthof Molks
PLZ 13053, Marzahner Str. 8
☎ 030–9765384 Fax: 9764034
12 Zimmer, 24 Betten
EZ: 140,00 DM, DZ: 170,00 DM,
HP: 15,00 DM, VP: 27,50 DM

30 60,00 DM pro Person

Hotel-Pension Lydia
Inh. Lydia Lange
PLZ 13051, Kyllburger Weg 24
☎ 030–9652371 Fax: 9652694
14 Zimmer, 21 Betten
EZ: 90,00 DM, DZ: 135,00 DM

 20

Karow

Pension Monika
Inh. Monika Buth
PLZ 13125, Schräger Weg 26
☎ 030–9494502, 9430502
4 Zimmer, 8 Betten
EZ: 56,00 – 76,00 DM,
DZ: 72,00 – 92,00 DM

15,0

Beegs-Pension
Inh. Gudrun Beeg
PLZ 13125, Florastr. 8
☎ 030–9430246 Fax: 9430246
4 Zimmer, 8 Betten
EZ: 80,00 DM, DZ: 120,00 – 130,00 DM
Unterbringung in Mehrbettzimmern
40,00 DM/Person

15,0

Köpenick

Hotel Müggelsee
PLZ 12559, Am Großen Müggelsee
☎ 030–658820 Fax: 65882263
174 Zimmer, 348 Betten
EZ: 120,00 – 250,00 DM,
DZ: 150,00 – 300,00 DM, HP: ab
25,00 DM, VP: ab 50,00 DM

 8-80,200

Euroringhotel Wendenschloß
PLZ 12557, Möllhausenufer 25-29
☎ 030–6569808 Fax: 6569792
25 Zimmer, 49 Betten
EZ: 70,00 – 120,00 DM,
DZ: 110,00 – 260,00 DM,
HP: 30,00 DM, VP: 45,00 DM

 25 25,0

Hotel am Dämeritzsee
PLZ 12589, Kanalstr. 38/39
☎ 030–6489662, 6489415 Fax: 6489360
24 Zimmer, 47 Betten
EZ: 110,00 – 130,00 DM,
DZ: 130,00 – 165,00 DM,
HP: 15,00 DM, VP: 34,00 DM

 10,20,30,40,80

Hotel-Pension Karolinenhof
PLZ 12527, Pretschener Weg 42
☎ 030–6750970 Fax: 67509724
11 Zimmer, 18 Betten
EZ: 79,00 – 109,00 DM,
DZ: 119,00 – 149,00 DM
Frühstück: 10,00 DM

12 20,0

Pension Kramer
PLZ 12555, Eitelsdorfer Str. 35
☎ 030–6575656 Fax: 6575656
6 Zimmer, 12 Betten
EZ: 85,00 – 90,00 DM,
DZ: 95,00 – 110,00 DM

Kreuzberg

Antares Hotel am Potsdamer Platz
PLZ 10963, Stresemannstr. 97
☎ 030–25416-0 Fax: 2615027
87 Zimmer, 160 Betten
EZ: 130,00 – 195,00 DM,
DZ: 240,00 – 270,00 DM,
HP: 28,00 DM, VP: 56,00 DM

 90 DZ
160,00 DM

Hotel Transit
PLZ 10965, Hagelberger Str. 53-54
☎ 030–7855051 Fax: 7859619
49 Zimmer, 142 Betten
EZ: 80,00 DM, DZ: 99,00 DM

 3,0

Hotel Am Anhalter Bahnhof
PLZ 10963, Stresemannstr. 36
☎ 030–2510342 Fax: 2514897
32 Zimmer, 72 Betten
EZ: 80,00 – 150,00 DM,
DZ: 120,00 – 180,00 DM

 3,0

Hotel zur Reichspost
PLZ 10967, Urbanstr. 84
☎ 030–6911035 Fax: 6937889
35 Zimmer, 55 Betten
EZ: 55,00 – 70,00 DM,
DZ: 80,00 – 130,00 DM

 5,0

Hotel am Hermannplatz
PLZ 10967, Kottbusser Damm 24
☎ 030–6959130 Fax: 6941036
16 Zimmer, 30 Betten
EZ: 95,00 – 110,00 DM,
DZ: 136,00 – 145,00 DM

Lichtenberg

Hotel Ruschestraße
PLZ 10367, Ruschestr. 45
☎ 030–23724777, 23728927
Fax: 23728928
240 Zimmer, 360 Betten
EZ: 65,00 – 125,00 DM,
DZ: 130,00 – 180,00 DM

Berlin City-Apartements
BCA Lichtenberg
PLZ 10315, Rhinstr. 159
☎ 030–5400112 Fax: 9753121
118 Zimmer, 254 Betten
EZ: 140,00 – 160,00 DM,
DZ: 180,00 – 200,00 DM,
HP: 24,50 DM, VP: 49,00 DM

 20-250 6,0

Hotel Nova
PLZ 10317, Weitlingstr. 15
☎ 030–5252466 Fax: 5252432
38 Zimmer, 70 Betten
EZ: 140,00 DM,
DZ: 160,00 – 180,00 DM,
HP: 25,00 DM, VP: 50,00 DM

Mahlsdorf

Park-Hotel Berlin
PLZ 12623, Brodauer Str. 33
☎ 030–5275145 Fax: 5275045
46 Zimmer, 92 Betten
EZ: 85,00 – 130,00 DM,
DZ: 115,00 – 155,00 DM

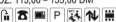

Hotel-Pension Draheim
Inh. Christa Draheim
PLZ 12623, An der Schule 38
☎ 030–5275223
18 Zimmer, 29 Betten
EZ: 95,00 – 120,00 DM,
DZ: 105,00 – 150,00 DM

 15,0

Hotel-Pension An der Weide
Inh. Jutta Wanske
PLZ 12623, Alt-Mahlsdorf 20
☎ 030–5277975 Fax: 5277184
14 Zimmer, 26 Betten
EZ: 95,00 – 120,00 DM, DZ: 150,00 DM

Marzahn

Pension An der Eiche
Inh. Evelyn Boche
PLZ 12681, Harbertssteg 17/19
☎ 030–5455220 Fax: 5432801
18 Zimmer, 36 Betten
EZ: 45,00 – 95,00 DM,
DZ: 120,00 – 140,00 DM

 12,0

Pension Blumenbach
Inh. M. Jagdmann
PLZ 12685, Blumenbachweg 40
☎ 030–5455377 Fax: 5455387
10 Zimmer, 19 Betten
EZ: 88,00 DM, DZ: 108,00 – 115,00 DM

 12,0

 auf Anfrage

Mitte

Hotel Berolina
PLZ 10178, Karl-Marx-Allee 31
☎ 030–238130 Fax: 2423409
380 Zimmer, 666 Betten
EZ: 145,00 – 205,00 DM,
DZ: 190,00 – 280,00 DM,
HP: 25,00 DM, VP: 50,00 DM

 50

Hotel Fischerinsel
PLZ 10179, Neue Roßstr. 11
☎ 030–23807700 Fax: 23807800
103 Zimmer, 204 Betten
EZ: 120,00 – 150,00 DM,
DZ: 160,00 – 180,00 DM,
HP: 25,00 DM, VP: 50,00 DM

 20-50 2,0

Hotel-Pension Amadeus
PLZ 10117, Friedrichstr. 124
☎ 030–2829352 Fax: 2826281
30 Zimmer, 100 Betten
EZ: 35,00 – 79,00 DM,
DZ: 50,00 – 115,00 DM

Hotel-Pension Kastanienhof
PLZ 10119, Kastanienallee 66
☎ 030–2819246 Fax: 2818513
35 Zimmer, 65 Betten
EZ: 130,00 – 160,00 DM,
DZ: 160,00 – 210,00 DM

2,0

Hotel Märkischer Hof
Inh. Richter
PLZ 10115, Linienstr. 133
☎ 030–2827155 Fax: 2824331
20 Zimmer, 40 Betten
EZ: 120,00 – 145,00 DM,
DZ: 135,00 – 195,00 DM

22 0,1 20 % Preisnachlaß

Hotel Merkur
Inh. I. Haberstock
PLZ 10115, Torstr. 156
☎ 030–2828297 Fax: 2827765
16 Zimmer, 30 Betten
EZ: 70,00 – 105,00 DM,
DZ: 125,00 – 160,00 DM

Hotel Novalis
PLZ 10115, Novalisstr. 5
☎ 030–2824008 Fax: 2833781
9 Zimmer, 16 Betten
EZ: 140,00 DM,
DZ: 160,00 – 190,00 DM

 16 1,0

Neukölln

Hotel an der Gropiusstadt
PLZ 12357, Neuköllner Str. 284
☎ 030–6613031 Fax: 6613031
67 Zimmer, 99 Betten
EZ: 70,00 – 150,00 DM,
DZ: 120,00 – 190,00 DM

Hotel Britzer Hof
PLZ 12347, Jahnstr. 13
☎ 030–685008-0 Fax: 685008-68
50 Zimmer, 98 Betten
EZ: 120,00 – 195,00 DM,
DZ: 165,00 – 250,00 DM

Hotel Süden
PLZ 12357, Neuköllner Str. 217
☎ 030–66008-0 Fax: 66008-161
33 Zimmer, 66 Betten
EZ: 70,00 – 100,00 DM,
DZ: 100,00 – 160,00 DM

15,0 3 Nächte
schlafen, 2 bezahlen

Pension Goldi
PLZ 12351, Goldammerstr. 58 a
☎ 030–6032018/-51 Fax: 6032028
12 Zimmer, 36 Betten
EZ: 80,00 – 110,00 DM,
DZ: 110,00 – 130,00 DM
Frühstück: 12,00 DM

 20 5,0 3
Nächte schlafen, 2 bezahlen

Hotel Esprit
PLZ 12351, Rudower Str. 179
☎ 030–6621051 Fax: 6613460
15 Zimmer, 29 Betten
EZ: 145,00 – 200,00 DM,
DZ: 215,00 – 245,00 DM

 25 10,0 auf Anfrage

Pension Helga
PLZ 12355, Formerweg 19
☎ 030–6621010
10 Zimmer, 15 Betten
EZ: 45,00 – 50,00 DM,
DZ: 90,00 – 100,00 DM

Frühstückspension Haus Wirt
Inh. Johanna Wirt
PLZ 12357, Fenchelweg 81
☎ 030–6611618 Fax: 6624866
7 Zimmer, 15 Betten
EZ: 70,00 DM, DZ: 100,00 DM

 15,0

Pension Albrecht
PLZ 12355, Bartschiner Str. 30 a
☎ 030–6641123, 6637780
4 Zimmer, 8 Betten
EZ: 95,00 – 105,00 DM,
DZ: 110,00 – 120,00 DM

Pension Ilse Altermann
PLZ 12349, Battenheimer Weg 10
☎ 030–7426977
4 Zimmer, 8 Betten
EZ: 70,00 – 85,00 DM,
DZ: 105,00 – 125,00 DM

Haus Tannenblick
PLZ 12349, Ostheimer Str. 6
☎ 030–7423759 Fax: 7423759
4 Zimmer, 7 Betten
EZ: 70,00 – 80,00 DM, DZ: 120,00 DM
P 10,0

Pension Goldraute
PLZ 12357, Stubenrauchstr. 9
☎ 030–6614304
2 Zimmer, 7 Betten
EZ: 70,00 DM, DZ: 90,00 DM
Frühstück: 10,00 DM

Haus Rudow
PLZ 12355, Neudecker Weg 69 a
☎ 030–6635070
2 Zimmer, 7 Betten
EZ: 105,00 DM, DZ: 120,00 DM

 20,0

Pankow

Gästehaus Schloß Niederschönhausen
PLZ 13156, Tschaikowskistr. 1
☎ 030–47888120 Fax: 4825938
56 Zimmer, 90 Betten
EZ: 135,00 – 165,00 DM,
DZ: 185,00 – 290,00 DM,
HP: 30,00 DM, VP: 60,00 DM

 10-300

Hotel Idaia
PLZ 13156, Idastr. 10
☎ 030–6071340 Fax: 6071340
23 Zimmer, 46 Betten
DZ: 190,00 – 220,00 DM

Hotel-Pension Rosenthal
PLZ 13156, Friedrich-Engels-Str. 88
☎ 030–4744404
12 Zimmer, 24 Betten
EZ: 95,00 – 140,00 DM,
DZ: 110,00 – 151,00 DM

Hotelpension Allegro
PLZ 13156, Rudolf-Dietzen-Weg 22-24
☎ 030–48339711 Fax: 48339712
11 Zimmer, 17 Betten
EZ: 110,00 – 160,00 DM,
DZ: 160,00 – 180,00 DM
 15-20
 7,0

Pension Prüfer
PLZ 13158, Schönholzer Weg 18
☎ 030–9163993 Fax: 9165358
4 Zimmer, 8 Betten
DZ: 100,00 – 160,00 DM
 10,0 auf
Anfrage

Prenzlauer Berg

City-Apartments
BCA Prenzlauer Berg
PLZ 10407, Storkower Str. 114
☎ 030–4232805 Fax: 4265387
110 Zimmer, 183 Betten
EZ: 65,00 DM, DZ: 90,00 DM,
HP: 20,00 DM, VP: 40,00 DM
 12

Reinickendorf

Econtel Airport Tegel
PLZ 13403, Gotthardstr. 96
☎ 030–34681-147 Fax: 3447034
300 Zimmer, 550 Betten
EZ: 144,00 – 214,00 DM,
DZ: 163,00 – 233,00 DM

 8,0

Hotel Ibis Berlin Reinickendorf
PLZ 13407, Alt-Reinickendorf 4-5
☎ 030–49883-0 Fax: 49883-444
116 Zimmer, 161 Betten
EZ: 139,00 – 169,00 DM,
DZ: 139,00 – 169,00 DM
Frühstück: 15,00 DM
 12,0

Central-Hotel Reinickendorf
PLZ 13403, Kögelstr. 12-13
☎ 030–498810 Fax: 49881-650
70 Zimmer, 140 Betten
EZ: 100,00 – 145,00 DM,
DZ: 130,00 – 185,00 DM

Central-Hotel Tegel
PLZ 13509, Holzhauser Str. 2
☎ 030–435970 Fax: 43597-481
70 Zimmer, 140 Betten
EZ: 100,00 – 145,00 DM,
DZ: 130,00 – 185,00 DM

Hotel am Tegeler See
PLZ 13507, Wilkestr. 2
☎ 030–4384-0 Fax: 4384-150
56 Zimmer, 100 Betten
EZ: 85,00 – 160,00 DM,
DZ: 175,00 – 210,00 DM

Hotel Igel
PLZ 13505, Friederikestr. 33-34
☎ 030–436001-0 Fax: 4362470
53 Zimmer, 100 Betten
EZ: 95,00 – 160,00 DM,
DZ: 175,00 – 220,00 DM,
HP: 12,00 DM, VP: 18,00 DM
 20 20,0 auf
Anfrage

Waldhotel Frohnau
PLZ 13465, Schönfließer Str. 83-85
☎ 030–4014056/-57 Fax: 4061053
48 Zimmer, 88 Betten
EZ: 130,00 – 150,00 DM,
DZ: 200,00 – 220,00 DM

Hotel „Haus Dannenberg am See"
PLZ 13503, Alt-Heiligensee 52
☎ 030–4313091 Fax: 4310073
23 Zimmer, 49 Betten
EZ: 130,00 – 155,00 DM,
DZ: 175,00 – 210,00 DM

Pension Sascha
PLZ 13403, Fichborndamm 42
☎ 030–4138195 Fax: 4138488
13 Zimmer, 32 Betten
EZ: 100,00 DM,
DZ: 120,00 – 140,00 DM

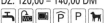

Hotel CD
PLZ 13403, Blankestr. 11
☎ 030–4960555/-58/-59 Fax: 4960540
10 Zimmer, 27 Betten
EZ: 140,00 – 160,00 DM,
DZ: 190,00 – 210,00 DM

Pension „Haus Schliebner"
PLZ 13439, Dannenwalder Weg 95
☎ 030–4167997
6 Zimmer, 15 Betten
EZ: 40,00 DM, DZ: 58,00 DM

Hotel-Ristorante Gattopardo
PLZ 13439, Senftenberger Ring 5-7
☎ 030–4152659 Fax: 4152858
8 Zimmer, 12 Betten
EZ: 95,00 DM, DZ: 135,00 DM

Gästehaus Pietsch
PLZ 13505, Gerlindeweg 18
☎ 030–4310672 Fax: 4363606
6 Zimmer, 12 Betten
EZ: 126,50 DM, DZ: 159,00 DM

Pension Weimann
PLZ 13505, Rabenhorststr. 6 a
☎ 030–4311184
5 Zimmer, 8 Betten
EZ: 45,00 – 55,00 DM,
DZ: 85,00 – 120,00 DM

 22,0

Wirtshaus zum Finkenhanel
PLZ 13435, Steinkirchener Str. 17
☎ 030–4154953
3 Zimmer, 7 Betten
EZ: 40,00 DM, DZ: 75,00 DM

Gästehaus Am Eulenhorst
PLZ 13505, Am Eulenhorst 3
☎ 030–4315741
1 Zimmer, 5 Betten
EZ: 60,00 DM, DZ: 90,00 DM

Privatzimmer Wolfram
PLZ 13435, Steinkirchener Str. 8
☎ 030–4151362
1 Zimmer, 2 Betten
DZ: 70,00 DM
Preise ohne Frühstück

Schmöckwitz

Tagungshotel und Restaurant
Teikyo University
PLZ 12527, Jagen 17-20
(Schmöckwitzer Damm)
☎ 030–67504-0 Fax: 67504-47
21 Zimmer, 34 Betten
EZ: 80,00 DM, DZ: 130,00 DM,
HP: 20,00 DM, VP: 40,00 DM
zusätzlich Appartements: 170,00 DM

8,25,40,50,240

Schöneberg

Hotel Wenzel
PLZ 10777, Fuggerstr. 13
☎ 030–2187093 Fax: 2137393
47 Zimmer, 117 Betten
EZ: 125,00 – 160,00 DM,
DZ: 160,00 – 235,00 DM

Hotel Sachsenhof
PLZ 10777, Motzstr. 7
☎ 030–2162074 Fax: 2158220
50 Zimmer, 98 Betten
EZ: 53,00 – 80,00 DM,
DZ: 99,00 – 140,00 DM
Frühstück: 10,00 DM

 0,5

Hotel Auberge
PLZ 10789, Bayreuther Str. 10
☎ 030–2114048 Fax: 2185230
29 Zimmer, 67 Betten
EZ: 100,00 – 120,00 DM,
DZ: 160,00 – 180,00 DM

1,0

Hotel-Pension Kleistpark
PLZ 10823, Belziger Str. 1
☎ 030–7811189 Fax: 7820149
20 Zimmer, 60 Betten
EZ: 115,00 – 150,00 DM,
DZ: 150,00 – 175,00 DM

Hotel-Pension Schöneberg
PLZ 10827, Hauptstr. 135
☎ 030–7818830 Fax: 7881020
31 Zimmer, 55 Betten
EZ: 130,00 – 180,00 DM,
DZ: 170,00 – 230,00 DM

Hotel Air-Berlin
PLZ 10787, Ansbacher Str. 6
☎ 030–2190900 Fax: 2142002
21 Zimmer, 42 Betten
EZ: 140,00 – 170,00 DM,
DZ: 180,00 – 210,00 DM

Hotel Norddeutscher Hof
PLZ 10777, Geisbergstr. 30
☎ 030–2182128 Fax: 2113387
23 Zimmer, 39 Betten
EZ: 75,00 – 135,00 DM,
DZ: 110,00 – 210,00 DM
Frühstück: 15,00 DM

2,0 auf Anfrage

Hotel Pension Alster
PLZ 10777, Eisenacher Str. 10
☎ 030–2186952, 2141524 Fax: 2176686
8 Zimmer, 28 Betten
EZ: 80,00 – 85,00 DM,
DZ: 110,00 – 120,00 DM

Spandau

Hotel „Christopherus-Haus"
im Ev. Johannesstift
PLZ 13587, Schönwalder Allee 26
☎ 030–33606-1 Fax: 33609220
98 Zimmer, 152 Betten
EZ: 98,00 – 158,00 DM,
DZ: 178,00 – 228,00 DM

 19,0

Hotel Benn
PLZ 13597, Ritterstr. 1 a + 15
☎ 030–3331061 Fax: 3339978
29 Zimmer, 50 Betten
EZ: 88,00 – 130,00 DM,
DZ: 125,00 – 190,00 DM

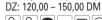

12,0

Hotel Kallmeyer
PLZ 13583, Seegefelder Str. 75
☎ 030–3332272, 3339730 Fax: 3339809
24 Zimmer, 38 Betten
EZ: 75,00 – 108,00 DM,
DZ: 120,00 – 150,00 DM

Hotel-Pension Margret
Inh. H. Kühn
PLZ 13597, Breite Str. 36
☎ 030–3333088 Fax: 3339663
20 Zimmer, 30 Betten
EZ: 110,00 DM, DZ: 150,00 DM

 25

 15,0

Hotel Herbst
PLZ 13597, Moritzstr. 20-21
☎ 030–3334032/-33 Fax: 3337365
21 Zimmer, 29 Betten
EZ: 125,00 – 135,00 DM,
DZ: 165,00 – 195,00 DM

 8,0

Hotel Siemensstadt
PLZ 13629, Jugendweg 4
☎ 030–3828128 Fax: 3814648
14 Zimmer, 22 Betten
EZ: 85,00 – 100,00 DM,
DZ: 100,00 – 150,00 DM

 25

 8,0

Hotel-Pension Rosengarten
PLZ 13581, Spandauer Str. 62
☎ 030–3662056 Fax: 3662059
11 Zimmer, 22 Betten
EZ: 100,00 – 130,00 DM,
DZ: 120,00 – 160,00 DM

 10,0 Fr-Mo: 120,00 DM p.
Person für 3 Tage

Hotel Hamburger Hof
PLZ 13597, Kinkelstr. 6
☎ 030–3334602
11 Zimmer, 15 Betten
EZ: 45,00 – 55,00 DM,
DZ: 90,00 – 100,00 DM

Gästehaus Erika
PLZ 13593, Weinmeisterhornweg 79
☎ 030–3622412
8 Zimmer, 8 Betten
EZ: 75,00 DM, DZ: 120,00 DM

Am Weinmeisterhorn Gästehaus
PLZ 13593, Weinmeisterhornweg 167
☎ 030–3635115 Fax: 3638239
5 Zimmer, 8 Betten
EZ: 85,00 – 125,00 DM,
DZ: 110,00 – 160,00 DM
Appartements auf Anfrage

 10,0

Pension 22
PLZ 14089, Schambachweg 22
☎ 030–3655230 Fax: 3653600
4 Zimmer, 8 Betten
EZ: 40,00 – 46,00 DM,
DZ: 60,00 – 72,00 DM
Frühstück: 10,00 DM

Steglitz

Ravenna Hotel
PLZ 12165, Grunewaldstr. 8/9
☎ 030–790910 Fax: 7924412
59 Zimmer, 122 Betten
EZ: 125,00 – 145,00 DM,
DZ: 175,00 – 195,00 DM

Pension Dalg
PLZ 12209, Woltmannweg 46
☎ 030–7734908 Fax: 7736574
21 Zimmer, 45 Betten
EZ: 97,50 DM, DZ: 95,00 DM
Doppelzimmer-Preis ohne Frühstück

Pension Schultze
PLZ 12249, Friedrichrodaer Str. 13
☎ 030–7799070 Fax: 77990758
13 Zimmer, 35 Betten
EZ: 68,00 DM, DZ: 96,00 DM
Frühstück: 12,00 DM

† 24.12.-01.01.  12,0

Hotel Gotland
PLZ 12247, Franzstr. 23
☎ 030–7715016/-17 Fax: 7719982
20 Zimmer, 30 Betten
EZ: 80,00 – 150,00 DM,
DZ: 120,00 – 180,00 DM

Apartment-Hotel-Winter
PLZ 12205, Drakestr. 60
☎ 030–8332840 Fax: 8337157
11 Zimmer, 26 Betten
DZ: 100,00 – 160,00 DM
ohne Frühstück

 4,0

Appartementhaus Sanssouci
PLZ 12209, Geitnerweg 42
☎ 030–768910-0 Fax: 768910-29
18 Zimmer, 24 Betten
DZ: 100,00 – 160,00 DM
ohne Frühstück

Hotel „Haus Franken"
Inh. Maria Nagott
PLZ 12207, Hochbergplatz 7
☎ 030–7721089 Fax: 7738228
10 Zimmer, 18 Betten
EZ: 112,00 – 168,00 DM,
DZ: 172,00 – 192,00 DM

 10,0

Hotel Mulino
PLZ 12205, Adolf-Martens-Str. 2
☎ 030–8328856
8 Zimmer, 17 Betten
DZ: 150,00 DM

Gästehaus Ingeborg
PLZ 12205, Ruthnerweg 15
☎ 030–8177632 Fax: 8177632
5 Zimmer, 8 Betten
EZ: 65,00 – 70,00 DM,
DZ: 100,00 – 105,00 DM

Pension Landhaus Struchtrup
PLZ 12205, Ruthnerweg 29 a
☎ 030–8174320
3 Zimmer, 6 Betten
EZ: 85,00 – 110,00 DM,
DZ: 115,00 – 150,00 DM

 † 23.12.-02.01.

 8,0

Tempelhof

Hotel Columbia
PLZ 10965, Dudenstr. 4
☎ 030–7851077/-78 Fax: 7867042
34 Zimmer, 68 Betten
EZ: 125,00 – 145,00 DM,
DZ: 165,00 – 195,00 DM

Hotel-Pension Zur Post
PLZ 12305, Lichtenrader Damm 35
☎ 030–7422031/-32 Fax: 736269
12 Zimmer, 30 Betten
EZ: 130,00 DM, DZ: 180,00 DM
Frühstück: 15,00 DM

Hotel Schneider
PLZ 12099, Holzmannstr. 10
☎ 030–6258093 Fax: 6262356
17 Zimmer, 27 Betten
EZ: 90,00 – 120,00 DM,
DZ: 150,00 – 180,00 DM

Turmhotel
PLZ 12307, Wünsdorfer Str. 108
☎ 030–764900-0 Fax: 7440560
10 Zimmer, 16 Betten
EZ: 95,00 DM, DZ: 135,00 DM

Pension „Dorf-Aue"
PLZ 12309, Alt-Lichtenrade 128
☎ 030–7444581 Fax: 7446787
8 Zimmer, 13 Betten
EZ: 65,00 – 100,00 DM,
DZ: 90,00 – 100,00 DM

Pension Werth
PLZ 12305, Kettinger Str. 56
☎ 030–7426439 Fax: 736172
6 Zimmer, 12 Betten
DZ: 100,00 – 160,00 DM

Hotel Les Nations
PLZ 10555, Zinzendorfstr. 6
☎ 030–3922026 Fax: 3925010
42 Zimmer, 67 Betten
EZ: 75,00 – 125,00 DM,
DZ: 130,00 – 185,00 DM

Hotel-Pension Conti
PLZ 10785, Potsdamer Str. 67
☎ 030–2612999 Fax: 2614637
40 Zimmer, 67 Betten
EZ: 70,00 DM, DZ: 110,00 DM

 0,0

Hotelpension Hansablick
PLZ 10555, Flotowstr. 6
☎ 030–3914048 Fax: 3926937
23 Zimmer, 45 Betten
EZ: 130,00 – 150,00 DM,
DZ: 150,00 – 190,00 DM

 1,5

Hotel-Pension „Am Schloß Bellevue"
PLZ 10557, Paulstr. 3
☎ 030–3911227, 3927856 Fax: 3936703
8 Zimmer, 16 Betten
EZ: 100,00 – 120,00 DM,
DZ: 150,00 – 160,00 DM

Pension Villa De Pêche
PLZ 10559, Havelberger Str. 4
☎ 030–3963013 Fax: 3968029
4 Zimmer, 8 Betten
EZ: 40,00 – 88,00 DM,
DZ: 60,00 – 120,00 DM
Frühstück: 6,50 DM

Victoria Hotelschiff
PLZ 12435, Puschkinallee 16/17
☎ 030–272370 Fax: 27237-222
68 Zimmer, 132 Betten
EZ: 145,00 DM, DZ: 175,00 DM,
HP: 23,50 DM, VP: 47,00 DM

 3,0

Trans-Hotel-Berlin
PLZ 12489, Radicke Str. 76
☎ 030–6775885, 6774071 Fax: 6775890
81 Zimmer, 106 Betten
EZ: 115,00 DM,
DZ: 150,00 – 180,00 DM, HP: möglich,
VP: möglich

 30 12,0

Hotel Haus Adler
PLZ 12489, Adlergestell 335
☎ 030–6774217 Fax: 6774221
21 Zimmer, 33 Betten
EZ: 88,00 – 98,00 DM,
DZ: 148,00 – 178,00 DM

 8,12,20

 Rest.: Sa, So

Wedding

Hotel Graf Pückler
PLZ 13347, Schönwalder Str. 21
☎ 030–461021 Fax: 4614731
53 Zimmer, 77 Betten
EZ: 75,00 – 140,00 DM,
DZ: 155,00 – 185,00 DM

Gästehaus Axel Springer im DHZB
PLZ 13353, Föhrer Str. 14
☎ 030–450060 Fax: 45006-46
35 Zimmer, 54 Betten
EZ: 149,00 DM, DZ: 204,00 DM

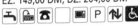

Weißensee

Pension Ulrich
Inh. Silvia Ulrich
PLZ 13125, Krontaler Str. 17
☎ 030–4001334 Fax: 4003465
6 Zimmer, 12 Betten
EZ: 75,00 – 90,00 DM, DZ: 120,00 DM

Wilmersdorf

Hotel Majestic
PLZ 10707, Brandenburgische Str. 47
☎ 030–8919076 Fax: 8919073
48 Zimmer, 98 Betten
EZ: 110,00 DM, DZ: 150,00 DM
Preise ohne Frühstück

Hotel-Pension Seifert
PLZ 10719, Uhlandstr. 162
☎ 030–884191-0 Fax: 884191-330
51 Zimmer, 88 Betten
EZ: 80,00 – 104,00 DM,
DZ: 115,00 – 170,00 DM

Hotel Eden
PLZ 10707, Sächsische Str. 70
☎ 030–8822066 Fax: 8825761
49 Zimmer, 80 Betten
EZ: 88,00 – 178,00 DM,
DZ: 188,00 – 248,00 DM

Hotel Comet
PLZ 10707, Kurfürstendamm 175
☎ 030–8827021 Fax: 8825707
37 Zimmer, 75 Betten
EZ: 110,00 – 160,00 DM,
DZ: 160,00 – 240,00 DM

 24.-26.12 0,0

Hotelpension „Haus der Begegnung"
PLZ 10717, Landhausstr. 10
☎ 030–860098-0 Fax: 8611758
36 Zimmer, 74 Betten
EZ: 90,00 – 100,00 DM,
DZ: 130,00 – 140,00 DM

Hotel Wilmersdorf
PLZ 10719, Schaperstr. 36
☎ 030–2177074 Fax: 7177077
41 Zimmer, 72 Betten
EZ: 95,00 – 135,00 DM,
DZ: 135,00 – 195,00 DM

Hotel-Pension Haus Konstanz
PLZ 10709, Konstanzer Str. 30
☎ 030–860268 Fax: 8616734
26 Zimmer, 68 Betten
EZ: 75,00 – 110,00 DM,
DZ: 98,00 – 150,00 DM

Hotel Prinzregent Garni
PLZ 10715, Prinzregentenstr. 47
☎ 030–8538051 Fax: 8547637
35 Zimmer, 63 Betten
EZ: 120,00 DM, DZ: 170,00 DM

 10

 10,0

Hotel-Pension Wittelsbach
PLZ 10719, Wittelsbacherstr. 22
☎ 030–876345 Fax: 8621532
33 Zimmer, 60 Betten
EZ: 125,00 – 180,00 DM,
DZ: 180,00 – 230,00 DM

Hotel Lenz
PLZ 10707, Xantener Str. 8
☎ 030–8815158 Fax: 8815517
28 Zimmer, 60 Betten
EZ: 145,00 – 170,00 DM,
DZ: 180,00 – 255,00 DM

Hotel-Pension Austriana
PLZ 10707, Pariser Str. 39/40
☎ 030–885700-0 Fax: 885700-88
23 Zimmer, 60 Betten
EZ: 70,00 – 140,00 DM,
DZ: 110,00 – 180,00 DM

Hotel-Pension Becker
PLZ 10717, Trautenaustr. 19
☎ 030–8618078/-79 Fax: 875623
22 Zimmer, 52 Betten
EZ: 75,00 – 100,00 DM,
DZ: 95,00 – 130,00 DM

Hotelpension Margrit
PLZ 10707, Brandenburgische Str. 24
☎ 030–8837717 Fax: 8823228
27 Zimmer, 50 Betten
EZ: 55,00 – 100,00 DM,
DZ: 105,00 – 145,00 DM

Hotel-Pension Insel Rügen
PLZ 10707, Pariser Str. 39/40
☎ 030–8843940 Fax: 88439437
21 Zimmer, 42 Betten
EZ: 70,00 – 90,00 DM,
DZ: 90,00 – 130,00 DM

 0,0

Atrium Hotel Garni
PLZ 10779, Motzstr. 87
☎ 030–2184057 Fax: 2117563
22 Zimmer, 40 Betten
EZ: 98,00 – 130,00 DM, DZ: 150,00 DM

 8,0

Hotel Belvedere
Inh. Erwin Opel
PLZ 14193, Seebergsteig 4
☎ 030–826001-0 Fax: 826001-63
22 Zimmer, 37 Betten
EZ: 60,00 – 140,00 DM,
DZ: 120,00 – 170,00 DM
Frühstück: 10,00 DM

 5,0

Hotel-Pension Xantener Eck
PLZ 10707, Xantener Str. 1
☎ 030–8821013 Fax: 8824367
15 Zimmer, 30 Betten
EZ: 140,00 – 180,00 DM,
DZ: 150,00 – 195,00 DM

 Rest.: So

Hotel-Pension Pariser Eck
PLZ 10707, Pariser Str. 19
☎ 030–8812145 Fax: 8836335
14 Zimmer, 30 Betten
EZ: 50,00 – 90,00 DM,
DZ: 90,00 – 130,00 DM

 2,0

Pension Finck
PLZ 10717, Güntzelstr. 54
☎ 030–8612940 Fax: 8618158
14 Zimmer, 30 Betten
EZ: 55,00 DM, DZ: 100,00 – 110,00 DM

Hotelpension Rheingold
PLZ 10707, Xantener Str. 9
☎ 030–8831040/-49, 885961-0
Fax: 8822006
15 Zimmer, 29 Betten
EZ: 85,00 – 130,00 DM,
DZ: 140,00 – 185,00 DM

 30

 1,0 auf Anfrage

Hotel Sylvia
PLZ 14199, Warnemünder Str. 19
☎ 030–8233071 Fax: 8244035
12 Zimmer, 28 Betten
EZ: 130,00 DM, DZ: 155,00 DM
Frühstück: 12,00 DM

Hotel Pension Kleist
PLZ 10707, Darmstädter Str. 7
☎ 030–8814701 Fax: 8814707
11 Zimmer, 25 Betten
EZ: 75,00 DM, DZ: 115,00 – 130,00 DM

Hotel-Pension Trautenau
PLZ 10717, Trautenaustr. 14
☎ 030–8613514
12 Zimmer, 24 Betten
EZ: 40,00 DM, DZ: 70,00 – 95,00 DM

Hotel-Pension Diana am See
PLZ 14193, Koenigsallee 40
☎ 030–8263029
11 Zimmer, 21 Betten
EZ: 105,00 DM,
DZ: 120,00 – 160,00 DM

Frauenhotel artemisia
PLZ 10707, Brandenburgische Str. 18
☎ 030–8738905, 8736373 Fax: 8618653
8 Zimmer, 20 Betten
EZ: 99,00 – 189,00 DM,
DZ: 169,00 – 220,00 DM

Pension Wien
Inh. Fam. Born
PLZ 10707, Brandenburgische Str. 37
☎ 030–8918486 Fax: 3451794
7 Zimmer, 19 Betten
EZ: 65,00 – 95,00 DM,
DZ: 95,00 – 105,00 DM
Frühstück: 7,50 DM

 2,0

Pension Am Elsterplatz
PLZ 14193, Plöner Str. 25
☎ 030–8262880 Fax: 8262880
10 Zimmer, 18 Betten
EZ: 70,00 – 90,00 DM,
DZ: 90,00 – 110,00 DM
Frühstück: 7,50 DM

Pension Güntzel
PLZ 10717, Güntzelstr. 62
☎ 030–857902-0 Fax: 8531108
8 Zimmer, 17 Betten
EZ: 90,00 – 130,00 DM,
DZ: 110,00 – 150,00 DM

 2,0

Hotel-Pension München
Inh. Renate Prasse
PLZ 10717, Güntzelstr. 62
☎ 030–8579120 Fax: 8532744
8 Zimmer, 17 Betten
EZ: 56,00 – 110,00 DM,
DZ: 70,00 – 130,00 DM
Frühstück: 9,00 DM

 4,0

Pension Bittner
PLZ 10707, Pariser Str. 39/40
☎ 030–8814570 Fax: 8814651
7 Zimmer, 16 Betten
EZ: 95,00 DM, DZ: 130,00 – 170,00 DM

Pension Gitte
Inh. Ingo Gitte
PLZ 10719, Pfalzburger Str. 87
☎ 030–8818427 Fax: 8839828
8 Zimmer, 15 Betten
EZ: 105,00 DM,
DZ: 150,00 – 155,00 DM

Pension am Rüdesheimer Platz
PLZ 14197, Rüdesheimer Platz 7
☎ 030–827917-0 Fax: 827917-20
8 Zimmer, 14 Betten
EZ: 75,00 DM, DZ: 120,00 – 140,00 DM
Frühstück: 12,00 DM

Das Gästehaus
Inh. Eva Steputat-Freireiß
PLZ 14197, Binger Str. 57
☎ 030–8214866 Fax: 8219086
8 Zimmer, 14 Betten
EZ: 100,00 – 120,00 DM,
DZ: 130,00 DM

 3,0

Hotel-Pension Diana
PLZ 14193, Wernerstr. 14 a
☎ 030–8261077-79 Fax: 826001-63
8 Zimmer, 14 Betten
EZ: 60,00 – 115,00 DM,
DZ: 110,00 – 170,00 DM
Frühstück: 10,00 DM

Pension Elton
PLZ 10719, Pariser Str. 9
☎ 030–8836155 Fax: 8836156
7 Zimmer, 14 Betten
EZ: 100,00 DM,
DZ: 130,00 – 150,00 DM

 0,6

Zehlendorf

Apartment Hotel Dahlem
PLZ 14195, Clayallee 150-152
☎ 030–8311459 Fax: 8315761
21 Zimmer, 40 Betten
EZ: 80,00 – 140,00 DM,
DZ: 120,00 – 180,00 DM

 7,0

Hotel garni Dackermann
PLZ 14195, Rudeloffweg 19
☎ 030–8326163, 8315660
6 Zimmer, 10 Betten
EZ: 95,00 – 125,00 DM,
DZ: 135,00 – 165,00 DM

Haus La Garde
PLZ 14129, Bergengruenstr. 16
☎ 030–8013009 Fax: 8024008
4 Zimmer, 8 Betten
EZ: 120,00 DM, DZ: 180,00 DM

 15,0

Haus Tannenhöhe
PLZ 14109, Ulricistr. 31
☎ 030–8051531
4 Zimmer, 7 Betten
EZ: 50,00 DM, DZ: 90,00 DM

Apartments Schlachtensee
PLZ 14129, Eiderstedter Weg 43 B
☎ 030–8017666
DZ: 90,00 – 170,00 DM
ohne Frühstück

Bonn

Stadtmitte

Sternhotel Bonn
Inh. Fam. Haupt
PLZ 53111, Markt 8
☎ 0228–72670 Fax: 7267125
79 Zimmer, 120 Betten
EZ: 130,00 – 175,00 DM,
DZ: 175,00 – 245,00 DM

 16

 0,0 EZ 130,00 DM, DZ
175,00 DM

Hotel Europa
PLZ 53111, Berliner Platz 9-13
☎ 0228–633063 Fax: 695357
51 Zimmer, 102 Betten
EZ: 95,00 – 105,00 DM,
DZ: 155,00 – 160,00 DM

Hotel Beethoven
PLZ 53113, Rheingasse 26
☎ 0228–631411 Fax: 691629
50 Zimmer, 99 Betten
EZ: 65,00 – 165,00 DM,
DZ: 165,00 – 185,00 DM

Hotel Rheinland Bonn
Inh. Wolfgang Seiler
PLZ 53111, Berliner Freiheit 11
☎ 0228–658096/-97 Fax: 472844
31 Zimmer, 51 Betten
EZ: 120,00 DM,
DZ: 135,00 – 170,00 DM, HP: 20,00 DM

 0,2 EZ 90,00 DM, DZ
100,00 – 130,00 DM

Hotel Savoy
PLZ 53111, Berliner Freiheit 17
☎ 0228–651356/-57 Fax: 696899
24 Zimmer, 47 Betten
EZ: 50,00 – 110,00 DM,
DZ: 90,00 – 145,00 DM

Hotel Eschweiler
PLZ 53111, Bonngasse 7
☎ 0228–631760/69 Fax: 694904
22 Zimmer, 44 Betten
EZ: 59,00 – 100,00 DM,
DZ: 105,00 – 150,00 DM

Hotel Friedrich
PLZ 53111, Friedrichstr. 27
☎ 0228–695419 Fax: 695419
13 Zimmer, 25 Betten
EZ: 60,00 – 115,00 DM,
DZ: 95,00 – 165,00 DM

Hotel Daufenbach
PLZ 53111, Brüdergasse 6
☎ 0228–637944
11 Zimmer, 22 Betten
EZ: 60,00 – 85,00 DM,
DZ: 95,00 – 120,00 DM

Hotel Löhndorf
PLZ 53113, Stockenstr. 6
☎ 0228–634726 Fax: 695712
15 Zimmer, 21 Betten
EZ: 65,00 – 130,00 DM,
DZ: 100,00 – 160,00 DM

 0,0

Hotel Gross
PLZ 53111, Bonngasse 17
☎ 0228–654080
10 Zimmer, 20 Betten
EZ: 87,00 DM, DZ: 140,00 DM

Auerberg

Hotel Kölner Hof
PLZ 53117, Kölnstr. 502
☎ 0228–671004 Fax: 679737
30 Zimmer, 59 Betten
EZ: 79,00 – 90,00 DM,
DZ: 127,00 – 145,00 DM

Hotel Auerberg
PLZ 53117, Kölnstr. 362
☎ 0228–671031/-33 Fax: 672933
18 Zimmer, 36 Betten
EZ: 115,00 DM, DZ: 160,00 DM

Dottendorf

Hotel Jacobs
PLZ 53129, Bergstr. 85-87
☎ 0228–232822 Fax: 232850
38 Zimmer, 76 Betten
EZ: 75,00 – 95,00 DM,
DZ: 120,00 – 180,00 DM

Endenich

Hotel Altes Treppchen
PLZ 53121, Endenicher Str. 308
☎ 0228–625004 Fax: 621264
22 Zimmer, 28 Betten
EZ: 75,00 – 150,00 DM,
DZ: 135,00 – 215,00 DM

Kessenich

Hotel Astoria
PLZ 53129, Hausdorffstr. 105-113
☎ 0228–239507 Fax: 230378
46 Zimmer, 71 Betten
EZ: 125,00 DM, DZ: 180,00 DM,
HP: 30,00 DM, VP: 60,00 DM
Halb- und Vollpension nur für Gruppen

Nordstadt

Hotel Ibis
PLZ 53119, Vorgebirgsstr. 33
☎ 0228–72660 Fax: 7266405
150 Zimmer, 300 Betten
EZ: 119,00 DM, DZ: 133,00 DM

Hotel Consul
PLZ 53111, Oxfordstr. 12-16
☎ 0228–72920 Fax: 7292250
70 Zimmer, 140 Betten
EZ: 120,00 – 170,00 DM,
DZ: 170,00 – 240,00 DM

Hotel Aigner
Minotel Bonn
PLZ 53111, Dorotheenstr. 12
☎ 0228–631037 Fax: 630017
42 Zimmer, 65 Betten
EZ: 85,00 – 115,00 DM,
DZ: 135,00 – 165,00 DM

 8-10 0,4

Hotel Deutsches Haus
PLZ 53111, Kasernenstr. 19
☎ 0228–633777 Fax: 659055
30 Zimmer, 59 Betten
EZ: 60,00 – 85,00 DM,
DZ: 90,00 – 120,00 DM

Hotel Baden
PLZ 53111, Graurheindorfer Str. 1
☎ 0228–633600 Fax: 631019
22 Zimmer, 43 Betten
EZ: 65,00 – 95,00 DM,
DZ: 80,00 – 160,00 DM

Hotel Römerhof
PLZ 53111, Römerstr. 20
☎ 0228–634796/-97 Fax: 633838
18 Zimmer, 35 Betten
EZ: 114,00 – 128,00 DM,
DZ: 192,00 DM

Hotel Weiland
PLZ 53111, Breite Str. 98 a
☎ 0228–655057/-58 Fax: 634941
16 Zimmer, 32 Betten
EZ: 55,00 – 110,00 DM,
DZ: 130,00 – 150,00 DM

Hotel Bavaria
PLZ 53111, Kölnstr. 45
☎ 0228–638089
7 Zimmer, 14 Betten
EZ: 42,00 – 50,00 DM,
DZ: 85,00 – 98,00 DM

Hotel Zur Windmühle
PLZ 53111, Hatschiergasse 8
☎ 0228–631141 Fax: 698192
7 Zimmer, 14 Betten
EZ: 85,00 – 100,00 DM,
DZ: 135,00 – 155,00 DM

Hotel Bergmann
PLZ 53111, Kasemenenstr. 13
☎ 0228–633891
4 Zimmer, 7 Betten
EZ: 50,00 – 60,00 DM,
DZ: 85,00 – 90,00 DM

Röttgen

Hotel Zum Kottenforst
Inh. Petra Bierikoven
PLZ 53125, Reichsstr. 67
☎ 0228–252556, 251921, 91922-0
Fax: 91922-0
11 Zimmer, 23 Betten
EZ: 90,00 – 85,00 DM,
DZ: 115,00 – 125,00 DM

 7,0

Gästehaus Iris
PLZ 53125, Fichtenweg 8
☎ 0228–252332
7 Zimmer, 14 Betten
EZ: 58,00 DM, DZ: 80,00 DM

Südstadt

Hotel Krug
PLZ 53115, Sternenburgstr. 15
☎ 0228–225868
21 Zimmer, 42 Betten
EZ: 60,00 – 95,00 DM,
DZ: 100,00 – 140,00 DM

Hotel Haus Hofgarten
Inh. J. u. M. Michel
PLZ 53113, Fritz-Tillmann-Str. 7
☎ 0228–223482/-72 Fax: 213902
15 Zimmer, 24 Betten
EZ: 55,00 – 140,00 DM,
DZ: 120,00 – 180,00 DM

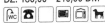 0,3

Hotel Mercedes
PLZ 53113, Maarflach 17 a
☎ 0228–225051/-52 Fax: 264412
12 Zimmer, 24 Betten
EZ: 120,00 – 150,00 DM,
DZ: 180,00 – 210,00 DM

Hotel Am Roonplatz
PLZ 53115, Argelander Str. 91
☎ 0228–911930 Fax: 211334
11 Zimmer, 23 Betten
EZ: 98,00 – 105,00 DM,
DZ: 125,00 – 145,00 DM

Tannenbusch

Acora Hotel Bonn
PLZ 53119, Westpreußenstr. 20-30
☎ 0228–66860 Fax: 662020
196 Zimmer, 250 Betten
EZ: 110,00 – 170,00 DM,
DZ: 140,00 – 220,00 DM

EZ 95,00 DM, DZ 130,00 DM

Venusberg

Berg Hotel
PLZ 53127, Haager Weg 83
☎ 0228–910230 Fax: 299349
16 Zimmer, 22 Betten
EZ: 75,00 – 95,00 DM,
DZ: 110,00 – 135,00 DM

Hotel Waldhäuschen
PLZ 53127, Kiefernweg 26
☎ 0228–281162 Fax: 285543
5 Zimmer, 9 Betten
EZ: 45,00 – 59,00 DM,
DZ: 89,00 – 98,00 DM

Weststadt

Hotel Mozart
PLZ 53115, Mozartstr. 1
☎ 0228–659071/-74 Fax: 659075
35 Zimmer, 70 Betten
EZ: 60,00 – 150,00 DM,
DZ: 95,00 – 185,00 DM

Hotel Kurfürstenhof
Inh. Norbert Wiechers
PLZ 53115, Baumschulenallee 20
☎ 0228–98505-0 Fax: 632045
30 Zimmer, 49 Betten
EZ: 63,00 – 135,00 DM,
DZ: 98,00 – 165,00 DM

Hotel Schwan
PLZ 53115, Mozartstr. 24-26
☎ 0228–634108 Fax: 651793
20 Zimmer, 40 Betten
EZ: 95,00 – 150,00 DM,
DZ: 160,00 – 190,00 DM

Bad Godesberg/Stadtmitte

Insel Hotel
PLZ 53177, Theaterplatz 5-7
☎ 0228–364082 Fax: 352878
47 Zimmer, 94 Betten
EZ: 90,00 – 145,00 DM,
DZ: 180,00 – 210,00 DM

Hotel Kaiserhof
PLZ 53173, Moltkestr. 64
☎ 0228–362016 Fax: 363825
50 Zimmer, 75 Betten
EZ: 135,00 – 195,00 DM,
DZ: 195,00 – 242,00 DM, HP: 20,00 DM
Halbpension nur für Gruppen möglich

5,0 auf Anfrage

Hotel Zum Löwen
PLZ 53173, Von-Groote-Platz 1
☎ 0228–355951 Fax: 358438
35 Zimmer, 69 Betten
EZ: 120,00 – 145,00 DM,
DZ: 200,00 – 220,00 DM

Hotel Eden
PLZ 53177, Am Kurpark 5 a
☎ 0228–356034 Fax: 362494
33 Zimmer, 66 Betten
EZ: 110,00 – 140,00 DM,
DZ: 150,00 – 210,00 DM

Hotel Ambassador
PLZ 53173, Bonner Str. 29-31
☎ 0228–310041 Fax: 313315
36 Zimmer, 65 Betten
EZ: 120,00 – 170,00 DM,
DZ: 170,00 – 350,00 DM

 10,0

Park Hotel
PLZ 53177, Am Kurpark 1
☎ 0228–363081 Fax: 354918
50 Zimmer, 60 Betten
EZ: 120,00 – 195,00 DM,
DZ: 175,00 – 300,00 DM

 9,0

Hotel Rheinland
PLZ 53173, Rheinallee 17
☎ 0228–820000 Fax: 351177
30 Zimmer, 60 Betten
EZ: 110,00 – 140,00 DM,
DZ: 160,00 – 240,00 DM

Hotel Zum Adler
PLZ 53173, Koblenzer Str. 60
☎ 0228–364071 Fax: 361933
39 Zimmer, 57 Betten
EZ: 90,00 – 125,00 DM,
DZ: 100,00 – 180,00 DM

Ponyhotel Wiesenau
PLZ 53177, Im Marienforster Tal
☎ 0228–325989 Fax: 327168
26 Zimmer, 52 Betten
EZ: 48,00 – 82,00 DM,
DZ: 85,00 – 130,00 DM

Hotel Am Hohenzollernplatz
PLZ 53173, Plittersdorfer Str. 56
☎ 0228–95759-0 Fax: 95759-29
20 Zimmer, 30 Betten
EZ: 130,00 – 170,00 DM,
DZ: 170,00 – 220,00 DM

 7,0

Godesburg Hotel
PLZ 53177, Auf dem Godesberg 5
☎ 0228–316071 Fax: 311218
15 Zimmer, 30 Betten
EZ: 140,00 DM, DZ: 170,00 DM

 350

11,0

Hotel Kronprinzen
PLZ 53173, Rheinallee 29
☎ 0228–363103 Fax: 353044
17 Zimmer, 24 Betten
EZ: 125,00 – 165,00 DM,
DZ: 165,00 – 210,00 DM

Hotel Salscheider
PLZ 53173, Königsplatz 23
☎ 0228–362895 Fax: 359019
11 Zimmer, 22 Betten
EZ: 54,00 – 95,00 DM,
DZ: 140,00 – 150,00 DM

Hotel Am Marktplatz
PLZ 53173, Bürgerstr. 4
☎ 0228–362756 Fax: 352059
7 Zimmer, 14 Betten
EZ: 90,00 – 110,00 DM,
DZ: 140,00 – 180,00 DM

Hotel Wessel
PLZ 53173, Bonner Str. 22
☎ 0228–351230
7 Zimmer, 14 Betten
EZ: 35,00 DM, DZ: 60,00 DM

Bad Godesberg/Friedsdorf

Hotel Haus Christel
PLZ 53175, Friesdorfer Str. 245
☎ 0228–316110
9 Zimmer, 17 Betten
EZ: 50,00 – 65,00 DM,
DZ: 90,00 – 100,00 DM

Hotel garni Ina Dalladas
PLZ 53175, Zeller Str. 10
☎ 0228–310766
5 Zimmer, 10 Betten
EZ: 55,00 DM, DZ: 80,00 – 90,00 DM
Eingang Bernkasteler Str.

Hotel Haus Brandt
PLZ 53175, Hochkreuzallee 180
☎ 0228–310810
4 Zimmer, 7 Betten
EZ: 60,00 – 70,00 DM,
DZ: 100,00 – 110,00 DM

Bad Godesberg/Mehlem

Hotel Becker
PLZ 53179, Mainzer Str. 172
☎ 0228–53179 Fax: Bonn
9 Zimmer, 18 Betten
EZ: 40,00 – 45,00 DM,
DZ: 80,00 – 90,00 DM

Bad Godesberg/Muffendorf

Hotel Cäcilienhöhe
PLZ 53177, Goldbergweg 17
☎ 0228–321001/-02 Fax: 328314
9 Zimmer, 17 Betten
EZ: 120,00 DM, DZ: 150,00 DM

Bad Godesberg/Niederbachem

Hotel Dahl
PLZ 53343, Heideweg 9
☎ 0228–341071 Fax: 345001
64 Zimmer, 127 Betten
EZ: 90,00 – 110,00 DM,
DZ: 140,00 – 160,00 DM

Bad Godesberg/Pennenfeld

Gästehaus Diana
PLZ 53179, Drachenburgstr. 59-61
☎ 0228–345161
19 Zimmer, 38 Betten
EZ: 80,00 – 90,00 DM,
DZ: 110,00 – 130,00 DM

Gästehaus Anton
PLZ 53179, Splickgasse 33
☎ 0228–342069
7 Zimmer, 13 Betten
EZ: 60,00 DM, DZ: 100,00 DM

Hotel Zum Stern
PLZ 53179, Drachenburgstr. 68
☎ 0228–348631
5 Zimmer, 9 Betten
EZ: 30,00 – 40,00 DM, DZ: 70,00 DM

Bad Godesberg/Plittersdorf

Hotel Toscana
PLZ 53173, Ubierstr. 60
☎ 0228–251099 Fax: 353947
13 Zimmer, 26 Betten
EZ: 60,00 – 120,00 DM,
DZ: 110,00 – 170,00 DM

Hotel Hof von Holland
PLZ 53175, Turmstr. 5
☎ 0228-354894 Fax: 359014
11 Zimmer, 21 Betten
EZ: 85,00 – 90,00 DM,
DZ: 120,00 – 130,00 DM

Hotel Flora
PLZ 53173, Viktoriastr. 16
☎ 0228-352501/-02 Fax: 352402
9 Zimmer, 18 Betten
EZ: 120,00 – 140,00 DM,
DZ: 150,00 – 180,00 DM

Hotel Viktoria
PLZ 53173, Viktoriastr. 33
☎ 0228-352856
4 Zimmer, 8 Betten
EZ: 120,00 DM, DZ: 175,00 DM

Gästehaus Scholz
PLZ 53175, Annettenstr. 16
☎ 0228-379363
3 Zimmer, 6 Betten
EZ: 38,00 – 40,00 DM,
DZ: 85,00 – 95,00 DM

Bad Godesberg/Rüngsdorf

Hotel Haus Berlin
PLZ 53173, Rheinallee 40
☎ 0228-353175 Fax: 361933
12 Zimmer, 24 Betten
EZ: 100,00 – 125,00 DM,
DZ: 140,00 – 175,00 DM

Hotel Patricia
PLZ 53173, Mirbachstr. 2 a
☎ 0228-357626
12 Zimmer, 24 Betten
EZ: 115,00 DM, DZ: 160,00 DM

Bad Godesberg/Schweinheim

Hotel Sebastianushof
PLZ 53177, Waldburgstr. 34
☎ 0228-9511400 Fax: 9511450
18 Zimmer, 35 Betten
EZ: 55,00 – 110,00 DM,
DZ: 130,00 – 160,00 DM

Beuel/Stadtmitte

Hotel Wilkens
PLZ 53225, Goetheallee 1
☎ 0228-466871 Fax: 462293
24 Zimmer, 48 Betten
EZ: 85,00 DM, DZ: 125,00 – 130,00 DM

Hotel Damaskus
PLZ 53225, Goetheallee 9
☎ 0228-468771
21 Zimmer, 42 Betten
EZ: 35,00 – 50,00 DM,
DZ: 70,00 – 80,00 DM

Bürger Hotel
PLZ 53229, Siegburger Str. 20
☎ 0228-474047
13 Zimmer, 25 Betten
EZ: 50,00 DM, DZ: 80,00 DM

Hotel Zur Erholung
PLZ 53225, Rheinaustr. 221
☎ 0228-461708
12 Zimmer, 23 Betten
EZ: 55,00 DM, DZ: 85,00 – 93,50 DM

Beuel/Holzlar

Hotel Wald-Café
PLZ 53229, Am Rehsprung 35
☎ 0228–482044 Fax: 484254
20 Zimmer, 40 Betten
EZ: 77,00 – 105,00 DM,
DZ: 118,00 – 169,00 DM

Beuel/Küdinghoven

Hotel Zur Post
PLZ 53227, Königswinterer Str. 309
☎ 0228–466792 Fax: 472004
28 Zimmer, 55 Betten
EZ: 100,00 DM, DZ: 140,00 DM

Schloßhotel Kommende
PLZ 53227, Oberkasseler Str. 10
☎ 0228–440734/-36 Fax: 444400
19 Zimmer, 28 Betten
EZ: 90,00 – 140,00 DM,
DZ: 150,00 – 190,00 DM

† Rest.: Di 🕍 8,0 ⟶ 490,00 DM
für 2 Personen inkl. Festessen

Beuel/Limperich

Hotel Florin
PLZ 53227, Ölbergweg 17
☎ 0228–471840 Fax: 651793
15 Zimmer, 30 Betten
EZ: 85,00 – 95,00 DM,
DZ: 140,00 – 150,00 DM

Hotel Pfälzer Hof
PLZ 53227, Küdinghovener Str. 98
☎ 0228–474284
5 Zimmer, 9 Betten
EZ: 45,00 DM, DZ: 80,00 – 100,00 DM

Beuel/Oberkassel

Hotel Esser
PLZ 53227, Königswinterer Str. 613
☎ 0228–444057
5 Zimmer, 9 Betten
EZ: 70,00 DM, DZ: 100,00 DM

Hotel Oberkasseler Hof
PLZ 53227, Königswinterer Str. 613
☎ 0228–441151 Fax: 441151
5 Zimmer, 9 Betten
EZ: 70,00 DM, DZ: 100,00 DM

 Rest.: Mi

🕍 6,0

Beuel/Vilich-Rheindorf

Hotel Mertens
PLZ 53225, Rheindorfer Str. 134
☎ 0228–474451
14 Zimmer, 28 Betten
EZ: 50,00 – 74,00 DM,
DZ: 100,00 – 115,00 DM

Dieck's Bauernstube
PLZ 53225, Adelheidisstr. 91
☎ 0228–468571 Fax: 462074
8 Zimmer, 15 Betten
EZ: 45,00 – 75,00 DM,
DZ: 85,00 – 100,00 DM

🕍 3,0

Hardtberg/Duisdorf

Hotel Garni Zum Wilden Schwein
Inh. Lutz Schorn
PLZ 53123, Rochusstr. 235
☎ 0228–621037 Fax: 614721
30 Zimmer, 55 Betten
EZ: 90,00 – 95,00 DM,
DZ: 125,00 – 130,00 DM

 🕍 5,0

Hotel garni Kluth
PLZ 53123, Rochusstr. 221
☎ 0228–621531 Fax: 621531
17 Zimmer, 28 Betten

EZ: 52,00 – 85,00 DM,
DZ: 90,00 – 125,00 DM

 4,0

Bremen

Stadtmitte

Hotel Mercure Columbus
PLZ 28195, Bahnhofsplatz 5-7
☎ 0421–14161 Fax: 15369
149 Zimmer, 277 Betten
EZ: 140,00 – 220,00 DM,
DZ: 170,00 – 279,00 DM

 3-80

Hotel Ibis Bremen Altstadt
PLZ 28195, Faulenstr. 45
☎ 0421–3048-0 Fax: 3048-600
120 Zimmer, 261 Betten
EZ: 133,00 – 167,00 DM,
DZ: 148,00 – 182,00 DM,
HP: 20,00 DM, VP: 40,00 DM

 40 0,0

Hotel Ibis Bremen Ostertor
PLZ 28203, Rembertring 51
☎ 0421–36970 Fax: 3697109
162 Zimmer, 238 Betten
EZ: 133,00 DM, DZ: 148,00 DM,
HP: 20,00 DM, VP: 40,00 DM

5-40 0,8

Überseehotel Bremen
PLZ 28195, Am Markt/Wachtstr. 27-29
☎ 0421–3601-0 Fax: 3601-555
124 Zimmer, 212 Betten
EZ: 130,00 – 180,00 DM,
DZ: 180,00 – 260,00 DM

4-110 0,1 Bremen
entdecken: 209,00 DM pro Person

Hotel Schaper-Siedenburg
Inh. Anton Brinkhege
PLZ 28195, Bahnhofstr. 8
☎ 0421–3087-0 Fax: 3087-88
97 Zimmer, 141 Betten
EZ: 125,00 – 155,00 DM,
DZ: 160,00 – 180,00 DM

 0,2

Bremen für Anfänger: EZ
100,00 DM, DZ 170,00 DM

Hotel Bremer Haus
PLZ 28195, Löningstr. 16-20
☎ 0421–3294-0 Fax: 3294-411
75 Zimmer, 110 Betten
EZ: 120,00 – 140,00 DM,
DZ: 150,00 – 190,00 DM

 20

Hotel Residence
Inh. U. Straten
PLZ 28209, Hohenlohestr. 42
☎ 0421–341029 Fax: 342322
40 Zimmer, 60 Betten
EZ: 75,00 – 120,00 DM,
DZ: 145,00 – 175,00 DM

 5-30 0,5

Hotel Lichtsinn
PLZ 28203, Rembertstr. 11
☎ 0421–368070 Fax: 327287
35 Zimmer, 54 Betten
EZ: 140,00 – 150,00 DM,
DZ: 180,00 – 200,00 DM

 20 0,5

Hotel Hanseat
PLZ 28195, Bahnhofsplatz 8
☎ 0421–14688 Fax: 170588
33 Zimmer, 53 Betten
EZ: 148,00 – 188,00 DM,
DZ: 178,00 – 218,00 DM

Hotel Zenit
PLZ 28203, Außer der Schleifmühle 73
☎ 0421–326772 Fax: 325534
15 Zimmer, 33 Betten
EZ: 90,00 – 99,00 DM,
DZ: 130,00 – 190,00 DM

Jacobi Hotel
PLZ 28195, Jakobistr. 23 a
☎ 0421–14671/-73 Fax: 14674
12 Zimmer, 26 Betten
EZ: 109,00 – 149,00 DM,
DZ: 129,00 – 169,00 DM

 30

 2,0

Hotel Rheinischer Hof
PLZ 28195, Löningstr. 30
☎ 0421–324746 Fax: 324746
10 Zimmer, 18 Betten
EZ: 75,00 DM, DZ: 120,00 – 130,00 DM

Hotel Buthmann
PLZ 28195, Löningstr. 29
☎ 0421–326397 Fax: 3398816
9 Zimmer, 18 Betten
EZ: 65,00 – 87,00 DM,
DZ: 110,00 – 130,00 DM

 0,8

Blumenthal

Hotel zum Klüverbaum
PLZ 28779, Mühlenstr. 43/45
☎ 0421–600077/-78 Fax: 608714
30 Zimmer, 50 Betten
EZ: 85,00 – 98,00 DM,
DZ: 120,00 – 145,00 DM

 8-120

Hotel Restaurant „Zur Heidquelle"
PLZ 28779, Schwaneweder Str. 52-54
☎ 0421–603312 Fax: 6098110
23 Zimmer, 35 Betten
EZ: 70,00 – 120,00 DM,
DZ: 100,00 – 140,00 DM

 10-70

Hotel Union
PLZ 28779, Landrat-Christians-Str. 113
☎ 0421–690590 Fax: 6905920
13 Zimmer, 22 Betten
EZ: 90,00 DM, DZ: 140,00 DM

 10-50

Hotel „Ständer"
PLZ 28779, Landrat-Christians-Str. 92
☎ 0421–608612
7 Zimmer, 12 Betten
EZ: 80,00 – 98,00 DM,
DZ: 120,00 – 140,00 DM

Burg

Imhoff's Gaststätte
PLZ 28179, Am Lesumdeich II
☎ 0421–642352 Fax: 6448288
6 Zimmer, 9 Betten
EZ: 40,00 – 50,00 DM,
DZ: 80,00 – 90,00 DM

 20-40

Farge

Fährhaus Meyer-Farge
Ringhotel Bremen
PLZ 28777, Wilhelmshavener Str. 1
☎ 0421–68681 Fax: 68684
20 Zimmer, 38 Betten
EZ: 119,00 – 139,00 DM,
DZ: 170,00 – 190,00 DM,
HP: 32,00 – 40,00 DM,
VP: 60,00 – 70,00 DM

 30,0

 Champagnerofferte: 2
Übernachtungen, 2 Essen
265,00 DM/Pers.

Habenhausen

Hotel Restaurant zum Werdersee
PLZ 28279, Holzdamm 104
☎ 0421–838504/-05 Fax: 838597
12 Zimmer, 25 Betten
EZ: 80,00 – 120,00 DM,
DZ: 105,00 – 150,00 DM
 10-200

Hastedt

Hotel Pension „Atlantik" garni
PLZ 28207, Hastedter Osterdeich 205
☎ 0421–444593, 494225 Fax: 442971
10 Zimmer, 19 Betten
EZ: 65,00 – 80,00 DM,
DZ: 80,00 – 120,00 DM

Hotel garni Krone
PLZ 28207, Hastedter Osterdeich 209 B
☎ 0421–443151
10 Zimmer, 18 Betten
EZ: 50,00 – 65,00 DM,
DZ: 80,00 – 95,00 DM

Regenbogen Appartements
PLZ 28207, Hastedter Osterdeich
☎ 0421–442769 Fax: 442769
6 Zimmer, 12 Betten
EZ: 60,00 – 70,00 DM,
DZ: 80,00 – 100,00 DM

Haus Hanseatic
PLZ 28207, Fleetrade 15
☎ 0421–4989280 Fax: 490161
4 Zimmer, 8 Betten
EZ: 55,00 – 75,00 DM,
DZ: 80,00 – 100,00 DM

Hemelingen

Hotel Hansahof
PLZ 28309, Brüggeweg 20/22
☎ 0421–459050 Fax: 415026
26 Zimmer, 50 Betten
EZ: 88,00 – 110,00 DM,
DZ: 135,00 – 160,00 DM,
HP: 15,00 DM, VP: 30,00 DM

 8,0 EZ 78,00 DM, DZ 120,00 DM

Horn-Lehe

Hotel Landhaus Louisenthal
PLZ 28359, Leher Heerstr. 105
☎ 0421–232076 Fax: 236716
60 Zimmer, 115 Betten
EZ: 70,00 – 140,00 DM,
DZ: 120,00 – 190,00 DM, HP: 25,00 DM
 20-110 6,0

Hotel Deutsche Eiche
Inh. Annemarie Kastin
PLZ 28357, Lilienthaler Heerstr. 174-176
☎ 0421–251011 Fax: 251014
39 Zimmer, 90 Betten
EZ: 105,00 DM, DZ: 175,00 DM
 10-120 8,0 nur für Reisegruppen

Hotel „Höpkens Ruh"
PLZ 28355, Oberneulander Landstr. 69
☎ 0421–259334
5 Zimmer, 10 Betten
EZ: 75,00 DM, DZ: 125,00 DM
 15-30

Huchting

Hotel Grollander Krug
PLZ 28529, Oldenburger Str. 11
☎ 0421-510755 Fax: 510750
21 Zimmer, 36 Betten
EZ: 50,00 – 85,00 DM,
DZ: 70,00 – 120,00 DM

 10-100

Huckelriede

Hotel Formule I
PLZ 28279, Borgwardstr.
☎ 0421-837350 Fax: 838820
90 Zimmer, 270 Betten
EZ: 67,00 DM, DZ: 79,00 DM

Kattenturm

Haus Wiegmann Hotel garni
PLZ 28277, Kattenturmer Heerstr. 75
☎ 0421-874643 Fax: 876769
5 Zimmer, 8 Betten
EZ: 47,00 – 50,00 DM,
DZ: 85,00 – 100,00 DM

Gasthof zur Börse
PLZ 28279, Arster Heerstr. 35-37
☎ 0421-822658
4 Zimmer, 8 Betten
EZ: 70,00 – 80,00 DM,
DZ: 100,00 – 110,00 DM

Lesum

Hotel Bollmann garni
PLZ 28759, Auf dem hohen Ufer 67
☎ 0421-641757
21 Zimmer, 33 Betten
EZ: 70,00 – 80,00 DM,
DZ: 100,00 – 120,00 DM

Neustadt

Hotel Westfalia
PLZ 28199, Langemarckstr. 38-46
☎ 0421-59020 Fax: 507457
63 Zimmer, 110 Betten
EZ: 120,00 – 145,00 DM,
DZ: 145,00 – 180,00 DM

 10-30

Hotel u. Gaststätte Enzensperger
PLZ 28199, Braustr. 9
☎ 0421-503224
10 Zimmer, 15 Betten
EZ: 43,00 – 48,00 DM,
DZ: 69,00 – 80,00 DM

Pension Galerie
PLZ 28201, Thedinghauser Str. 46
☎ 0421-530753 Fax: 5579812
10 Zimmer, 14 Betten
EZ: 50,00 – 70,00 DM,
DZ: 80,00 – 105,00 DM
kostenloser Fahrradverleih,
Ferienwohnungen

 2,3

Oberneuland

Lütkemeyer's Restaurant und Hotel
PLZ 28355, Rockwinkler Landstr. 83
☎ 0421-259461 Fax: 2575024
11 Zimmer, 17 Betten
EZ: 49,00 – 69,00 DM,
DZ: 79,00 – 98,00 DM

Osterholz

Hotel Falk
PLZ 28325, Osterholzer Heerstr. 154
☎ 0421-405600 Fax: 4273711
18 Zimmer, 32 Betten
EZ: 49,00 – 69,00 DM,
DZ: 69,00 – 98,00 DM

Ostertor

Hotel Pension Domizil
PLZ 28211, Graf-Moltke-Str. 42
☎ 0421–3478147 Fax: 553294
14 Zimmer, 26 Betten
EZ: 78,00 – 89,00 DM,
DZ: 110,00 – 150,00 DM
 15

Hotel Weltevreden
PLZ 28203, Am Dobben 62
☎ 0421–78015 Fax: 704091
14 Zimmer, 20 Betten
EZ: 58,00 DM, DZ: 95,00 – 110,00 DM

Hotel Pension Haus Bremen
PLZ 28205, Verdener Str. 47
☎ 0421–498-7777/-8 Fax: 498-7433
11 Zimmer, 19 Betten
EZ: 60,00 – 80,00 DM,
DZ: 100,00 – 125,00 DM

Pension Kosch
PLZ 28205, Celler Str. 4
☎ 0421–447101 Fax: 18624
7 Zimmer, 12 Betten
EZ: 50,00 DM, DZ: 75,00 – 100,00 DM
Preise ohne Frühstück
 12-15

Pension garni Weidmann
PLZ 28205, Am Schwarzen Meer 35
☎ 0421–4984455 Fax: 4984455
5 Zimmer, 8 Betten
EZ: 40,00 – 50,00 DM,
DZ: 80,00 – 100,00 DM

Schwachhausen

Hotel Heldt
PLZ 28123, Friedhofstr. 41
☎ 0421–213051 Fax: 214145
47 Zimmer, 80 Betten
EZ: 89,00 – 130,00 DM,
DZ: 110,00 – 175,00 DM,
HP: 15,00 DM, VP: 30,00 DM

15 3,0 10 %
Preisnachlaß

Hotel Bölts am Park
PLZ 28209, Slevogtstr. 23
☎ 0421–34611-0 Fax: 341227
14 Zimmer, 24 Betten
EZ: 65,00 – 90,00 DM,
DZ: 130,00 – 150,00 DM

Hotel Heinisch
PLZ 28209, Wachmannstr. 26
☎ 0421–342925 Fax: 3469946
8 Zimmer, 15 Betten
EZ: 55,00 – 80,00 DM,
DZ: 90,00 – 125,00 DM

Südervorstadt

acora Hotel und Wohnen
PLZ 28199, Neuenlander Str. 55
☎ 0421–5095-0 Fax: 508652
184 Zimmer, 276 Betten
EZ: 120,00 – 145,00 DM,
DZ: 145,00 – 220,00 DM

2-35

Hotel garni Gästehaus Walter
PLZ 28201, Buntentorsteinweg 86/88
☎ 0421–558027
12 Zimmer, 26 Betten
EZ: 40,00 – 70,00 DM,
DZ: 70,00 – 110,00 DM

Hotel-Pension Haus Neustadt
PLZ 28201, Graudenzer Str. 33
☎ 0421–551749 Fax: 553294
12 Zimmer, 22 Betten
EZ: 55,00 – 78,00 DM,
DZ: 79,00 – 135,00 DM

Vegesack

Atlantic Hotel Vegesack
PLZ 28757, Sagerstr. 20
☎ 0421–6605-0 Fax: 664774
87 Zimmer, 169 Betten
EZ: 115,00 – 145,00 DM,
DZ: 180,00 – 240,00 DM,
HP: 28,00 DM, VP: 56,00 DM

 5-120 20,0 EZ 90,00 DM,
DZ 140,00 DM

Hotel Strandlust Vegesack
Inh. Lutz u. Marion Diedrich
PLZ 28757, Rohrstr. 11
☎ 0421–6609-0 Fax: 6609-111
47 Zimmer, 88 Betten
EZ: 145,00 – 165,00 DM,
DZ: 220,00 – 260,00 DM,
HP: 40,00 DM, VP: 75,00 DM

 1-1000 25,0

Hotel garni Vegesack
Inh. G. Operhalski
PLZ 28757, Gerhard-Rohlfs-Str. 54
☎ 0421–669015 Fax: 669015
41 Zimmer, 53 Betten
EZ: 48,00 – 65,00 DM,
DZ: 90,00 – 98,00 DM

 20,0

Hotel Havenhaus
Inh. Fam. Salewski
PLZ 28757, Am Vegesacker Hafen 12
☎ 0421–664093 Fax: 655212
20 Zimmer, 37 Betten
EZ: 100,00 – 150,00 DM,
DZ: 140,00 – 190,00 DM

 20-40
20,0

Hotel Divina
PLZ 28757, Gerhard-Rohlfs-Str. 36
☎ 0421–652867 Fax: 666643
13 Zimmer, 22 Betten
EZ: 50,00 DM, DZ: 80,00 DM

Hotel Vegesack
PLZ 28755, Lindenstr. 31
☎ 0421–667485 Fax: 664103
11 Zimmer, 22 Betten
EZ: 75,00 DM, DZ: 105,00 DM

 1-20

Hotel Vegesacker Junge
PLZ 28757, Am Vegesacker Hafen 15
☎ 0421–6580777
2 Zimmer, 6 Betten
EZ: 80,00 DM, DZ: 100,00 DM

Walle

Garden Hotel Bremen
PLZ 28237, Greetstr. 50
☎ 0421–611037 Fax: 613585
85 Zimmer, 120 Betten
EZ: 70,00 – 95,00 DM,
DZ: 115,00 – 148,00 DM

Hotel Schönfeld
PLZ 28237, Gröpelinger Heerstr. 87
☎ 0421–613001
20 Zimmer, 30 Betten
EZ: 40,00 DM, DZ: 80,00 DM
50

Dresden

Stadtmitte

Hotel Lilienstein Dresden
PLZ 01069, Prager Str.
☎ 0351–4856372 Fax: 4952506
306 Zimmer, 495 Betten
EZ: 135,00 – 155,00 DM,
DZ: 135,00 – 170,00 DM,
HP: 20,00 DM, VP: 40,00 DM
Preise ohne Frühstück

 30

ibis hotel Dresden Königstein
PLZ 01069, Prager Str.
☎ 0351–4856442, 4856666
Fax: 4856667
306 Zimmer, 495 Betten
EZ: 135,00 – 155,00 DM,
DZ: 135,00 – 170,00 DM,
HP: 20,00 DM, VP: 40,00 DM
Preise ohne Frühstück

 30

ibis hotel Dresden Bastei
PLZ 01069, Prager Str.
☎ 0351–4856388 Fax: 4954076
306 Zimmer, 426 Betten
EZ: 135,00 – 155,00 DM,
DZ: 135,00 – 170,00 DM,
HP: 20,00 DM, VP: 40,00 DM
Preise ohne Frühstück

 30

Hotelschiff Florentina
PLZ 01069, Terrassenufer
☎ 0351–4590169 Fax: 4595036
63 Zimmer, 123 Betten
EZ: 135,00 – 165,00 DM,
DZ: 145,00 – 190,00 DM,
HP: 25,00 DM, VP: 50,00 DM

Altstadt

Hotel-Congress-Business-Center
PLZ 01067, Maternistr. 17
☎ 0351–4845204 Fax: 4845202
120 Zimmer, 360 Betten
EZ: 70,00 – 80,00 DM

Blasewitz

Waldpark-Hotel
PLZ 01309, Preller Str. 16
☎ 0351–34441 Fax: 30184
36 Zimmer, 70 Betten
EZ: 90,00 – 120,00 DM,
DZ: 100,00 – 140,00 DM

 80

Gästehaus Bellmann
PLZ 01309, Kretschmerstr. 16
☎ 0351–38150
7 Zimmer, 12 Betten
EZ: 72,00 DM, DZ: 99,00 DM
P 6,0

Briesnitz

Pension Zum Nußbaum
PLZ 01157, Wirtschaftsweg 13
☎ 0351–4210354 Fax: 4210354
15 Zimmer, 30 Betten
EZ: 75,00 – 105,00 DM,
DZ: 120,00 – 160,00 DM

Pension Altbriesnitz
Inh. R. Wagner
PLZ 01157, Alte Meißner Landstr. 26
☎ 0351–4212189 Fax: 4212189
7 Zimmer, 18 Betten
EZ: 65,00 – 85,00 DM,
DZ: 108,00 – 132,00 DM
P 25 4,0

Pension Jarosch
PLZ 01157, Wilhelm-Müller-Str. 3
☎ 0351–4210622 Fax: 4210622
7 Zimmer, 14 Betten
EZ: 48,00 – 65,00 DM, DZ: 94,00 DM

12,0

Villa Reiche
PLZ 01157, Meißner Landstr. 77
☎ 0351–4210331 Fax: 4210331
5 Zimmer, 11 Betten
EZ: 80,00 – 120,00 DM,
DZ: 130,00 – 170,00 DM

Pension Lorenz
PLZ 01157, Lindenplatz 1
☎ 0351–4212047
4 Zimmer, 9 Betten
EZ: 65,00 DM, DZ: 85,00 – 100,00 DM

Pension Preusche
PLZ 01157, Wilhelm-Müller-Str. 19
☎ 0351–4328115
4 Zimmer, 8 Betten
EZ: 48,00 DM, DZ: 84,00 DM

Dresdner Heide

Hotel Heidemühle
PLZ 01099, Radeberger Str. 100
☎ 0351–5670028/-29 Fax: 5670028
23 Zimmer, 37 Betten
25

Friedrichstadt

Wenotel Dresden
PLZ 01067, Schlachthofring
☎ 0351–49760 Fax: 4976100
82 Zimmer, 164 Betten
EZ: 112,00 DM, DZ: 137,00 DM

1,0

Gittersee

Hotel Heidenschanze
PLZ 01189, Heidenschanze 6-8
☎ 0351–4015765 Fax: 4015768
30 Zimmer, 58 Betten
EZ: 85,00 – 145,00 DM,
DZ: 120,00 – 180,00 DM,
HP: 20,00 DM, VP: 35,00 DM

3,0

Großzschachwitz

Motel Ascot am Wiesenrand
PLZ 01259, Am Wiesenrand 5-9
☎ 0351–2023848 Fax: 2023847
90 Zimmer, 240 Betten
EZ: 29,00 – 106,50 DM,
DZ: 58,00 – 135,00 DM
Preise ohne Frühstück

Hotel Ascot
PLZ 01259, Pirnaer Landstr. 264
☎ 0351–257800 Fax: 2578030
15 Zimmer, 33 Betten
EZ: 108,00 DM,
DZ: 160,00 – 180,00 DM, HP: 20,00 DM

10,0

Gruna

Hotel Smetana
PLZ 01277, Schlüterstr. 25
☎ 0351–256080 Fax: 2560888
30 Zimmer, 52 Betten
EZ: 130,00 DM,
DZ: 195,00 – 215,00 DM

30 3,0

Hellerau

Hotel Glasewald
PLZ 01109, Berggasse 27
☎ 0351–75322 Fax: 75906
32 Zimmer, 58 Betten
EZ: ab 70,00 DM, DZ: ab 100,00 DM,
HP: 25,00 DM, VP: 40,00 DM

 12,15,20,30,50 7,0 ab
129,00 DM pro Person

Pension Am Berg
Inh. Jürgen Bergold
PLZ 01109, Berggasse 9
☎ 0351–4609194 Fax: 4609194
13 Zimmer, 25 Betten
EZ: 95,00 – 99,00 DM,
DZ: 135,00 – 160,00 DM

Hellerberge

Hotel „Am Birkenhain"
Inh. H. Woldt
PLZ 01129, Barbarastr. 76
☎ 0351–8324-0 Fax: 8324100
35 Zimmer, 66 Betten
EZ: 98,00 – 110,00 DM,
DZ: 139,00 – 150,00 DM

Kleinzschachwitz

Pension Villa Daheim
Inh. Rosemarie Kleinpaß
PLZ 01259, Berthold-Haupt-Str. 141
☎ 0351–2013513
3 Zimmer, 8 Betten
EZ: 78,00 – 88,00 DM, DZ: 110,00 DM
 10,0

Laubegast

Gästehaus Zum alten Fährhaus
Inh. Jochen Hesse
PLZ 01279, Fährstr. 20
☎ 0351–2371842, 2523621
Fax: 2523621
10 Zimmer, 16 Betten
EZ: 100,00 DM,
DZ: 130,00 – 150,00 DM

 8,0

Leuben

Hotel am Hofegarten
PLZ 01257, Lockwitzgrund Nr. 2
☎ 0351–2816525 Fax: 2816527
20 Zimmer, 38 Betten
EZ: 110,00 – 158,00 DM,
DZ: 150,00 – 198,00 DM
HP: 22,50 DM, VP: 42,00 DM

Leubnitz-Neuostra

Nichtraucher-Pension Ulrich
PLZ 01239, Kauschaer Str. 37
☎ 0351–4706146 Fax: 4706146
8 Zimmer, 14 Betten
EZ: 50,00 – 90,00 DM,
DZ: 66,00 – 110,00 DM, HP: 8,00 DM
Nichtraucher-Hotel
 16

Hotel Goldener Stiefel
PLZ 01239, Am Goldenen Stiefel 8
☎ 0351–274-1803 Fax: 2741905
5 Zimmer, 13 Betten
EZ: 130,00 – 140,00 DM,
DZ: 180,00 DM

Lockwitz

Hotel Zur Gewürzmühle
PLZ 01257, Am Galgenberg 99
☎ 0351–2816550 Fax: 2816561
6 Zimmer, 11 Betten
EZ: 90,00 – 120,00 DM,
DZ: 100,00 – 160,00 DM

Löbtau

Hotel Burgk
PLZ 01159, Burgkstr. 15
☎ 0351–4215142 Fax: 4215109
27 Zimmer, 45 Betten
EZ: 90,00 – 170,00 DM,
DZ: 130,00 – 230,00 DM
 15

Loschwitz

Haus Roseneck
Inh. Ilona Richter
PLZ 01324, Plattleite 64
☎ 0351–376701 Fax: 3740659
9 Zimmer, 19 Betten
EZ: 136,50 DM, DZ: 167,00 DM

Haus Glück im Winkel
Inh. W. Förster
PLZ 01324, Hietzigstr. 4
☎ 0351–37339, 3740525
8 Zimmer, 18 Betten
EZ: 40,00 DM, DZ: 90,00 DM
 Mi 10,0

Pension Kuhnath
PLZ 01324, Hietzigstr. 8
☎ 0351–376918
5 Zimmer, 10 Betten
EZ: 40,00 DM, DZ: 70,00 DM

Naußlitz

Hotel-Pension Am Südwesthang
Inh. Erika Ullrich
PLZ 01187, Südwesthang 8
☎ 0351–4110358 Fax: 4110358
13 Zimmer, 26 Betten
EZ: 100,00 – 125,00 DM,
DZ: 140,00 – 150,00 DM

Neustadt

Hotel Novalis
PLZ 01127, Bärnsdorfer Str.
☎ 0351–56130 Fax: 5613180
85 Zimmer, 107 Betten
EZ: 115,00 – 160,00 DM,
DZ: 150,00 – 195,00 DM, HP: 24,00 DM

Hotel Martha-Hospiz
PLZ 01097, Nieritzstr. 11
☎ 0351–5676-0 Fax: 53218
36 Zimmer, 60 Betten
EZ: 75,00 – 140,00 DM,
DZ: 190,00 – 230,00 DM
⌂ ☎ ▣ ✕ ↗ ✋ ♿ ▦ 8

Hotel Stadt Rendsburg
Inh. Regina Knöfel
PLZ 01099, Kamenzer Str. 1
☎ 0351–51551 Fax: 5022586
22 Zimmer, 40 Betten
EZ: 135,00 DM, DZ: 185,00 DM
zusätzlich 2 Appartements
🛏 ⌂ ⌐ ☎ ▣ �📁 P 🐕
✋ ♿ † Sa, So

Hotel Rothenburger Hof
PLZ 01099, Rothenburger Str. 15-17
☎ 0351–5023434
20 Zimmer, 40 Betten
EZ: 135,00 DM,
DZ: 195,00 – 230,00 DM, HP: möglich,
VP: möglich
⌂ ☎ ▣ ✕ P 🐕 ✋ ▦ 20

HOTEL STADT RENDSBURG
Inh. Regina Knöfel
Familiäre Gastlichkeit mit Herz
Tel. 0351-51551 Fax 0351-5022586
01099 Dresden; Kamenzer Str. 1

*Zimmer mit TV, Tel., teilw. DU/WC;
Parkplatz; Garagen; Hunde erlaubt*

Niederpoyritz

Pension Staffelstein
Inh. Sabine Tiesler
PLZ 01326, Staffelsteinstr. 35
☎ 0351-376582
4 Zimmer, 8 Betten
EZ: 80,00 – 90,00 DM,
DZ: 90,00 – 110,00 DM
 10,0

Omsewitz

Pension Omsewitz
PLZ 01157, Gompitzer Str. 24
☎ 0351-4210349 Fax: 4210365
17 Zimmer, 30 Betten
EZ: 40,00 – 80,00 DM,
DZ: 65,00 – 150,00 DM
 15 5,0

Pieschen

Pension Kathrin Sauer
PLZ 01139, Leipziger Str. 169
☎ 0351-5692367 Fax: 5671269
10 Zimmer, 24 Betten
EZ: 99,00 – 139,00 DM,
DZ: 110,00 – 170,00 DM
 2,0

Pillnitz

Hotel-Rest. Pillnitzer Elbblick
PLZ 01326, Söbringer
Str./Dampfschiffstr.
☎ 0351-39286, 2610915 Fax: 39222
7 Zimmer, 14 Betten
EZ: 95,00 DM, DZ: 140,00 DM
 10,0

Reick

Hotel An der Rennbahn
PLZ 01237, Winterbergstr. 96
☎ 0351-2540030 Fax: 2522785
22 Zimmer, 40 Betten
EZ: 145,00 DM,
DZ: 180,00 – 210,00 DM,
HP: 30,00 DM, VP: 60,00 DM
 30,80

Stetzsch

Pension Zur Post
Inh. Luise Eltze
PLZ 01157, Meißner Landstr. 125
☎ 0351-4520040 Fax: 4538662
8 Zimmer, 15 Betten
EZ: 99,00 – 120,00 DM,
DZ: 135,00 – 160,00 DM
12 10,0

Strehlen

Hotel Cosel
Inh. Brigitte Metscher
PLZ 01219, August-Bebel-Str. 46
☎ 0351-4719495 Fax: 4710171
17 Zimmer, 38 Betten
EZ: 110,00 – 150,00 DM,
DZ: 150,00 – 230,00 DM,
HP: 25,00 DM, VP: 45,00 DM
 30 † So

Striesen

Pension Andreas
PLZ 01309, Mendelssohnallee 40/42
☎ 0351–337776 Fax: 337776
9 Zimmer, 19 Betten
EZ: 85,00 DM, DZ: 140,00 DM

 P

Südvorstadt

Wotel Dresden
PLZ 01069, Strehlener Str. 20
☎ 0351–4643421 Fax: 4710650
95 Zimmer, 190 Betten
EZ: 115,00 – 145,00 DM,
DZ: 145,00 – 175,00 DM

Trachenberge

Pension Haus Weinberg
PLZ 01129, Weinbergstr. 62 b
☎ 0351–8400403 Fax: 8400403
5 Zimmer, 10 Betten
EZ: 68,00 – 78,00 DM,
DZ: 83,00 – 98,00 DM
Frühstück ab 4,80 DM

 8

Wachwitz

Hotel Schloß Wachwitz
PLZ 01326, Kotzschweg 8
☎ 0351–36905 Fax: 36835
21 Zimmer, 30 Betten
EZ: 70,00 – 80,00 DM,
DZ: 70,00 – 200,00 DM

   P

Pension Helga
Inh. Helga Rothmaier
PLZ 01326, Wachwitzer Bergstr. 20
☎ 0351–377200
4 Zimmer, 8 Betten
EZ: 75,00 DM, DZ: 100,00 DM

Pension Augenweide
Inh. Ursula Kranz
PLZ 01326, Wachwitzer Bergstr. 30
☎ 0351–376181
3 Zimmer, 6 Betten
EZ: 65,00 DM, DZ: 85,00 DM

 P

Wölfnitz

Hotel-Pension Wölfnitz
Inh. Dr. P. Harmening
PLZ 01169, Altwölfnitz 5
☎ 0351–4119911 Fax: 4119912
13 Zimmer, 25 Betten
EZ: 138,00 – 148,00 DM,
DZ: 156,00 – 178,00 DM

   P 20

 4,0 Sonderpreise auch bei
Aufenthalten länger als fünf Tage

Düsseldorf

Stadtmitte

Hotel ibis Düsseldorf Hauptbahnhof
PLZ 40210, Konrad-Adenauer-Platz 14
☎ 0211–16720 Fax: 1672101
166 Zimmer, 223 Betten
EZ: 145,00 – 195,00 DM,
DZ: 195,00 – 210,00 DM,
HP: 25,00 DM, VP: 50,00 DM

 35 0,1

Günnewig Börsenhotel
PLZ 40210, Kreuzstraße 19a
☎ 0211–363071 Fax: 365338
75 Zimmer, 100 Betten
EZ: 135,00 – 220,00 DM,
DZ: 185,00 – 290,00 DM

City-Hotel
PLZ 40210, Bismarckstraße 71-73
☎ 0211–365023-6 Fax: 365343
54 Zimmer, 90 Betten
EZ: 140,00 – 240,00 DM,
DZ: 190,00 – 340,00 DM

Akzent-Hotel Prinz Anton
PLZ 40211, Karl-Anton-Straße 11
☎ 0211–352000 Fax: 362010
40 Zimmer, 66 Betten
EZ: 148,00 – 225,00 DM,
DZ: 198,00 – 395,00 DM

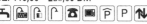

Bahn-Hotel
PLZ 40210, Karlstraße 74
☎ 0211–360471/-73 Fax: 364943
36 Zimmer, 66 Betten
EZ: 75,00 – 150,00 DM,
DZ: 110,00 – 280,00 DM

Hotel Residenz
PLZ 40211, Worringer Straße 88
☎ 0211–360854 Fax: 364676
34 Zimmer, 65 Betten
EZ: 135,00 – 275,00 DM,
DZ: 185,00 – 320,00 DM

40 0,3

Hotel garni Bismarck
PLZ 40210, Bismarckstraße 97
☎ 0211–360925 Fax: 161571
44 Zimmer, 60 Betten
EZ: 110,00 – 175,00 DM,
DZ: 145,00 – 265,00 DM

† 23.-26.12. 0,2

Hotel garni Lancaster
PLZ 40210, Oststraße 166
☎ 0211–351066 Fax: 162884
40 Zimmer, 60 Betten
EZ: 145,00 – 165,00 DM,
DZ: 165,00 – 185,00 DM

Hotel Lindenhof
PLZ 40210, Oststraße 124
☎ 0211–360963 Fax: 162767
43 Zimmer, 59 Betten
EZ: 130,00 – 205,00 DM,
DZ: 170,00 – 260,00 DM

0,0

Hotel garni Luxor
PLZ 40210, Worringer Straße 94-96
☎ 0211–350421-3 Fax: 369525
40 Zimmer, 58 Betten
EZ: 125,00 – 195,00 DM,
DZ: 165,00 – 280,00 DM

Carmel-Hintz-Hotel
PLZ 40210, Bahnstraße 70
☎ 0211-350891-2 Fax: 162492
30 Zimmer, 58 Betten
EZ: 118,00 – 195,00 DM,
DZ: 165,00 – 360,00 DM

Hotel garni Wieland
Inh. N. Dorn
PLZ 40211, Wielandstraße 8
☎ 0211-350171/-72/-73 Fax: 353330
24 Zimmer, 49 Betten
EZ: 120,00 – 180,00 DM,
DZ: 145,00 – 350,00 DM

Hotel garni Alt Graz
PLZ 40211, Klosterstraße 132
☎ 0211-364028 Fax: 369577
27 Zimmer, 47 Betten
EZ: 75,00 – 165,00 DM,
DZ: 120,00 – 295,00 DM

Hotel garni Mondial
PLZ 40210, Graf-Adolf-Straße 82
☎ 0211-364056 Fax: 162678
29 Zimmer, 45 Betten
EZ: 140,00 – 290,00 DM,
DZ: 180,00 – 335,00 DM

Hotel garni Weidenhof
PLZ 40210, Oststraße 87
☎ 0211-325454 Fax: 133852
32 Zimmer, 44 Betten
EZ: 145,00 – 215,00 DM,
DZ: 185,00 – 285,00 DM

Hotel garni Großer Kurfürst
PLZ 40211, Kurfürstenstraße 18
☎ 0211-358988 Fax: 162597
22 Zimmer, 40 Betten
EZ: 95,00 – 165,00 DM,
DZ: 170,00 – 300,00 DM

CVJM-Hotel
PLZ 40210, Graf-Adolf-Straße 102
☎ 0211-172850 Fax: 3613160
27 Zimmer, 36 Betten
EZ: 61,00 – 70,00 DM,
DZ: 105,00 – 170,00 DM

Hotel garni Doerenkamp
PLZ 40210, Stresemannstraße 25
☎ 0211-328011 Fax: 134582
20 Zimmer, 35 Betten
EZ: 95,00 – 170,00 DM,
DZ: 130,00 – 250,00 DM

Hotel garni Nizza
PLZ 40233, Ackerstraße 8
☎ 0211-360823-4 Fax: 360136
22 Zimmer, 34 Betten
EZ: 95,00 – 160,00 DM,
DZ: 140,00 – 190,00 DM

Hotel garni Komet
PLZ 40210, Bismarckstraße 93
☎ 0211-178790 Fax: 1787950
18 Zimmer, 31 Betten
EZ: 50,00 – 150,00 DM,
DZ: 85,00 – 220,00 DM

Hotel garni Astor
PLZ 40211, Kurfürstenstraße 23
☎ 0211-360661-2 Fax: 162597
16 Zimmer, 30 Betten
EZ: 95,00 – 165,00 DM,
DZ: 170,00 – 300,00 DM

Hotel garni Minerva
PLZ 40211, Cantadorstraße 13a
☎ 0211-172450 Fax: 356398
16 Zimmer, 28 Betten
EZ: 110,00 – 165,00 DM,
DZ: 150,00 – 245,00 DM

Pension Bratmann
PLZ 40210, Grupellostraße 4
☎ 0211–362615
17 Zimmer, 26 Betten
EZ: 75,00 – 85,00 DM, DZ: 120,00 DM

Inter-City-Hotel Big Eden
PLZ 40211, Worringer Straße 75
☎ 0211–172100, 362211 Fax: 1640712
13 Zimmer, 26 Betten
EZ: 135,00 – 185,00 DM,
DZ: 159,00 – 289,00 DM

City Appart-Hotel
PLZ 40211, Klosterstraße 53
☎ 0211–936020 Fax: 358475
14 Zimmer, 25 Betten
EZ: 95,00 – 225,00 DM,
DZ: 120,00 – 275,00 DM

Hotel Amsterdam
PLZ 40210, Stresemannstraße 20
☎ 0211–84058/-59 Fax: 84050
15 Zimmer, 24 Betten
EZ: 70,00 – 90,00 DM,
DZ: 130,00 – 180,00 DM

 120,00 DM außerhalb der
Messezeiten

Hotel Amsterdam

Stresemannstr. 20
40210 Düsseldorf
Tel. 0211-84058
Fax 0211-84050

*Im Zentrum Düsseldorfs gelegen
Günstige Wochenendpauschale*

Altstadt

Hotel garni An der Oper
PLZ 40213, Heinrich-Heine-Allee 15
☎ 0211–3230621 Fax: 328656
48 Zimmer, 80 Betten
EZ: 115,00 – 177,00 DM,
DZ: 195,00 – 339,00 DM

Hotel garni Haus Rheinblick
PLZ 40213, Mühlenstraße 15-17
☎ 0211–325316 Fax: 325356
17 Zimmer, 31 Betten
EZ: 90,00 – 120,00 DM,
DZ: 130,00 – 150,00 DM

Hotel garni Barcelona
PLZ 40213, Hunsrückenstraße 5
☎ 0211–133952 Fax: 327743
12 Zimmer, 24 Betten
EZ: 100,00 – 130,00 DM,
DZ: 120,00 – 160,00 DM

Hotel garni Am Rathaus
Inh. K.-H. Menge
PLZ 40213, Rheinstraße 3
☎ 0211–326556 Fax: 322341
10 Zimmer, 20 Betten
EZ: 132,00 – 170,00 DM,
DZ: 155,00 – 200,00 DM

Hotel garni El Rancho
Inh. Hedwig u. Berthold Melka
PLZ 40213, Burgplatz 7
☎ 0211–84252-3 Fax: 133131
8 Zimmer, 16 Betten
EZ: 120,00 – 180,00 DM,
DZ: 180,00 – 280,00 DM
zu Messezeiten 20 % Aufschlag

Hotel garni Am Füchschen
PLZ 40213, Ratinger Straße 32
☎ 0211–867960 Fax: 328639
7 Zimmer, 15 Betten
EZ: 105,00 – 185,00 DM,
DZ: 155,00 – 255,00 DM

 2,0

Hotel garni Ludwig
PLZ 40213, Hunsrückenstraße 50
☎ 0211–83800 Fax: 4982914
8 Zimmer, 13 Betten
EZ: 106,00 – 296,00 DM,
DZ: 186,00 – 396,00 DM

 2,0

Hotel garni Zum St. Maximilian
PLZ 40213, Citadellstraße 8
☎ 0211–864050 Fax: 8640555
8 Zimmer, 10 Betten
EZ: 110,00 – 200,00 DM,
DZ: 140,00 – 280,00 DM

Angermund

Hotel Restaurant Rosenhof
Inh. Fam. von Riel-van der Veen
PLZ 40489, Bahnhofstraße 2-4
☎ 0203–74411 Fax: 740078
18 Zimmer, 30 Betten
EZ: 85,00 – 200,00 DM,
DZ: 150,00 – 300,00 DM, HP: ja

 26
 15,0

Hotel garni Haus Mariand'l
PLZ 40489, Blumenweg 3
☎ 0203–74455 Fax: 74456
12 Zimmer, 25 Betten
EZ: 95,00 – 135,00 DM,
DZ: 125,00 – 235,00 DM

Benrath

Hotel Rheinterrasse Benrath
PLZ 40597, Benrather Schloßufer 39
☎ 0211–996990 Fax: 9969999
45 Zimmer, 90 Betten
EZ: 145,00 – 225,00 DM,
DZ: 195,00 – 275,00 DM

Hotel Waldesruh
PLZ 40597, Am Wald 6
☎ 0211–716008 Fax: 712845
31 Zimmer, 33 Betten
EZ: 65,00 – 105,00 DM,
DZ: 120,00 – 160,00 DM

 15,0

Bilk

Hotel garni Aida
PLZ 40223, Ubierstraße 36
☎ 0211–15990 Fax: 1599103
95 Zimmer, 140 Betten
EZ: 118,00 – 328,00 DM,
DZ: 158,00 – 428,00 DM

Hotel garni Metropol
PLZ 40223, Brunnenstraße 20
☎ 0211–344007 Fax: 315005
45 Zimmer, 65 Betten
EZ: 80,00 – 130,00 DM,
DZ: 140,00 – 260,00 DM,
HP: 25,00 DM, VP: 40,00 DM

 1,0

Hotel garni Flora
Inh. Kurt Deff'Oro
PLZ 40225, Auf'm Hennekamp 37
☎ 0211–347066 Fax: 312646
22 Zimmer, 48 Betten
EZ: 98,00 – 150,00 DM,
DZ: 130,00 – 350,00 DM

 2,5

Hotel garni Adler
PLZ 40223, Merowingerstraße 37
☎ 0211–343021 Fax: 343070
14 Zimmer, 16 Betten
EZ: 100,00 – 200,00 DM,
DZ: 150,00 – 270,00 DM

Hotel garni Haus Mooren
PLZ 40225, Witzelstraße 79
☎ 0211–342021-2 Fax: 319956
9 Zimmer, 14 Betten
EZ: 110,00 – 160,00 DM,
DZ: 140,00 – 240,00 DM

Derendorf

Hotel garni Michelangelo
PLZ 40476, Roßstraße 61
☎ 0211–948530 Fax: 467746
70 Zimmer, 110 Betten
EZ: 140,00 – 345,00 DM,
DZ: 180,00 – 385,00 DM

3,0

Hotel Am Spichernplatz
PLZ 40476, Ulmenstraße 68
☎ 0211–445005 Fax: 480172
48 Zimmer, 66 Betten
EZ: 98,00 – 158,00 DM,
DZ: 148,00 – 228,00 DM, HP: ja, VP: ja

3,0

Hotel garni Diplomat
PLZ 40476, Collenbachstraße 58
☎ 0211–482024 Fax: 482027
25 Zimmer, 48 Betten
EZ: 110,00 – 195,00 DM,
DZ: 160,00 – 285,00 DM

Eller

Hotel Haus Gumbert
PLZ 40229, Gumbertstraße 178
☎ 0211–213809 Fax: 222589
14 Zimmer, 22 Betten
EZ: 60,00 – 90,00 DM,
DZ: 120,00 – 160,00 DM

Flehe

Hotel garni Blättler
PLZ 40223, Fleher Straße 242
☎ 0211–902050 Fax: 154114
9 Zimmer, 15 Betten
EZ: 90,00 – 210,00 DM,
DZ: 140,00 – 270,00 DM

Flingern Nord

Hotel garni Heidelberger Hof
PLZ 40237, Grafenberger Allee 103
☎ 0211–666265 Fax: 666593
26 Zimmer, 46 Betten
EZ: 55,00 – 150,00 DM,
DZ: 125,00 – 220,00 DM

Hotel garni Im Tönnchen
Inh. Marianne Meffle
PLZ 40233, Wetterstraße 4
☎ 0211–684404 Fax: 669179
20 Zimmer, 38 Betten
EZ: 95,00 – 230,00 DM,
DZ: 135,00 – 300,00 DM

1,5

Hotel garni Industriehof Konnertz
PLZ 40237, Grafenberger Allee 37
☎ 0211–6801043 Fax: 6801045
11 Zimmer, 19 Betten
EZ: 75,00 DM, DZ: 130,00 DM

Flingern Süd

Hotel garni Engelbert
PLZ 40233, Engelbertstraße 15
☎ 0211–7334169 Fax: 7338040
25 Zimmer, 37 Betten
EZ: 90,00 – 150,00 DM,
DZ: 130,00 – 200,00 DM

Friedrichstadt

Günnewig Esplanade Hotel
PLZ 40215, Fürstenplatz 17
☎ 0211–375010 Fax: 374032
81 Zimmer, 110 Betten
EZ: 135,00 – 350,00 DM,
DZ: 178,00 – 480,00 DM,
HP: 35,00 DM, VP: 65,00 DM

 60 0,5 DZ
150,00 – 170,00 DM (nur außerhalb der
Messezeiten)

Hotel garni Ambassador
PLZ 40210, Harkortstraße 9
☎ 0211–370003 Fax: 376702
60 Zimmer, 108 Betten
EZ: 135,00 – 190,00 DM,
DZ: 189,00 – 240,00 DM

Hotel garni Victoria
PLZ 40215, Jahnstraße 33a
☎ 0211–378040 Fax: 378052
53 Zimmer, 80 Betten
EZ: 135,00 – 245,00 DM,
DZ: 175,00 – 365,00 DM

Hotel garni Cornelius
PLZ 40215, Corneliusstraße 82
☎ 0211–382055-9 Fax: 382050
48 Zimmer, 70 Betten
EZ: 140,00 – 230,00 DM,
DZ: 180,00 – 270,00 DM

Hotel garni Fürstenhof
PLZ 40215, Fürstenplatz 3
☎ 0211–370545 Fax: 379062
43 Zimmer, 70 Betten
EZ: 145,00 – 240,00 DM,
DZ: 180,00 – 340,00 DM

Hotel garni Manhattan
PLZ 40210, Graf-Adolf-Straße 39
☎ 0211–370244 Fax: 370247
45 Zimmer, 60 Betten
EZ: 50,00 – 135,00 DM,
DZ: 80,00 – 450,00 DM

Hotel garni Christina
PLZ 40215, Gustav-Poensgen-Straße 79
☎ 0211–344091-2 Fax: 340374
29 Zimmer, 59 Betten
EZ: 60,00 – 120,00 DM,
DZ: 90,00 – 150,00 DM

Hotel garni Acon
PLZ 40215, Mintropstraße 23
☎ 0211–377020 Fax: 377031
24 Zimmer, 48 Betten
EZ: 110,00 – 195,00 DM,
DZ: 160,00 – 295,00 DM

Hotel garni Bristol
Inh. Regina Levi
PLZ 40215, Adersstraße 8
☎ 0211–370750 Fax: 373754
20 Zimmer, 46 Betten
EZ: 60,00 – 160,00 DM,
DZ: 90,00 – 180,00 DM

0,3

Hotel Europa
PLZ 40215, Kirchfeldstraße 169
☎ 0211–334551-4 Fax: 340411
24 Zimmer, 42 Betten
EZ: 110,00 – 210,00 DM,
DZ: 120,00 – 290,00 DM, HP: ja

Hotel garni Herzog
Inh. Gundel Welzel
PLZ 40215, Herzogstraße 23
☎ 0211–372047 Fax: 379836
24 Zimmer, 42 Betten
EZ: 100,00 – 190,00 DM,
DZ: 130,00 – 220,00 DM

 0,0

Hotel garni Madison II
PLZ 40210, Graf-Adolf-Straße 47
☎ 0211–370296 Fax: 1685328
24 Zimmer, 42 Betten
EZ: 130,00 DM,
DZ: 180,00 – 240,00 DM

Hotel garni Wurms
PLZ 40215, Scheurenstraße 23
☎ 0211–375001-2 Fax: 375003
27 Zimmer, 40 Betten
EZ: 75,00 – 150,00 DM,
DZ: 150,00 – 240,00 DM

 0,5 auf Anfrage

Hotel Diana
PLZ 40215, Jahnstraße 31
☎ 0211–375071 Fax: 364943
20 Zimmer, 38 Betten
EZ: 55,00 – 100,00 DM,
DZ: 80,00 – 165,00 DM

 0,5

Hotel garni Schaum
PLZ 40215, Gustav-Poensgen-Straße 63
☎ 0211–313068-9 Fax: 313228
18 Zimmer, 38 Betten
EZ: 55,00 – 130,00 DM,
DZ: 98,00 – 180,00 DM

Hotel garni Astoria
PLZ 40215, Jahnstraße 72
☎ 0211–382088 Fax: 372089
27 Zimmer, 37 Betten
EZ: 145,00 – 230,00 DM,
DZ: 150,00 – 250,00 DM

Hotel garni Beyer
PLZ 40215, Scheurenstraße 57
☎ 0211–370991-2 Fax: 370993
19 Zimmer, 35 Betten
EZ: 115,00 – 155,00 DM,
DZ: 125,00 – 215,00 DM

Hotel garni Haus Hillesheim
PLZ 40215, Jahnstraße 19
☎ 0211–371940 Fax: 3849151
18 Zimmer, 33 Betten
EZ: 60,00 – 140,00 DM,
DZ: 75,00 – 200,00 DM

Hotel garni Domo
PLZ 40215, Scheurenstraße 4
☎ 0211–374001 Fax: 370921
20 Zimmer, 26 Betten
EZ: 69,00 – 139,00 DM,
DZ: 79,00 – 279,00 DM

Gerresheim

Hotel garni Rheinischer Hof
PLZ 40625, Am Poth 2a
☎ 0211–283081-2 Fax: 293160
24 Zimmer, 40 Betten
EZ: 90,00 – 140,00 DM,
DZ: 140,00 – 190,00 DM

Hotel Quadenhof
PLZ 40625, Gerricusplatz 14
☎ 0211–928000 Fax: 928000
16 Zimmer, 25 Betten
EZ: 85,00 – 90,00 DM,
DZ: 160,00 – 170,00 DM

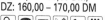 200 † Sa

 5,5

Golzheim

Hotel garni Rheinpark
PLZ 40476, Bankstraße 13-17
☎ 0211–499186 Fax: 490224
29 Zimmer, 41 Betten
EZ: 60,00 – 130,00 DM,
DZ: 105,00 – 150,00 DM

     4,0

Hotel garni Haus Leonhard
PLZ 40474, Kaiserswerther Straße 265
☎ 0211–434498/-99 Fax: 4543075
23 Zimmer, 40 Betten
EZ: 90,00 – 175,00 DM,
DZ: 110,00 – 195,00 DM

2,0

Hassels

acora Hotel und Wohnen
PLZ 40599, In der Donk 6
☎ 0211–99870 Fax: 744080
54 Zimmer, 60 Betten
EZ: 125,00 – 195,00 DM,
DZ: 155,00 – 225,00 DM

Heerdt

Hotel Garni-Heerdt
PLZ 40549, Krefelder Straße 95
☎ 0211–504062 Fax: 5047660
11 Zimmer, 17 Betten
EZ: 90,00 – 110,00 DM,
DZ: 140,00 – 160,00 DM

Holthausen

Hotel garni Elbroich
PLZ 40589, Bonner Straße 7
☎ 0211–799071 Fax: 7900088
52 Zimmer, 60 Betten
EZ: 122,00 – 175,00 DM,
DZ: 182,00 – 245,00 DM

Hotel garni Schumann
PLZ 40589, Bonner Straße 15
☎ 0211–791116 Fax: 792439
38 Zimmer, 56 Betten
EZ: 135,00 – 205,00 DM,
DZ: 185,00 – 260,00 DM

Hubbelrath

Hotel garni Gut Höltgen
PLZ 40629, Zum Höltgen 1
☎ 0211–243284 Fax: 249174
18 Zimmer, 31 Betten
EZ: 100,00 – 140,00 DM,
DZ: 190,00 – 210,00 DM

Hotel Am Weinberg
PLZ 40629, Bergische Landstraße 618
☎ 0211–289333 Fax: 297145
9 Zimmer, 14 Betten
EZ: 90,00 – 110,00 DM,
DZ: 155,00 – 180,00 DM

Kaiserswerth

Hotel garni Am Schwan
PLZ 40489, Arnheimer Straße 52
☎ 0211–40691 Fax: 40694
35 Zimmer, 54 Betten
EZ: 130,00 – 290,00 DM,
DZ: 180,00 – 380,00 DM

Hotel garni Barbarossa
PLZ 40489, Niederrheinstraße 365
☎ 0211–402719 Fax: 400801
33 Zimmer, 39 Betten
EZ: 95,00 – 165,00 DM,
DZ: 145,00 – 210,00 DM

 8,0

 auf Anfrage

Hotel garni Ambrosius
PLZ 40489, Friedrich-von-Spee-Straße 44
☎ 0211–940050 Fax: 9400532
12 Zimmer, 24 Betten
EZ: 130,00 – 250,00 DM,
DZ: 170,00 – 300,00 DM

Gästehaus Falkenberg
PLZ 40489, Arnheimer Straße 36-40
☎ 0211–407212 Fax: 407768
7 Zimmer, 8 Betten
EZ: 85,00 – 265,00 DM,
DZ: 160,00 – 360,00 DM

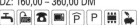

Lörick

Hotel Fischerhaus
Inh. Giesela Nöthel
PLZ 40547, Bonifatiusstraße 35
☎ 0211–597979 Fax: 5979759
35 Zimmer, 65 Betten
EZ: 129,00 – 179,00 DM,
DZ: 189,00 – 198,00 DM

† So, Mo 🏃 10,0

Lohausen

Air-Hotel Wartburg
PLZ 40474, Niederrheinstraße 59
☎ 0211–454910 Fax: 452033
124 Zimmer, 250 Betten
EZ: 139,00 – 240,00 DM,
DZ: 166,00 – 316,00 DM,
HP: 20,00 DM, VP: 40,00 DM

 6,0

Fairport Hotel
PLZ 40474, Niederrheinstraße 160-166
☎ 0211–450956 Fax: 453779
44 Zimmer, 90 Betten
EZ: 100,00 – 255,00 DM,
DZ: 120,00 – 325,00 DM, VP: ja

Hotel garni Helga Hein
PLZ 40474, Niederrheinstraße 34
☎ 0211–450675-6 Fax: 4542129
12 Zimmer, 22 Betten
EZ: 115,00 – 170,00 DM,
DZ: 145,00 – 190,00 DM

Hotel Im Kühlen Grund
PLZ 40474, Lohauser Dorfstraße 41
☎ 0211–432964 Fax: 4542320
10 Zimmer, 21 Betten
EZ: 60,00 – 120,00 DM,
DZ: 120,00 – 200,00 DM

Hotel garni Lohausen
PLZ 40474, Lohauser Dorfstraße 7
☎ 0211–432870 Fax: 4541025
8 Zimmer, 9 Betten
EZ: 90,00 – 130,00 DM,
DZ: 130,00 – 180,00 DM

Gästehaus Roth
PLZ 40474, Nagelsweg 24
☎ 0211–433342 Fax: 432104
5 Zimmer, 9 Betten
EZ: 130,00 – 180,00 DM,
DZ: 185,00 – 250,00 DM

Gästehaus-Lohauser Hof
Inh. Karl-Josef Rath
PLZ 40474, Lohauser Dorfstraße 53
☎ 0211–432993 Fax: 4370577
7 Zimmer, 8 Betten
EZ: 90,00 – 120,00 DM,
DZ: 130,00 – 180,00 DM

 5,0

Mörsenbroich

Hotel garni Am Vogelsanger Weg
PLZ 40470, Vogelsanger Weg 36
☎ 0211–626751-5 Fax: 615997
52 Zimmer, 100 Betten
EZ: 75,00 – 180,00 DM,
DZ: 115,00 – 210,00 DM

Hotel garni Merkur
PLZ 40470, Mörsenbroicher Weg 49
☎ 0211–634031 Fax: 622525
28 Zimmer, 46 Betten
EZ: 85,00 – 150,00 DM,
DZ: 140,00 – 190,00 DM

Oberbilk

hotel ibis am Handelszentrum
PLZ 40227, Ludwig-Erhard-Allee 2
☎ 0211–77010 Fax: 7701716
145 Zimmer, 219 Betten
EZ: 130,00 – 180,00 DM,
DZ: 145,00 – 195,00 DM,
HP: 22,00 DM, VP: 44,00 DM

 0,1

Hotel Lessing
PLZ 40227, Volksgartenstraße 6
☎ 0211–723053 Fax: 723050
30 Zimmer, 60 Betten
EZ: 130,00 – 280,00 DM,
DZ: 150,00 – 330,00 DM

 10-20 2,0 auf Anfrage

Hotel garni Berna
PLZ 40227, Eifeler Straße 6
☎ 0211–992970 Fax: 9929710
18 Zimmer, 27 Betten
EZ: 65,00 – 175,00 DM,
DZ: 135,00 – 230,00 DM
0,6

Hotel garni Berliner Hof
PLZ 40227, Ellerstraße 110
☎ 0211–784744-5 Fax: 786420
20 Zimmer, 25 Betten
EZ: 90,00 – 165,00 DM,
DZ: 120,00 – 220,00 DM

 1,0

Hotel garni Am Volksgarten
Inh. M. Wagner u. J. Winkler
PLZ 40227, Flügelstraße 46
☎ 0211–775585-6 Fax: 724680
14 Zimmer, 23 Betten
EZ: 105,00 – 150,00 DM,
DZ: 160,00 – 200,00 DM
1,0

Oberkassel

Hotel garni Arosa GmbH
PLZ 40545, Sonderburgstraße 48
☎ 0211–554011-3 Fax: 589073
32 Zimmer, 44 Betten
EZ: 135,00 – 185,00 DM,
DZ: 185,00 – 235,00 DM

Hotel garni Oberkassel
PLZ 40545, Düsseldorfer Straße 93
☎ 0211–570446 Fax: 556735
10 Zimmer, 15 Betten
EZ: 145,00 – 185,00 DM,
DZ: 185,00 – 220,00 DM
 6,0
auf Anfrage

Hotel garni Haus Wilke
PLZ 40545, Adalbertstraße 11
☎ 0211–573189 Fax: 5590088
8 Zimmer, 14 Betten
EZ: 110,00 – 140,00 DM,
DZ: 140,00 – 180,00 DM

Hotel garni Modern
PLZ 40545, Leostraße 15
☎ 0211–551108 Fax: 5570294
8 Zimmer, 8 Betten
EZ: 90,00 – 130,00 DM,
DZ: 130,00 – 170,00 DM
1,2 EZ
80,00 DM, DZ 130,00 DM

Pempelfort

Hotel garni National
PLZ 40477, Schwerinstraße 16
☎ 0211-499062-5 Fax: 494590
32 Zimmer, 67 Betten
EZ: 110,00 – 220,00 DM,
DZ: 170,00 – 280,00 DM

20.12.-05.01. 2,5

Hotel garni Doria
PLZ 40477, Duisburger Straße 1a
☎ 0211-499192 Fax: 4910402
41 Zimmer, 60 Betten
EZ: 120,00 – 195,00 DM,
DZ: 160,00 – 295,00 DM

Hotel garni Imperial
PLZ 40477, Venloer Straße 9
☎ 0211-4921908 Fax: 4982778
41 Zimmer, 58 Betten
EZ: 114,00 – 174,00 DM,
DZ: 159,00 – 239,00 DM

23.12.-02.01. 2,5 EZ
99,00 DM, DZ 119,00 DM

Hotel garni Royal
Inh. Carl Lorenz
PLZ 40479, Gartenstraße 30
☎ 0211-490049 Fax: 499301
38 Zimmer, 51 Betten
EZ: 128,00 – 168,00 DM,
DZ: 188,00 – 228,00 DM

Hotel garni Ufer
PLZ 40479, Gartenstraße 50
☎ 0211-499031 Fax: 4983075
23 Zimmer, 41 Betten
EZ: 70,00 – 215,00 DM,
DZ: 150,00 – 320,00 DM

1,0

Hotel garni Am Hofgarten
PLZ 40479, Arnoldstraße 5
☎ 0211-4931382 Fax: 4911201
25 Zimmer, 38 Betten
EZ: 70,00 – 180,00 DM,
DZ: 90,00 – 260,00 DM

Hotel garni Germania
PLZ 40479, Freiligrathstraße 21
☎ 0211-49660 Fax: 4982914
20 Zimmer, 33 Betten
EZ: 116,00 – 296,00 DM,
DZ: 176,00 – 396,00 DM

3,0

Hotel garni Stern
PLZ 40479, Sternstraße 53
☎ 0211-497700 Fax: 494901
14 Zimmer, 24 Betten
EZ: 145,00 – 245,00 DM,
DZ: 195,00 – 295,00 DM

Hotel garni Am Ehrenhof
PLZ 40477, Fischerstraße 25
☎ 0211-4931243 Fax: 4981163
9 Zimmer, 16 Betten
EZ: 99,00 – 160,00 DM,
DZ: 160,00 – 220,00 DM

5,0

Rath

Hotel garni Am Rather Kreuzweg
Inh. H. Kirstner
PLZ 40472, Rather Kreuzweg 76
☎ 0211-651322 Fax: 656739
8 Zimmer, 11 Betten
EZ: 85,00 – 110,00 DM,
DZ: 120,00 – 140,00 DM

Reisholz

Hotel garni Am Hoxbach
PLZ 40599, Reisholzer Bahnstraße 56
☎ 0211-7489001-2 Fax: 793232
11 Zimmer, 14 Betten
EZ: 80,00 – 120,00 DM,
DZ: 120,00 – 140,00 DM

Stockum

Hotel FFFZ Tagungshaus Düsseldorf
PLZ 40474, Kaiserswerther Straße 450
☎ 0211-4580150 Fax: 4580100
25 Zimmer, 50 Betten
EZ: 120,00 – 220,00 DM,
DZ: 140,00 – 290,00 DM, VP: ja

Fashion Hotel
PLZ 40468, Am Hain 44
☎ 0211-434182 Fax: 434189
29 Zimmer, 45 Betten
EZ: 130,00 – 240,00 DM,
DZ: 180,00 – 300,00 DM, VP: ja

† 24.12.-01.01. 6,0

Hotel garni Zur Luftbrücke
PLZ 40474, Niederrheinstraße 21
☎ 0211-4350779 Fax: 4380587
13 Zimmer, 20 Betten
EZ: 117,00 – 240,00 DM,
DZ: 138,00 – 298,00 DM
 6,0

Hotel garni Haus Vogelsang
PLZ 40474, Am Vogelsang 7
☎ 0211-434039 Fax: 4370465
10 Zimmer, 18 Betten
EZ: 90,00 – 200,00 DM,
DZ: 140,00 – 300,00 DM

Hotel garni Haus Eiden
PLZ 40468, Carl-Sonnenschein-Straße 34
☎ 0211-4360257 Fax: 4541837
7 Zimmer, 10 Betten
EZ: 99,00 – 145,00 DM,
DZ: 150,00 – 196,00 DM

Unterbach

Waldhotel Unterbach
PLZ 40627, Rathelbeckstraße 319
☎ 0211-251801 Fax: 201516
15 Zimmer, 33 Betten
EZ: 110,00 – 160,00 DM,
DZ: 150,00 – 200,00 DM

Unterbilk

Hotel garni Kastens
PLZ 40219, Jürgensplatz 52
☎ 0211-30250 Fax: 3025110
46 Zimmer, 110 Betten
EZ: 100,00 – 170,00 DM,
DZ: 140,00 – 240,00 DM

Hotel Westfälischer Hof
PLZ 40217, Elisabethstraße 52
☎ 0211-382097 Fax: 378106
27 Zimmer, 42 Betten
EZ: 85,00 – 160,00 DM,
DZ: 105,00 – 220,00 DM, VP: ja

Hotel garni Kürten
PLZ 40217, Friedrichstraße 93
☎ 0211-315011-2 Fax: 348394
18 Zimmer, 30 Betten
EZ: 105,00 – 170,00 DM,
DZ: 145,00 – 230,00 DM

Unterrath

Gasthof Haus Malzkorn
PLZ 40468, Am Röttchen 67a
☎ 0211-426585 Fax: 426585
4 Zimmer, 7 Betten
EZ: 50,00 – 65,00 DM,
DZ: 100,00 – 130,00 DM

Vennhausen

Gästehaus Ellerforst
PLZ 40627, Vennhauser Allee 188
☎ 0211-278881 Fax: 278891
4 Zimmer, 10 Betten
EZ: 80,00 – 85,00 DM,
DZ: 130,00 – 140,00 DM

Volmerswerth

Hotel garni Haus Am Deich
PLZ 40221, Abteihofstraße 50
☎ 0211-154757 Fax: 154737
8 Zimmer, 16 Betten
EZ: 105,00 – 150,00 DM,
DZ: 150,00 – 210,00 DM

Wittlaer

Hotel Haus Bletgen
PLZ 40489, Bockumer Straße 26
☎ 0211-4080440
10 Zimmer, 20 Betten
EZ: 75,00 – 260,00 DM,
DZ: 105,00 – 280,00 DM

 Mi

Sonnen Hotel Garni
PLZ 40472, Bockumer Straße 4
☎ 0211-402274 Fax: 4790464
5 Zimmer, 10 Betten
EZ: 50,00 – 80,00 DM,
DZ: 100,00 – 180,00 DM
 12,0

Essen

Stadtmitte

Hotel Arcade
PLZ 45127, Hollestr. 50
☎ 0201–2428-0 Fax: 2428-600
155 Zimmer, 310 Betten
EZ: 132,00 – 166,00 DM,
DZ: 180,00 DM

Hotel Essener Hof
PLZ 45127, Teichstr. 2
☎ 0201–20901 Fax: 238351
85 Zimmer, 170 Betten
EZ: 110,00 – 170,00 DM,
DZ: 170,00 – 210,00 DM

Hotel Korn's Garni
PLZ 45127, Hoffnungstr. 19 a
☎ 0201–221414 Fax: 221400
40 Zimmer, 80 Betten
EZ: 100,00 DM, DZ: 135,00 DM

Hotel Kessing garni
PLZ 45127, Hachestr. 30
☎ 0201–239968 Fax: 230289
58 Zimmer, 75 Betten
EZ: 59,00 – 85,00 DM,
DZ: 118,00 – 138,00 DM
 0,3

Hotel Europa
PLZ 45127, Hindenburgstr. 35
☎ 0201–232041/-42 Fax: 232656
49 Zimmer, 61 Betten
EZ: 130,00 – 140,00 DM,
DZ: 190,00 – 210,00 DM
 2,0

Hotel City-Ambassador
PLZ 45127, Viehoferstr. 22
☎ 0201–233936 Fax: 202649
44 Zimmer, 56 Betten
EZ: 100,00 – 150,00 DM,
DZ: 140,00 – 180,00 DM
 0,0

Hotel Ambassador
PLZ 45127, Viehoferstr. 23
☎ 0201–237315 Fax: 202649
29 Zimmer, 40 Betten
EZ: 100,00 – 150,00 DM,
DZ: 140,00 – 180,00 DM
 0,0

Hotel Lindenhof
PLZ 45127, Logenstr. 18
☎ 0201–233031/-32 Fax: 234308
20 Zimmer, 36 Betten
EZ: 65,00 – 130,00 DM,
DZ: 100,00 – 170,00 DM
0,0

Hotel Luise
PLZ 45128, Dreilindenstr. 96
☎ 0201–239253/-54 Fax: 200219
18 Zimmer, 35 Betten
EZ: 110,00 DM, DZ: 160,00 DM

Hotel Central
PLZ 45127, Herkulesstr. 14
☎ 0201–227827, 235579 Fax: 227813
17 Zimmer, 33 Betten
EZ: 80,00 – 130,00 DM,
DZ: 120,00 – 170,00 DM

Hotel Atelier Garni
PLZ 45141, Niederstr. 13
☎ 0201–313014/-15 Fax: 325548
17 Zimmer, 33 Betten
EZ: 125,00 – 165,00 DM,
DZ: 165,00 – 185,00 DM

Hotel Zum Deutschen Haus
PLZ 45127, Kastanienallee 16
☎ 0201–232989 Fax: 230692
15 Zimmer, 30 Betten
EZ: 70,00 – 80,00 DM,
DZ: 80,00 – 140,00 DM

Hotel Nordstern
PLZ 45141, Stoppenberger Str. 20
☎ 0201–31721 Fax: 328572
13 Zimmer, 26 Betten
EZ: 50,00 – 60,00 DM,
DZ: 80,00 – 85,00 DM

Altendorf

Hotel Meier
PLZ 45143, Eppinghofer Str. 31
☎ 0201–622263 Fax: 627154
20 Zimmer, 38 Betten
EZ: 95,00 DM, DZ: 140,00 DM

 4,0

 EZ 85,00 DM, DZ 130,00 DM

Altenessen

Hotel Astoria
PLZ 45326, Altenessener Str. 450
☎ 0201–343122, 83584 Fax: 356731
102 Zimmer, 158 Betten
EZ: 140,00 – 245,00 DM,
DZ: 180,00 – 300,00 DM, HP: auf
Anfrage, VP: auf Anfrage

120 6,0 auf Anfrage

Hotel Böll
PLZ 45329, Altenessener Str. 311
☎ 0201–357535, 350081 Fax: 354541
24 Zimmer, 47 Betten
EZ: 70,00 – 130,00 DM,
DZ: 100,00 – 170,00 DM

Bochold

Hotel Wolfsbankstübchen
PLZ 45355, Bocholder Str. 144
☎ 0201–675111
4 Zimmer, 7 Betten
EZ: 60,00 DM, DZ: 110,00 DM

Borbeck

Hotel Am Schloßpark
Inh. Klaus Gerritzen
PLZ 45355, Borbecker Str. 180
☎ 0201–675001 Fax: 687762
28 Zimmer, 45 Betten
EZ: 105,00 – 180,00 DM,
DZ: 140,00 – 225,00 DM

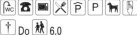

† Do 6,0

Bredeney

Parkhaus Hügel
PLZ 45133, Freiherr-v.-Stein-Str. 209
☎ 0201–471091 Fax: 444207
13 Zimmer, 26 Betten
EZ: 110,00 – 125,00 DM,
DZ: 160,00 – 175,00 DM

12,40,60,80 12,0

Burgaltendorf

Mintrops Burghotel
PLZ 45289, Schwarzensteinweg 81
☎ 0201–57171-0 Fax: 57171-47
60 Zimmer, 80 Betten
EZ: 136,00 – 220,00 DM,
DZ: 200,00 – 284,00 DM,
HP: 50,00 DM, VP: 84,00 DM

5-40 10,0

Frintrop

Hotel Wilhelmshöhe
Inh. Rudolf Romeike
PLZ 45339, Im Wulve 2-4
☎ 0201–606404 Fax: 690751
30 Zimmer, 54 Betten
EZ: 85,00 – 120,00 DM,
DZ: 130,00 – 180,00 DM

 20

 7,0

Frohnhausen

Hotel Frohnhauser Hof
PLZ 45144, Lisa-Meitner-Str. 28
☎ 0201–734061/-62 Fax: 743658
28 Zimmer, 55 Betten
EZ: 75,00 – 85,00 DM,
DZ: 100,00 – 120,00 DM

Hotel Oehler
PLZ 45145, Liebigstr. 8
☎ 0201–705327
9 Zimmer, 18 Betten
EZ: 60,00 – 70,00 DM,
DZ: 110,00 – 120,00 DM

Hotel Zur Post
PLZ 45144, Kerckhoffstr. 50
☎ 0201–703921
7 Zimmer, 13 Betten
EZ: 40,00 DM, DZ: 60,00 DM

Fulerum

Haus Schmidt
PLZ 45149, Humboldt Str. 211
☎ 0201–712012/-13 Fax: 712716
19 Zimmer, 38 Betten
EZ: 95,00 – 100,00 DM, DZ: 140,00 DM

Heisingen

Hotel Hasselkuß
PLZ 45259, Bonscheidter Str. 63-65a
☎ 0201–461559 Fax: 467281
37 Zimmer, 62 Betten
EZ: 70,00 – 130,00 DM,
DZ: 130,00 – 190,00 DM
 30 7,0

Holsterhausen

Hotel Fortuna
Inh. N. Landé
PLZ 45147, Rubensstr. 4
☎ 0201–734046/-47 Fax: 732231
27 Zimmer, 54 Betten
EZ: 80,00 – 130,00 DM,
DZ: 110,00 – 170,00 DM
 3,0

Kettwig

Hotel Schmachtenbergshof
PLZ 45219, Schmachtenbergstr. 157
☎ 02054–8933/-4/-5 Fax: 16547
22 Zimmer, 43 Betten
EZ: 100,00 – 105,00 DM,
DZ: 160,00 – 170,00 DM

Hotel Diening
PLZ 45219, Kirchfeldstr. 34
☎ 02054–4577 Fax: 5403
14 Zimmer, 27 Betten
EZ: 110,00 DM,
DZ: 140,00 – 160,00 DM

Hotel Knappmann
PLZ 45219, Ringstr. 198
☎ 02054–7809 Fax: 6789
10 Zimmer, 20 Betten
EZ: 90,00 – 95,00 DM,
DZ: 130,00 – 135,00 DM

Kray

Hotel Saalbau-Kuhaupt
PLZ 45307, Am Bocklerbaum 23
☎ 0201–591266
7 Zimmer, 13 Betten
EZ: 55,00 DM, DZ: 90,00 DM
 300 Do
5,0

Kupferdreh

Hotel Kaufhold
PLZ 45257, Kupferdreher Str. 202
☎ 0201–481851
10 Zimmer, 20 Betten
EZ: 50,00 – 80,00 DM,
DZ: 85,00 – 105,00 DM

Margarethenhöhe

Gasthaus zur Margarethenhöhe
PLZ 45149, Steile Str. 46
☎ 0201–715433, 714024 Fax: 7103930
10 Zimmer, 20 Betten
EZ: 65,00 – 95,00 DM,
DZ: 110,00 – 125,00 DM

Rüttenscheid

Hotel Jung
PLZ 45131, Wehmenkamp 1
☎ 0201-793033 Fax: 789352
43 Zimmer, 55 Betten
EZ: 118,00 – 148,00 DM,
DZ: 168,00 – 198,00 DM

 2,0

Hotel Alma Betriebs GmbH
PLZ 45130, Almastr. 7-9
☎ 0201-777050 Fax: 7240106
28 Zimmer, 55 Betten
EZ: 140,00 – 220,00 DM,
DZ: 180,00 – 300,00 DM

Hotel Rheinischer Hof
PLZ 45130, Hedwigstr. 11
☎ 0201-781074/-75 Fax: 797867
26 Zimmer, 52 Betten
EZ: 80,00 – 130,00 DM,
DZ: 110,00 – 170,00 DM

Hotel „An der Gruga"
Inh. Jürgen Weber
PLZ 45131, Eduard-Lucas-Str. 17
☎ 0201-41910 Fax: 425102
39 Zimmer, 50 Betten
EZ: 120,00 – 150,00 DM,
DZ: 195,00 – 230,00 DM

 3,0

Ruhr-Hotel
PLZ 45130, Krahwelstr. 42
☎ 0201-778053 Fax: 770283
20 Zimmer, 40 Betten
EZ: 120,00 – 135,00 DM,
DZ: 184,00 – 196,00 DM

Hotel Rüttenscheider Hof
PLZ 45130, Klarastr. 18
☎ 0201-791051 Fax: 792875
24 Zimmer, 35 Betten
EZ: 100,00 – 135,00 DM,
DZ: 180,00 DM

 40 † Do
2,0

Hotel Jürgen Arnolds
PLZ 45131, Rüttenscheiderstr. 187
☎ 0201-773716 Fax: 789420
15 Zimmer, 30 Betten
EZ: 115,00 DM, DZ: 165,00 DM

Behr's Parkhotel
PLZ 45131, Alfredstr. 118
☎ 0201-779095/-97 Fax: 789816
15 Zimmer, 30 Betten
EZ: 100,00 – 140,00 DM,
DZ: 140,00 – 200,00 DM

 3,5

Messehotel
PLZ 45131, Eduard-Lucas-Str. 18
☎ 0201-411384, 421100 Fax: 425072
15 Zimmer, 22 Betten
EZ: 140,00 DM, DZ: 180,00 DM

 3,0

Hotel Savoy
PLZ 45131, Florastr. 15 b
☎ 0201-424840 Fax: 420221
11 Zimmer, 22 Betten
EZ: 75,00 – 180,00 DM,
DZ: 110,00 – 220,00 DM

Hotel Medaillon
Inh. Karl Böhm
PLZ 45130, Hedwigstr. 7
☎ 0201-775767/-77 Fax: 773417
11 Zimmer, 20 Betten
EZ: 110,00 – 140,00 DM,
DZ: 160,00 – 200,00 DM

 † So 1,5 auf Anfrage

Hotel und Gaststätte Fabritz
PLZ 45130, Klarastr. 68
☎ 0201-776462 Fax: 776561
11 Zimmer, 20 Betten
EZ: 95,00 DM, DZ: 140,00 – 160,00 DM

 † So 1,0

Hotel Hoffmann
PLZ 45130, Hedwigstr. 5
☎ 0201–772784 Fax: 792187
9 Zimmer, 17 Betten
EZ: 70,00 – 90,00 DM,
DZ: 120,00 – 140,00 DM

Brunnen-Hotel
PLZ 45130, Friederikenstr. 40
☎ 0201–774058 Fax: 780323
9 Zimmer, 17 Betten
EZ: 130,00 – 150,00 DM,
DZ: 200,00 – 220,00 DM

Schönebeck

Hotel Appartement
PLZ 45359, Am Brauhaus 16-32
☎ 0201–676809 Fax: 680848
10 Zimmer, 20 Betten
EZ: 75,00 – 85,00 DM,
DZ: 110,00 – 120,00 DM

Schuir

Pension Winz
PLZ 45133, Wallneyer Str. 134
☎ 0201–493125
4 Zimmer, 7 Betten
EZ: 100,00 DM, DZ: 180,00 DM

Steele

Hotel Zum alten Rathaus
PLZ 45263, Westfalenstr. 300
☎ 0201–512616
10 Zimmer, 10 Betten
EZ: 50,00 DM, DZ: 100,00 DM

Stoppenberg

Hotel Heihoff
PLZ 45141, Essener Str. 36
☎ 0201–211183
14 Zimmer, 27 Betten
EZ: 42,00 – 50,00 DM,
DZ: 92,00 – 100,00 DM

Werden

Hotel Hohenstein Garni
Inh. R. Baches
PLZ 45239, Hohensteinweg 5
☎ 0201–496949, 496510 Fax: 496960
9 Zimmer, 14 Betten
EZ: 110,00 – 130,00 DM,
DZ: 160,00 – 190,00 DM

 20
7,0

Hotel Meiser
PLZ 45239, Forstmannstr. 49
☎ 0201–405118 Fax: 405151
4 Zimmer, 8 Betten
EZ: 120,00 – 160,00 DM,
DZ: 180,00 – 200,00 DM

Hotel Broichhausen
PLZ 45239, Auf'm Kahr 4
☎ 0201–401154 Fax: 409346
4 Zimmer, 8 Betten
EZ: 100,00 – 110,00 DM,
DZ: 130,00 – 140,00 DM

Stadtmitte

Hotel Excelsior
PLZ 60329, Mannheimer Str. 7-9
☎ 069–2560801 Fax: 25608141
195 Zimmer, 300 Betten
EZ: 145,00 – 172,00 DM,
DZ: 209,00 – 239,00 DM

100 2,0 EZ 109,00 DM, DZ 149,00 DM

Arcade Hotel Frankfurt
PLZ 60327, Speicherstr. 3-6
☎ 069–273030 Fax: 237024
117 Zimmer, 233 Betten
EZ: 95,00 – 165,00 DM,
DZ: 130,00 – 210,00 DM

Hotel Am Zoo
PLZ 60316, Alfred-Brehm-Platz 6
☎ 069–490771 Fax: 439868
84 Zimmer, 140 Betten
EZ: 95,00 – 165,00 DM,
DZ: 130,00 – 210,00 DM

0,3

Turm-Hotel
PLZ 60322, Eschersheimer Landstr. 20
☎ 069–154050 Fax: 553578
75 Zimmer, 130 Betten
EZ: 130,00 – 160,00 DM,
DZ: 195,00 – 235,00 DM

2,0

Hotel Luxor
PLZ 60311, Allerheiligentor 2-4
☎ 069–293067 Fax: 287766
50 Zimmer, 100 Betten
EZ: 95,00 – 165,00 DM,
DZ: 130,00 – 210,00 DM

Hotel Victoria
PLZ 60329, Kaiserstr. 59
☎ 069–273060 Fax: 27306100
50 Zimmer, 100 Betten
EZ: 95,00 – 165,00 DM,
DZ: 130,00 – 210,00 DM

Hotel Astoria
PLZ 60325, Rheinstr. 25
☎ 069–745046 Fax: 746026
48 Zimmer, 96 Betten
EZ: 95,00 – 165,00 DM,
DZ: 130,00 – 210,00 DM

Hotel Europa
PLZ 60329, Baseler Str. 17
☎ 069–236013 Fax: 236203
42 Zimmer, 84 Betten
EZ: 95,00 – 240,00 DM,
DZ: 130,00 – 290,00 DM

0,1

Hotel Westfälinger Hof
PLZ 60329, Düsseldorfer Str. 10
☎ 069–234717 Fax: 234532
42 Zimmer, 83 Betten
EZ: 95,00 – 165,00 DM,
DZ: 130,00 – 210,00 DM

Hotel Münchner Hof
PLZ 60329, Münchener Str. 46
☎ 069–230066 Fax: 234428
40 Zimmer, 80 Betten
EZ: 60,00 – 95,00 DM,
DZ: 80,00 – 130,00 DM

Bauer Hotel Scala
PLZ 60313, Schäfergasse 31
☎ 069–1381110 Fax: 284234
40 Zimmer, 80 Betten
EZ: 139,00 DM, DZ: 169,00 DM

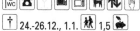

24.-26.12., 1.1. 1,5

Hotel Attaché
PLZ 60327, Kölner Str. 10
☎ 069–730282 Fax: 7392194
38 Zimmer, 76 Betten
EZ: 95,00 – 165,00 DM,
DZ: 130,00 – 210,00 DM

Hotel Terminus
PLZ 60329, Münchener Str. 59
☎ 069–242320 Fax: 237411
38 Zimmer, 76 Betten
EZ: 95,00 – 165,00 DM,
DZ: 130,00 – 210,00 DM

Hotel Union
PLZ 60329, Münchener Str. 52
☎ 069–242880 Fax: 234398
45 Zimmer, 75 Betten
EZ: 60,00 – 100,00 DM,
DZ: 120,00 – 140,00 DM
HP: 20,00 DM, VP: 35,00 DM

Hotel Kaiserhof
PLZ 60329, Kaiserstr. 62
☎ 069–235155 Fax: 232714
36 Zimmer, 71 Betten
EZ: 95,00 – 165,00 DM,
DZ: 130,00 – 210,00 DM

Kolpinghaus
PLZ 60311, Lange Str. 26
☎ 069–288541 Fax: 290559
35 Zimmer, 69 Betten
EZ: 95,00 – 165,00 DM,
DZ: 130,00 – 210,00 DM
Preise ohne Frühstück

Hotel Wiesbaden
PLZ 60329, Baseler Str. 52
☎ 069–232347 Fax: 252845
40 Zimmer, 66 Betten
EZ: 95,00 – 165,00 DM,
DZ: 120,00 – 210,00 DM

Hotel Hamburger Hof
PLZ 60329, Poststr. 10-12
☎ 069–235045 Fax: 235802
33 Zimmer, 66 Betten
EZ: 95,00 – 165,00 DM,
DZ: 130,00 – 210,00 DM

Hotel Intereuropa
PLZ 60327, Güterplatz 5
☎ 069–730181 Fax: 731275
36 Zimmer, 60 Betten
EZ: 95,00 – 165,00 DM,
DZ: 130,00 – 210,00 DM
Preise ohne Frühstück

Hotel Admiral
PLZ 60316, Hölderlinstr. 25
☎ 069–448021 Fax: 439402
30 Zimmer, 60 Betten
EZ: 95,00 – 165,00 DM,
DZ: 130,00 – 210,00 DM

Hotel Cristall
PLZ 60329, Ottostr. 3
☎ 069–230351 Fax: 253368
30 Zimmer, 60 Betten
EZ: 95,00 – 165,00 DM,
DZ: 130,00 – 210,00 DM

Hotel Montana
PLZ 60327, Speyerer Str. 11
☎ 069–730448 Fax: 735653
30 Zimmer, 60 Betten
EZ: 95,00 – 165,00 DM,
DZ: 130,00 – 210,00 DM

Hotel Topas
PLZ 60329, Niddastr. 88
☎ 069–230852 Fax: 237228
30 Zimmer, 60 Betten
EZ: 95,00 – 165,00 DM,
DZ: 130,00 – 210,00 DM

Hotel Florentina
PLZ 60325, Westendstr. 23
☎ 069–746044 Fax: 747924
35 Zimmer, 58 Betten
EZ: 70,00 – 250,00 DM,
DZ: 160,00 – 350,00 DM

 23.12.-02.01. 0,5

Concorde Hotel
PLZ 60329, Karlstr. 9
☎ 069–233230 Fax: 237828
45 Zimmer, 57 Betten
EZ: 95,00 – 165,00 DM,
DZ: 130,00 – 210,00 DM
Preise ohne Frühstück

0,1

CONCORDE
— HOTEL —
BUSINESS CLASS
SEHR FREUNDLICH
AM HAUPTBAHNHOF
ALLE ZIMMER MIT
DUSCHE/WC/MINIBAR/TEL./TV
TEL. 069-233230/FAX 069-237828

Carley-Hotel
PLZ 60318, Nibelungenallee 31-35
☎ 069–959260 Fax: 95926039
29 Zimmer, 57 Betten
EZ: 95,00 – 165,00 DM,
DZ: 130,00 – 210,00 DM
Preise ohne Frühstück

Hotel Mozart
PLZ 60322, Parkstr. 17
☎ 069–550831 Fax: 5964559
35 Zimmer, 56 Betten
EZ: 145,00 – 160,00 DM,
DZ: 130,00 – 210,00 DM

23.12.-01.01. 1,0

Hotel Mercator
PLZ 60316, Mercatorstr. 38
☎ 069–490691 Fax: 490217
26 Zimmer, 51 Betten
EZ: 95,00 – 165,00 DM,
DZ: 130,00 – 210,00 DM

Hotel Am Dom
PLZ 60311, Kannegießergasse 3
☎ 069–282141 Fax: 283237
25 Zimmer, 50 Betten
EZ: 95,00 – 165,00 DM,
DZ: 130,00 – 210,00 DM

Hotel Weisses Haus
PLZ 60318, Jahnstr. 18
☎ 069–554605 Fax: 5963912
24 Zimmer, 48 Betten
EZ: 60,00 – 95,00 DM,
DZ: 80,00 – 130,00 DM
Preise ohne Frühstück

Hotel Aba
PLZ 60329, Elbestr. 33
☎ 069–233036 Fax: 237026
24 Zimmer, 47 Betten
EZ: 95,00 – 165,00 DM,
DZ: 130,00 – 210,00 DM

Hotel Franken
PLZ 60329, Frankenallee 183
☎ 069–7380041 Fax: 7392396
23 Zimmer, 45 Betten
EZ: 95,00 – 165,00 DM,
DZ: 130,00 – 210,00 DM
Preise ohne Frühstück

Hotel Zum Spessart
PLZ 60314, Ostbahnhofstr. 16
☎ 069–432776 Fax: 434569
22 Zimmer, 44 Betten
EZ: 70,00 – 95,00 DM,
DZ: 120,00 – 160,00 DM

 1,0 auf Anfrage

Hotel Nizza
PLZ 60329, Elbestr. 10
☎ 069–24225380 Fax: 24253830
21 Zimmer, 42 Betten
EZ: 95,00 – 165,00 DM,
DZ: 130,00 – 210,00 DM

Hotel Diana
PLZ 60325, Westendstr. 83
☎ 069–747007 Fax: 747079
26 Zimmer, 40 Betten
EZ: 90,00 – 105,00 DM, DZ: 158,00 DM

 3,0 auf Anfrage

Philipp-Jakob-Spener-Haus
PLZ 60311, Dominikanergasse 5
☎ 069–2165410 Fax: 2265415
20 Zimmer, 39 Betten
EZ: 95,00 – 165,00 DM,
DZ: 130,00 – 210,00 DM

Hotel Sattler
PLZ 60325, Beethovenstr. 46
☎ 069–746091 Fax: 748466
19 Zimmer, 38 Betten
EZ: 95,00 – 165,00 DM,
DZ: 130,00 – 210,00 DM

Hotel Meyn
PLZ 60385, Grüneburgweg 4
☎ 069–590170 Fax: 555382
19 Zimmer, 38 Betten
EZ: 95,00 – 165,00 DM,
DZ: 130,00 – 210,00 DM
Preise ohne Frühstück

Hotel Neue-Kräme
PLZ 60311, Neue Kräme 23
☎ 069–284046 Fax: 296288
19 Zimmer, 37 Betten
EZ: 95,00 – 165,00 DM,
DZ: 130,00 – 210,00 DM
Preise ohne Frühstück

Appartementhaus Westend
PLZ 60325, Feuerbachstr. 14
☎ 069–728275 Fax: 728238
18 Zimmer, 36 Betten
EZ: 95,00 – 165,00 DM,
DZ: 130,00 – 210,00 DM
Preise ohne Frühstück

Hotel Prinz-Otto
PLZ 60329, Ottostr. 5
☎ 069–236871 Fax: 252604
16 Zimmer, 32 Betten
EZ: 95,00 – 165,00 DM,
DZ: 130,00 – 210,00 DM
Preise ohne Frühstück

Hotel Bolivar
PLZ 60318, Nibelungenallee 35
☎ 069–550190 Fax: 555176
16 Zimmer, 32 Betten
EZ: 95,00 – 165,00 DM,
DZ: 130,00 – 210,00 DM
Preise ohne Frühstück

Pension Backer
PLZ 60325, Mendelssohnstr. 92
☎ 069–747990
20 Zimmer, 30 Betten
EZ: 40,00 – 70,00 DM,
DZ: 50,00 – 70,00 DM

0,5

Hotel Liebig
PLZ 60323, Liebigstr. 45
☎ 069–727551 Fax: 727555
19 Zimmer, 29 Betten
EZ: 130,00 – 245,00 DM,
DZ: 180,00 – 310,00 DM
Preise ohne Frühstück

 10 1,0

Pension Uebe
PLZ 60322, Grüneburgweg 3
☎ 069–591209
15 Zimmer, 29 Betten
EZ: 60,00 – 95,00 DM,
DZ: 80,00 – 130,00 DM
Preise ohne Frühstück

Hotel Silvana
PLZ 60325, Kettenhofweg 121
☎ 069–974020 Fax: 97402222
14 Zimmer, 28 Betten
EZ: 65,00 – 135,00 DM,
DZ: 95,00 – 185,00 DM

 1,3 auf Anfrage

Hotel City
PLZ 60322, Sömmerringstr. 23
☎ 069–593197
14 Zimmer, 27 Betten
EZ: 95,00 – 165,00 DM,
DZ: 130,00 – 210,00 DM
Preise ohne Frühstück

Hotel Landgraf
PLZ 60322, Böhmerstr. 20
☎ 069–590089 Fax: 5975690
16 Zimmer, 24 Betten
EZ: 110,00 – 125,00 DM,
DZ: 160,00 – 180,00 DM
Preise ohne Frühstück

 10-15
 2,5

Hotel Atlas
PLZ 60325, Zimmerweg 1
☎ 069–723946
12 Zimmer, 24 Betten
EZ: 60,00 – 95,00 DM,
DZ: 80,00 – 130,00 DM

Hotel Schneider
PLZ 60329, Taunusstr. 43
☎ 069–251071 Fax: 259228
10 Zimmer, 20 Betten
EZ: 60,00 – 95,00 DM,
DZ: 80,00 – 130,00 DM

Hotel Gölz
PLZ 60325, Beethovenstr. 44
☎ 069–746735 Fax: 746142
12 Zimmer, 18 Betten
EZ: 60,00 – 95,00 DM,
DZ: 130,00 – 158,00 DM

 2,0

Pension Bruns
PLZ 60325, Mendelssohnstr. 42
☎ 069–748896
8 Zimmer, 16 Betten
EZ: 60,00 – 95,00 DM,
DZ: 80,00 – 130,00 DM

Hotel Byblos
PLZ 60313, Vilbeler Str. 32
☎ 069–290863
7 Zimmer, 14 Betten
EZ: 95,00 – 165,00 DM,
DZ: 130,00 – 210,00 DM
Preise ohne Frühstück

Hotel L'Emir
PLZ 60329, Baseler Platz 2
☎ 069–230123 Fax: 731792
6 Zimmer, 12 Betten
EZ: 95,00 – 165,00 DM,
DZ: 130,00 – 210,00 DM

Pension Adria
Inh. S. Riccioni
PLZ 60322, Neuhaußstr. 21
☎ 069–594533
7 Zimmer, 11 Betten
EZ: 68,00 – 81,00 DM,
DZ: 95,00 – 137,00 DM

 1,5

Gasthof Zur Traube
PLZ 60313, Rosenberger Str. 4
☎ 069–293746 Fax: 285636
5 Zimmer, 10 Betten
EZ: 60,00 – 95,00 DM,
DZ: 80,00 – 130,00 DM

Hotel Aller
PLZ 60329, Gutleutstr. 94
☎ 069–252596 Fax: 232330
4 Zimmer, 8 Betten
EZ: 95,00 – 165,00 DM,
DZ: 130,00 – 210,00 DM

Hotel Stella
PLZ 60322, Frauensteinstr. 8
☎ 069–554026 Fax: 554026
4 Zimmer, 8 Betten
EZ: 60,00 – 95,00 DM,
DZ: 80,00 – 130,00 DM

 3,0

Bergen-Enkheim

Hotel Klein
PLZ 60388, Vilbeler Landstr. 55
☎ 06109–3060 Fax: 306421
39 Zimmer, 78 Betten
EZ: 95,00 – 165,00 DM,
DZ: 130,00 – 210,00 DM

Hotel Schönen Aussicht
PLZ 60388, Im Sperber 24
☎ 06109–2813 Fax: 21785
39 Zimmer, 76 Betten
EZ: 100,00 – 165,00 DM,
DZ: 130,00 – 210,00 DM

16,20,20,50 15,0

Hotel Borger
PLZ 60388, Triebstr. 51
☎ 06109–3090-0 Fax: 309030
27 Zimmer, 54 Betten
EZ: 95,00 – 165,00 DM,
DZ: 130,00 – 210,00 DM

Pension Lex
PLZ 60388, An der Ruhbank 10
☎ 06109–2786 Fax: 21537
2 Zimmer, 7 Betten
EZ: 95,00 – 165,00 DM,
DZ: 130,00 – 210,00 DM

 8,0

Bockenheim

Hotel Corona
PLZ 60486, Hamburger Allee 48
☎ 069–779077 Fax: 708639
27 Zimmer, 52 Betten
EZ: 95,00 – 165,00 DM,
DZ: 130,00 – 210,00 DM

1,5

Hotel Falk
PLZ 60487, Falkstr. 38 a
☎ 069–708094 Fax: 708017
32 Zimmer, 51 Betten
EZ: 95,00 – 165,00 DM,
DZ: 130,00 – 210,00 DM,
HP: 10,00 DM, VP: 20,00 DM

1,0 20 % Preisnachlaß

Star Hotel
PLZ 60486, Kreuznacher Str. 37
☎ 069-772071 Fax: 772072
20 Zimmer, 40 Betten
EZ: 95,00 – 165,00 DM,
DZ: 130,00 – 210,00 DM

Hotel garni Am Kurfürstenplatz
Inh. Eberhard Stahn
PLZ 60486, Kurfürstenplatz 38
☎ 069-777816 Fax: 7077027
30 Zimmer, 36 Betten
EZ: 70,00 – 95,00 DM,
DZ: 130,00 – 148,00 DM
Preise ohne Frühstück

 2,0

Bornheim

Hotel Zur Rose
PLZ 60385, Berger Str. 283
☎ 069-451762
12 Zimmer, 24 Betten
EZ: 60,00 – 95,00 DM,
DZ: 80,00 – 130,00 DM

Eschersheim

Hotel Goldener Schlüssel
PLZ 60431, Eschersheimer Landstr. 442
☎ 069-520122 Fax: 520124
12 Zimmer, 23 Betten
EZ: 60,00 – 95,00 DM,
DZ: 80,00 – 130,00 DM
Preise ohne Frühstück

Fechenheim

SVG am Autohof Ost
PLZ 60314, Hanauer Landstr. 425
☎ 069-413067
20 Zimmer, 40 Betten
EZ: 60,00 – 95,00 DM,
DZ: 80,00 – 130,00 DM

Hotel Mainkur Stuben
PLZ 60386, Hanauer Landstr. 563
☎ 069-425232
8 Zimmer, 15 Betten
EZ: 60,00 – 95,00 DM,
DZ: 80,00 – 130,00 DM
Preise ohne Frühstück

Ginnheim

Motel Frankfurt
PLZ 60320, Eschersheimer Landstr. 204
☎ 069-568011 Fax: 568010
56 Zimmer, 112 Betten
EZ: 95,00 – 165,00 DM,
DZ: 130,00 – 210,00 DM

Griesheim

Hotel Pauli
PLZ 60326, Rebstöckerstr. 93
☎ 069-731850 Fax: 737172
12 Zimmer, 24 Betten
EZ: 60,00 – 95,00 DM,
DZ: 80,00 – 130,00 DM
Preise ohne Frühstück

Hausen

Hotel Ibis
PLZ 60487, Königsberger Str. 1-3
☎ 069-247070 Fax: 24707132
78 Zimmer, 156 Betten
EZ: 95,00 – 165,00 DM,
DZ: 130,00 – 210,00 DM

Hotel Hausener Dorfkrug
PLZ 60488, Alt-Hausen 11
☎ 069-7894016 Fax: 7891367
15 Zimmer, 29 Betten
EZ: 95,00 – 165,00 DM,
DZ: 130,00 – 210,00 DM

Heddenheim

Hotel Klaa Pariser Hof
PLZ 60439, Heddernheimer Landstr. 82
☎ 069–583344
11 Zimmer, 22 Betten
EZ: 60,00 – 95,00 DM,
DZ: 80,00 – 130,00 DM

Höchst

Hotel Höchster Hof
PLZ 65929, Mainberg 3-11
☎ 069–30040 Fax: 3004680
140 Zimmer, 236 Betten
EZ: 135,00 – 185,00 DM,
DZ: 195,00 – 265,00 DM,
HP: 25,00 DM, VP: 50,00 DM

 150 8,0

200,00 – 210,00 DM inkl. Frühstück

Hotelschiff „Peter Schlott"
PLZ 65929, Mainberg
☎ 069–3004643 Fax: 307671
19 Zimmer, 22 Betten
EZ: 60,00 – 95,00 DM,
DZ: 110,00 – 150,00 DM

 8,0

Nied

Hotel Ursula Hof
PLZ 65934, Alzeyer Str. 1
☎ 069–399301 Fax: 399302
20 Zimmer, 40 Betten
EZ: 60,00 – 95,00 DM,
DZ: 80,00 – 130,00 DM

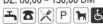

Niederrad

Hotel Niederräder Hof
PLZ 60528, Triftstr. 33
☎ 069–6787012 Fax: 6787082
37 Zimmer, 73 Betten
EZ: 95,00 – 165,00 DM,
DZ: 130,00 – 210,00 DM

Hotel Niederrad
PLZ 60528, Bruchfeldstr. 72
☎ 069–672262 Fax: 679916
30 Zimmer, 46 Betten
EZ: 110,00 – 170,00 DM,
DZ: 130,00 – 210,00 DM

3,0

Nieder-Eschbach

Hotel Markgraf
Inh. L. Heckmann
PLZ 60437, Deuil-La-Barre-Str. 103
☎ 069–9507630 Fax: 95076315
22 Zimmer, 30 Betten
EZ: 95,00 – 140,00 DM,
DZ: 140,00 – 180,00 DM

12,0

Darmstädter Hof
PLZ 60437, An der Walkmühle 1
☎ 069–5074894 Fax: 5074918
14 Zimmer, 22 Betten
EZ: 95,00 – 120,00 DM,
DZ: 130,00 – 170,00 DM, HP: nach
Vereinbar., VP: nach Vereinbar.

† Rest.: Mo 12,0

Oberrad

Waldhotel Hensel's Felsenkeller
PLZ 60599, Buchrainstr. 95
☎ 069–652086 Fax: 658371
15 Zimmer, 22 Betten
EZ: 60,00 – 95,00 DM,
DZ: 80,00 – 120,00 DM, HP: 30,00 DM,
VP: 45,00 DM

† Mo, Di 🏃 6,0

Rödelheim

Hotel Albert
PLZ 60489, Biedenkpfer Weg 99
☎ 069–783022 Fax: 785696
10 Zimmer, 14 Betten
EZ: 60,00 – 95,00 DM,
DZ: 80,00 – 130,00 DM

  15,0

Hotel Aurelia
PLZ 60489, Arnoldshainer Str. 16 a
☎ 069–780955 Fax: 785087
6 Zimmer, 12 Betten
EZ: 95,00 – 165,00 DM,
DZ: 130,00 – 210,00 DM

Sachsenhausen

Hotel Maingau
PLZ 60594, Schifferstr. 38-40
☎ 069–617001 Fax: 620790
80 Zimmer, 160 Betten
EZ: 95,00 – 165,00 DM,
DZ: 130,00 – 210,00 DM

Hotel Hübler
PLZ 60594, Große Rittergasse 91-93
☎ 069–616038 Fax: 613132
29 Zimmer, 58 Betten
EZ: 95,00 – 165,00 DM,
DZ: 130,00 – 210,00 DM

🕾 P 🚾

Hotel Primus
PLZ 60594, Große Ritergasse 19-21
☎ 069–623020 Fax: 621238
25 Zimmer, 50 Betten
EZ: 95,00 – 165,00 DM,
DZ: 130,00 – 210,00 DM

Hotel Am Berg
PLZ 60598, Grethenweg 23
☎ 069–612021 Fax: 615109
19 Zimmer, 38 Betten
EZ: 95,00 – 165,00 DM,
DZ: 130,00 – 210,00 DM
Preise ohne Frühstück

Hotel Kautz
PLZ 60594, Gartenstr. 17
☎ 069–618061 Fax: 613236
15 Zimmer, 30 Betten
EZ: 95,00 – 165,00 DM,
DZ: 130,00 – 210,00 DM

Schwanheim

Hotel Ladage
PLZ 60529, Geisenheimer Str. 61
☎ 069–358162
16 Zimmer, 32 Betten
EZ: 60,00 – 95,00 DM,
DZ: 80,00 – 130,00 DM

Hotel Zur Post
PLZ 60529, Alt-Schwanheim 38
☎ 069–357238
11 Zimmer, 21 Betten
EZ: 60,00 – 95,00 DM,
DZ: 80,00 – 130,00 DM

 5,0

Sindlingen

Hotel Post
PLZ 65931, Sindlinger Bahnstr. 12-16
☎ 069–37010 Fax: 3701502
85 Zimmer, 170 Betten
EZ: 95,00 – 165,00 DM,
DZ: 130,00 – 210,00 DM

Sossenheim

Gästehaus Gisela
PLZ 65936, Weidenauer Str. 1
☎ 069–345903 Fax: 328124
4 Zimmer, 8 Betten
EZ: 95,00 – 165,00 DM,
DZ: 130,00 – 210,00 DM

Unterliederbach

Hotel Zum Goldenen Löwen
Inh. Karl-Otto Müller
PLZ 65929, Liederbacher Str. 60 a
☎ 069–312459 Fax: 301102
9 Zimmer, 12 Betten
EZ: 115,00 – 145,00 DM,
DZ: 175,00 DM

 3,0

Freiburg

Stadtmitte

Hotel Kolpinghaus
PLZ 79104, Karlstr. 7
☎ 0761-3193-0 Fax: 3193-202
83 Zimmer, 163 Betten
EZ: 103,00 DM,
DZ: 142,00 – 180,00 DM

 1,3

Hotel Victoria
PLZ 79098, Eisenbahnstr. 54
☎ 0761-31881 Fax: 33229
63 Zimmer, 100 Betten
EZ: 135,00 – 165,00 DM,
DZ: 185,00 – 235,00 DM

20 0,2 auf Anfrage

Central Hotel
PLZ 79098, Wasserstr. 6
☎ 0761-31970 Fax: 3197100
40 Zimmer, 92 Betten
EZ: 140,00 – 155,00 DM,
DZ: 195,00 DM, HP: 24,00 DM

40 0,0

City-Hotel
PLZ 79098, Weberstr. 3
☎ 0761-31766 Fax: 31027
45 Zimmer, 90 Betten
EZ: 58,00 – 95,00 DM,
DZ: 96,00 – 145,00 DM

0,9

Park Hotel Post
PLZ 79098, Eisenbahnstr. 35-37
☎ 0761-31683 Fax: 31680
37 Zimmer, 74 Betten
EZ: 144,00 – 159,00 DM,
DZ: 208,00 – 248,00 DM

 0,2

Hotel Schwarzwälder Hof
PLZ 79098, Herrenstr. 43
☎ 0761-3803-0 Fax: 3803-135
47 Zimmer, 72 Betten
EZ: 65,00 – 125,00 DM,
DZ: 118,00 – 175,00 DM,
HP: 25,00 DM, VP: 38,00 DM

† Rest.: Mo 0,8

Hotel Atlanta
PLZ 79104, Rheinstr. 29
☎ 0761-272006 Fax: 289090
36 Zimmer, 72 Betten
EZ: 120,00 – 165,00 DM,
DZ: 160,00 – 195,00 DM

0,5

Hotel Am Rathaus
PLZ 79098, Rathausgasse 4-8
☎ 0761-31129 Fax: 286514
40 Zimmer, 60 Betten
EZ: 98,00 DM, DZ: 175,00 DM

0,6

Hotel Am Stadtgarten
PLZ 79098, Bernhardstr. 5
☎ 0761-28290/-02 Fax: 289022
25 Zimmer, 50 Betten
EZ: 75,00 – 85,00 DM,
DZ: 90,00 – 110,00 DM

 1,3

Hotel Minerva
PLZ 79098, Poststr. 8
☎ 0761-2020616 Fax: 2020626
26 Zimmer, 49 Betten
EZ: 110,00 – 130,00 DM,
DZ: 155,00 – 170,00 DM

20-50 0,3 Fr-So: EZ
95,00 DM; DZ 140,00 DM

Hotel Oberkirch
PLZ 79098, Münsterplatz 22
☎ 0761–31011 Fax: 31031
26 Zimmer, 45 Betten
EZ: 100,00 – 180,00 DM,
DZ: 210,00 – 290,00 DM

 Rest.: So 0,0

Hotel Barbara
PLZ 79098, Poststr. 4
☎ 0761–26060 Fax: 26688
20 Zimmer, 40 Betten
EZ: 105,00 – 115,00 DM,
DZ: 160,00 – 170,00 DM

 0,3

Hotel Rappen
PLZ 79098, Münsterplatz 13
☎ 0761–31353 Fax: 382252
20 Zimmer, 40 Betten
EZ: 70,00 – 165,00 DM,
DZ: 85,00 – 195,00 DM

0,7

Hotel Löwen
PLZ 79098, Herrenstr. 47
☎ 0761–33161
18 Zimmer, 35 Betten
EZ: 60,00 – 120,00 DM,
DZ: 90,00 – 150,00 DM

0,8

Hotel Markgräfler Hof
PLZ 79098, Gerberau 22
☎ 0761–32540 Fax: 37947
15 Zimmer, 29 Betten
EZ: 65,00 – 160,00 DM,
DZ: 110,00 – 200,00 DM

1,0

Hotel Alleehaus
PLZ 79098, Marienstr. 7
☎ 0761–34892, 33652 Fax: 34632
13 Zimmer, 25 Betten
EZ: 60,00 – 90,00 DM,
DZ: 90,00 – 110,00 DM

 1,5

Hotel Kreuzblume
PLZ 79098, Konviktstr. 31
☎ 0761–31194/-95
6 Zimmer, 12 Betten
EZ: 108,00 DM, DZ: 156,00 DM

1,0

Betzenhausen

Hotel Bierhäusle
PLZ 79110, Breisgauer Str. 41
☎ 0761–8830-0 Fax: 806820
32 Zimmer, 61 Betten
EZ: 87,00 – 115,00 DM,
DZ: 160,00 – 195,00 DM

 3,5

Hotel Bischofslinde
PLZ 79114, Am Bischofskreuz 15
☎ 0761–82688 Fax: 808345
22 Zimmer, 44 Betten
EZ: 80,00 – 95,00 DM, DZ: 125,00 DM

2,0

Günterstal

Hotel Dionysos
PLZ 79100, Hirschstr. 2
☎ 0761–29353
8 Zimmer, 16 Betten
EZ: 40,00 DM, DZ: 64,00 – 75,00 DM

 5,0

Haslach

Hotel Helene
PLZ 79115, Staufener Str. 46
☎ 0761–45210-0 Fax: 4521029
30 Zimmer, 60 Betten
EZ: 75,00 – 80,00 DM,
DZ: 98,00 – 110,00 DM
 2,0

Hugstetten

Gasthaus Zur Sonne
PLZ 79108, Hochdorfer Str. 1
☎ 07665–1288
10 Zimmer, 20 Betten
EZ: 35,00 – 38,00 DM,
DZ: 60,00 – 70,00 DM
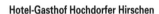 10,0

Hotel-Gasthof Hochdorfer Hirschen
PLZ 79108, Zur March 2
☎ 07665–1077 Fax: 1079
9 Zimmer, 18 Betten
EZ: 85,00 DM, DZ: 120,00 DM

 10,0

Kappel

Gasthaus-Hotel Zum Kreuz
PLZ 79117, Großtalstr. 28/Kleintalstr. 6
☎ 0761–62055/-56/-57 Fax: 64793
16 Zimmer, 32 Betten
EZ: 55,00 – 90,00 DM,
DZ: 85,00 – 180,00 DM
 7,0

Hotel Adler
PLZ 79117, Im Schulerdobel 3
☎ 0761–65413 Fax: 65512
8 Zimmer, 16 Betten
EZ: 52,00 – 55,00 DM,
DZ: 80,00 – 105,00 DM
 6,5

Gasthaus Schauinsland
PLZ 79117, Großtalstr. 133
☎ 0761–69483 Fax: 67699
3 Zimmer, 6 Betten
DZ: 68,00 – 78,00 DM
 10,0

Lehen

Hirschengarten-Hotel
Inh. Franz Baumgartner
PLZ 79110, Breisgauer Str. 51
☎ 0761–80303 Fax: 8833339
13 Zimmer, 36 Betten
EZ: 80,00 – 90,00 DM,
DZ: 115,00 – 130,00 DM

3,5

Hotel Zum Löwen
PLZ 79110, Breisgauer Str. 62
☎ 0761–84661
12 Zimmer, 24 Betten
EZ: 40,00 – 55,00 DM,
DZ: 70,00 – 120,00 DM
3,5

Littenweiler

Hotel Schwär's Löwen
PLZ 79117, Kappler Str. 120
☎ 0761–63041 Fax: 60690
65 Zimmer, 130 Betten
EZ: 60,00 – 150,00 DM,
DZ: 100,00 – 220,00 DM,
HP: 30,00 DM, VP: 30,00 DM
 6,0

Mooswald

Hotel Haus Gisela
Inh. Lucia Henseler
PLZ 79110, Am Vogelbach 27
☎ 0761–81152, 82472
8 Zimmer, 14 Betten
EZ: 45,00 – 48,00 DM,
DZ: 85,00 – 90,00 DM

 So

 3,0

Munzingen

Schloss Reinach
Freiburg-Munzingen
PLZ 79112, St. Erentrudis-Str. 12
☎ 07664–4070 Fax: 407155
76 Zimmer, 144 Betten
EZ: 89,00 – 130,00 DM,
DZ: 130,00 – 190,00 DM,
HP: 35,00 DM, VP: 25,00 DM

 12,0 auf Anfrage

Oberau

Hotel Schützen
PLZ 79102, Schützenallee 12
☎ 0761–72021 Fax: 72019
15 Zimmer, 30 Betten
EZ: 50,00 – 75,00 DM,
DZ: 80,00 – 130,00 DM

 2,0 auf Anfrage

Opfingen

Gasthaus Löwen
PLZ 79112, Dürleberg 9
☎ 07664–1260
11 Zimmer, 21 Betten
EZ: 60,00 – 65,00 DM,
DZ: 70,00 – 100,00 DM

 8,0

Gasthaus Zur Tanne
PLZ 79112, Altgasse 2
☎ 07664–1810
10 Zimmer, 19 Betten
EZ: 55,00 – 100,00 DM,
DZ: 76,00 – 150,00 DM

 8,0

Stühlinger

Hotel Stadt Wien
PLZ 79104, Habsburgerstr. 48
☎ 0761–36560, 39898
16 Zimmer, 32 Betten
EZ: 48,00 – 67,00 DM,
DZ: 75,00 – 97,00 DM

 1,6

Apart-Hotel am Uniklinikum
PLZ 79106, Mathildenstr. 14
☎ 0761–275135
14 Zimmer, 28 Betten
EZ: 70,00 – 80,00 DM,
DZ: 100,00 – 120,00 DM
DZ-Preis ohne Frühstück; Zimmer mit
Kochnische

 0,7

Hotel Schemmer
PLZ 79106, Eichholzstr. 63
☎ 0761–272424 Fax: 22010
12 Zimmer, 18 Betten
EZ: 50,00 – 65,00 DM,
DZ: 80,00 – 95,00 DM

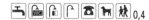 0,4

Hotel Paradies
PLZ 79106, Am Friedrich Ebert Platz
☎ 0761–273700 Fax: 30540
4 Zimmer, 7 Betten
EZ: 55,00 DM, DZ: 100,00 DM

 1,0

St. Georgen

Hotel Schiff
PLZ 79111, Basler Landstr. 35-37
☎ 0761–473041 Fax: 475563
65 Zimmer, 120 Betten
EZ: 115,00 – 145,00 DM,
DZ: 155,00 – 185,00 DM

 4,0

Hotel Gasthaus Rössle
PLZ 79111, Basler Landstr. 106
☎ 0761–43313 Fax: 4762256
13 Zimmer, 25 Betten
EZ: 65,00 DM, DZ: 115,00 DM
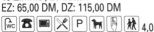 4,0

Gasthaus Zum Schiff
PLZ 79102, Schwarzwaldstr. 82
☎ 0761–71310, 73919
7 Zimmer, 14 Betten
EZ: 75,00 DM, DZ: 135,00 DM
 2,3

Waldsee

FT-Sport-Park-Hotel
PLZ 79117, Schwarzwaldstr. 181
☎ 0761–31152
22 Zimmer, 44 Betten
EZ: 55,00 – 85,00 DM,
DZ: 95,00 – 140,00 DM
 3,0

Wiehre

Hotel Sonne
PLZ 79100, Basler Str. 58
☎ 0761–403048 Fax: 4098856
25 Zimmer, 50 Betten
EZ: 50,00 – 95,00 DM,
DZ: 80,00 – 160,00 DM
 2,0

Gasthaus Deutscher Kaiser
PLZ 79100, Gütertalstr. 38
☎ 0761–74910 Fax: 709822
15 Zimmer, 30 Betten
EZ: 65,00 – 75,00 DM,
DZ: 90,00 – 100,00 DM
 2,0

Zähringen

Hotel Hirschen
PLZ 79108, Zähringer Str. 340
☎ 0761–55039 Fax: 57907
24 Zimmer, 27 Betten
EZ: 80,00 DM, DZ: 110,00 – 150,00 DM
 3,0

Hamburg

Stadtmitte

Hotel Baseler Hof
PLZ 20354, Esplanade 11
☎ 040–359060 Fax: 35906918
151 Zimmer, 200 Betten
EZ: 100,00 – 145,00 DM,
DZ: 190,00 – 200,00 DM

Hotel Ambassador
PLZ 20097, Heidenkampsweg 34
☎ 040–230002 Fax: 230009
120 Zimmer, 200 Betten
EZ: 135,00 – 175,00 DM,
DZ: 205,00 – 290,00 DM

Hotel Graf Moltke
PLZ 20099, Steindamm 1
☎ 040–2801154 Fax: 2802562
97 Zimmer, 200 Betten
EZ: 135,00 – 155,00 DM,
DZ: 175,00 – 195,00 DM
Halb-, Vollpension nur für Gruppen ab
25 P. (20,00 DM p. P.)

Metro Merkur Minotel
PLZ 20099, Bremer Reihe 12-14
☎ 040–247266 Fax: 240284
100 Zimmer, 164 Betten
EZ: 140,00 – 170,00 DM,
DZ: 180,00 – 210,00 DM

Hotel Alster-Hof
PLZ 20354, Esplanade 12
☎ 040–350070 Fax: 35007514
116 Zimmer, 150 Betten
EZ: 145,00 – 185,00 DM,
DZ: 225,00 DM

Hotel Kronprinz
PLZ 20099, Kirchenallee 46
☎ 040–243258 Fax: 2801097
73 Zimmer, 111 Betten
EZ: 60,00 – 150,00 DM,
DZ: 175,00 – 195,00 DM

Hotel Eden
PLZ 20099, Ellmenreichstr. 20
☎ 040–248480 Fax: 241521
63 Zimmer, 101 Betten
EZ: 75,00 – 150,00 DM,
DZ: 110,00 – 200,00 DM

Hotel Alte Wache
PLZ 20097, Adenauerallee 21-27
☎ 040–241291 Fax: 2801754
85 Zimmer, 95 Betten
EZ: 135,00 – 165,00 DM,
DZ: 205,00 DM

Hotel Fürst Bismarck
PLZ 20099, Kirchenallee 49
☎ 040–2801091 Fax: 2801096
59 Zimmer, 91 Betten
EZ: 120,00 DM, DZ: 180,00 DM

Hotel Norddeutscher Hof
PLZ 20099, Kirchenallee 24
☎ 040–245610 Fax: 2803993
41 Zimmer, 64 Betten
EZ: 140,00 – 148,00 DM,
DZ: 165,00 – 190,00 DM

Hotel St. Georg
PLZ 20099, Kirchenallee 23
☎ 040–241141 Fax: 2803370
26 Zimmer, 60 Betten
EZ: 95,00 – 110,00 DM,
DZ: 105,00 – 155,00 DM

 0,1

Hotel Polo
PLZ 20097, Adenauerallee 7
☎ 040–2803556 Fax: 249546
38 Zimmer, 56 Betten
EZ: 70,00 – 120,00 DM,
DZ: 115,00 – 200,00 DM

Hotel Bee Fang
PLZ 20099, Kirchenallee 26
☎ 040–245862 Fax: 2802334
35 Zimmer, 54 Betten
EZ: 65,00 – 140,00 DM,
DZ: 130,00 – 170,00 DM

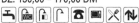

Hotel Savoy
PLZ 20099, Steindamm 54-56
☎ 040–246648 Fax: 249380
30 Zimmer, 54 Betten
EZ: 98,00 – 128,00 DM,
DZ: 128,00 – 188,00 DM

Hotel Stuttgarter Hof
PLZ 20099, Bremer Reihe 10
☎ 040–247033 Fax: 2801779
30 Zimmer, 50 Betten
EZ: 120,00 – 135,00 DM,
DZ: 160,00 – 180,00 DM

Hotel-Pension Kieler Hof
PLZ 20099, Bremer Reihe 15
☎ 040–243024 Fax: 246018
25 Zimmer, 45 Betten
EZ: 58,00 – 68,00 DM,
DZ: 95,00 – 105,00 DM

Hotel Wedina
PLZ 20099, Gurlittstr. 23
☎ 040–243011 Fax: 2803894
23 Zimmer, 42 Betten
EZ: 145,00 – 175,00 DM,
DZ: 175,00 – 240,00 DM

Hotel Aachener Hof
PLZ 20099, St. Georgstr. 10
☎ 040–241451 Fax: 2802510
25 Zimmer, 40 Betten
EZ: 90,00 – 145,00 DM,
DZ: 156,00 – 175,00 DM

 0,0

Hotel-Pension Terminus
PLZ 20099, Steindamm 5
☎ 040–2803144 Fax: 241544
20 Zimmer, 40 Betten
EZ: 65,00 DM, DZ: 100,00 DM

 0,1

Hotel-Pension Nord
PLZ 20099, Bremer Reihe 22
☎ 040–244693
15 Zimmer, 37 Betten
EZ: 50,00 DM, DZ: 80,00 – 90,00 DM
Preise ohne Frühstück

0,1

Residence Hotel
PLZ 20099, Steindamm 24
☎ 040–249888 Fax: 2803225
18 Zimmer, 32 Betten
EZ: 130,00 – 160,00 DM,
DZ: 160,00 – 190,00 DM

Hotel Lilienhof
PLZ 20099, Ernst-Merck-Str. 4
☎ 040–241087 Fax: 2801815
21 Zimmer, 31 Betten
EZ: 65,00 – 95,00 DM,
DZ: 108,00 – 148,00 DM

0,5

Hotel Condor
PLZ 20099, Steintorweg 17
☎ 040–246314 Fax: 2803993
20 Zimmer, 30 Betten
EZ: 82,00 – 142,00 DM,
DZ: 114,00 – 185,00 DM

Hotel Mirage
PLZ 20099, Steindamm 49
☎ 040–241761-2 Fax: 246665
17 Zimmer, 30 Betten
EZ: 128,00 – 155,00 DM,
DZ: 172,00 – 195,00 DM

Hotel Alt Nürnberg
PLZ 20099, Steintorweg 15
☎ 040–246023
24 Zimmer, 29 Betten
EZ: 70,00 – 100,00 DM, DZ: 150,00 DM

Hotel Brenner Hof GmbH
PLZ 20099, Brennerstr. 70
☎ 040–243478, 2803665 Fax: 2801047
13 Zimmer, 29 Betten
EZ: 90,00 DM, DZ: 130,00 DM

 1,0

Hotel Popp
PLZ 20099, Kirchenallee 53
☎ 040–243378 Fax: 244518
19 Zimmer, 28 Betten
EZ: 145,00 – 155,00 DM,
DZ: 165,00 – 175,00 DM

Hotel Village
PLZ 20099, Steindamm 4
☎ 040–246137 Fax: 474821
17 Zimmer, 28 Betten
EZ: 90,00 – 130,00 DM,
DZ: 100,00 – 160,00 DM

 0,0

Hotel Alameda
PLZ 20354, Colonnaden 45
☎ 040–344000 Fax: 343439
15 Zimmer, 27 Betten
EZ: 100,00 – 150,00 DM,
DZ: 130,00 – 200,00 DM
Preise ohne Frühstück

Hotel Kochler
PLZ 20099, Bremer Reihe 19
☎ 040–249511 Fax: 2802435
16 Zimmer, 26 Betten
EZ: 55,00 – 65,00 DM,
DZ: 80,00 – 110,00 DM

Hotel-Pension Bei der Esplanade
PLZ 20354, Colonnaden 45
☎ 040–342961 Fax: 354082
13 Zimmer, 23 Betten
EZ: 95,00 – 115,00 DM,
DZ: 125,00 – 155,00 DM

Hotel Mercedes
PLZ 20099, Steindamm 51
☎ 040–2801218 Fax: 2802367
13 Zimmer, 23 Betten
EZ: 108,00 – 124,00 DM,
DZ: 138,00 – 168,00 DM

Hotel Pension Schmidt
PLZ 20099, Holzdamm 14
☎ 040–2802119 Fax: 243705
14 Zimmer, 21 Betten
EZ: 77,00 – 82,00 DM,
DZ: 129,00 – 149,00 DM

Hotel-Pension Annenhof
PLZ 20099, Lange Reihe 23
☎ 040–243426
13 Zimmer, 21 Betten
EZ: 54,00 DM, DZ: 96,00 DM

Hotel-Pension Riedinger
PLZ 20099, St. Georgstr. 8
☎ 040–247463 Fax: 247466
12 Zimmer, 19 Betten
EZ: 68,00 – 82,00 DM,
DZ: 105,00 – 125,00 DM

Hotel-Pension Huhn
PLZ 20099, Bremer Reihe 17
☎ 040–246028
9 Zimmer, 13 Betten
EZ: 52,50 – 62,50 DM,
DZ: 90,00 – 100,00 DM

Hotel-Pension Alpha
PLZ 20099, Koppel 6
☎ 040–245365 Fax: 243794
7 Zimmer, 12 Betten
EZ: 50,00 – 60,00 DM, DZ: 90,00 DM
Preise ohne Frühstück

Hotel-Pension Selig
PLZ 20099, Bremer Reihe 23
☎ 040–244689
7 Zimmer, 11 Betten
EZ: 70,00 DM, DZ: 110,00 DM

Hotel-Pension Wendland
PLZ 20099, Bremer Reihe 17
☎ 040–243994
5 Zimmer, 8 Betten
EZ: 50,00 DM, DZ: 80,00 DM
Preise ohne Frühstück
 0,1

Hotel-Pension Köhler
PLZ 20099, St. Georgstr. 6
☎ 040–249065
5 Zimmer, 7 Betten
EZ: 65,00 – 70,00 DM,
DZ: 85,00 – 90,00 DM

Hotel-Pension Sarah Petersen
PLZ 20099, Lange Reihe
☎ 040–249826 Fax: 249826
4 Zimmer, 6 Betten
EZ: 79,00 DM, DZ: 95,00 DM

Hotel-Pension Meyn
PLZ 20099, Hansaplatz 2
☎ 040–245309
3 Zimmer, 5 Betten
EZ: 70,00 DM, DZ: 103,00 DM

Altona

Hotel Stadt Altona
PLZ 22767, Louise-Schroeder-Str. 29
☎ 040–381111 Fax: 3898483
107 Zimmer, 175 Betten
EZ: 115,00 – 175,00 DM,
DZ: 175,00 – 250,00 DM,
HP: 25,00 DM, VP: 35,00 DM

200 3,0

Raphael Hotel Altona
PLZ 22765, Präsident-Krahn-Str. 13
☎ 040–380240 Fax: 38024444
44 Zimmer, 80 Betten
EZ: 145,00 – 185,00 DM,
DZ: 185,00 – 240,00 DM

5,0

Hotel Commerz
PLZ 22765, Lobuschstr. 26
☎ 040–391387 Fax: 3904996
40 Zimmer, 60 Betten
EZ: 102,00 – 120,00 DM,
DZ: 130,00 – 160,00 DM

Central-Hotel
Inh. Erhard Hoeren
PLZ 22765, Präsident-Krahn-Str. 15
☎ 040–381706 Fax: 383049
35 Zimmer, 60 Betten
EZ: 125,00 – 175,00 DM,
DZ: 165,00 – 200,00 DM

Hotel Stephan
PLZ 22767, Schmarjestr. 31
☎ 040–3895108 Fax: 3895195
28 Zimmer, 50 Betten
EZ: 95,00 – 150,00 DM,
DZ: 115,00 – 180,00 DM

Hotel Schanzenstern
PLZ 20357, Bartelsstr. 12
☎ 040–4398441
19 Zimmer, 50 Betten
EZ: 69,00 DM, DZ: 108,00 – 118,00 DM
Übernachtung im 4-Bett Zimmer mit
Frühstück 166,00 DM

20,60 ⚡ 3,0

Stadthaus-Hotel
PLZ 22765, Holstenstr. 118
☎ 040–389920-0 Fax: 389920-20
6 Zimmer, 8 Betten
EZ: 130,00 DM, DZ: 160,00 DM

Barmbek

Hotel Wiki
Inh. Otto Ludwig
PLZ 22307, Lauensteinstr. 15
☎ 040–632903-0 Fax: 63290372
36 Zimmer, 60 Betten
EZ: 95,00 – 145,00 DM,
DZ: 145,00 – 185,00 DM

Bergedorf

Hotel Sachsentor
PLZ 21029, Bergedorfer Schloßstr. 10
☎ 040–7243011 Fax: 7243014
70 Zimmer, 105 Betten
EZ: 140,00 DM,
DZ: 180,00 – 190,00 DM

Hotel Alt-Lohbrügger Hof
PLZ 21031, Leuschnerstr. 76
☎ 040–739600-0 Fax: 7390010
66 Zimmer, 98 Betten
EZ: 138,00 – 150,00 DM,
DZ: 178,00 – 190,00 DM

Hotel Heckkaten
PLZ 21033, Kampchaussee 114
☎ 040–7212028 Fax: 72415555
18 Zimmer, 26 Betten
EZ: 95,00 – 110,00 DM,
DZ: 125,00 – 140,00 DM

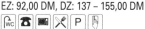

Hotel Vierlandentor
PLZ 21039, Curslacker Deich 375
☎ 040-7232055 Fax: 7232941
13 Zimmer, 25 Betten
EZ: 95,00 DM, DZ: 115,00 – 130,00 DM

Hotel Boberger Höhe
PLZ 21031, Lohbrügger Landstr. 168
☎ 040–739197 Fax: 7390379
13 Zimmer, 22 Betten
EZ: 92,00 DM, DZ: 137 – 155,00 DM

Hotel Am Deich
PLZ 21307, Allermöher Werftstegel 3
☎ 040–7232033 Fax: 7232424
10 Zimmer, 14 Betten
EZ: 95,00 DM, DZ: 130,00 – 135,00 DM

Hotel Zum Alten Bahnhof
PLZ 21039, Odemanns Heck 5
☎ 040–7231344 Fax: 7233885
7 Zimmer, 13 Betten
EZ: 60,00 – 90,00 DM,
DZ: 90,00 – 120,00 DM

Hotel Schützenhof
PLZ 21031, Lohbrügger Landstr. 119
☎ 040–7399339
7 Zimmer, 13 Betten
EZ: 55,00 DM, DZ: 78,00 – 88,00 DM

Blankenese

Hotel Behrmann
PLZ 22587, Elbchaussee 528
☎ 040–866972-0
32 Zimmer, 42 Betten
EZ: 80,00 – 145,00 DM,
DZ: 125,00 – 220,00 DM

Hotel Petersen
PLZ 22587, Godeffroystr. 40
☎ 040–8666630 Fax: 8666323
12 Zimmer, 19 Betten
EZ: 120,00 – 150,00 DM,
DZ: 190,00 – 240,00 DM

Hotel Blankenese
PLZ 22589, Schenefelder Landstr. 139
☎ 040–874742 Fax: 8703233
7 Zimmer, 11 Betten
EZ: 80,00 – 150,00 DM,
DZ: 130,00 – 180,00 DM

Elmsbüttel

Hotel-Pension Sternschanze
PLZ 20357, Schanzenstr. 101
☎ 040–433389 Fax: 4305165
20 Zimmer, 31 Betten
EZ: 45,00 DM, DZ: 75,00 DM

Hotel-Pension Boritzka
PLZ 20357, Schäferkampsallee 67
☎ 040–448582 Fax: 456700
16 Zimmer, 25 Betten
EZ: 75,00 – 100,00 DM,
DZ: 100,00 – 125,00 DM

Eppendorf

Motel Hamburg
PLZ 20253, Hoheluftchaussee 117-119
☎ 040–4204141 Fax: 4229905
35 Zimmer, 55 Betten
EZ: 130,00 – 150,00 DM,
DZ: 150,00 – 180,00 DM

Hotel-Pension garni Schaub
PLZ 20251, Martinistr. 12
☎ 040–4603430 Fax: 477528
23 Zimmer, 36 Betten
EZ: 65,00 – 85,00 DM,
DZ: 100,00 – 140,00 DM

Hotel-Pension Bergunde
PLZ 20249, Eppendorfer Baum 5
☎ 040–482214
11 Zimmer, 16 Betten
EZ: 75,00 DM, DZ: 90,00 – 95,00 DM

Hotel-Pension Eppendorfer Baum
PLZ 20249, Eppendorfer Baum 13
☎ 040–473694 Fax: 474821
6 Zimmer, 11 Betten
EZ: 80,00 – 110,00 DM,
DZ: 110,00 – 130,00 DM

 4,0

Finkenwerder

Hotel Fock + Oben
PLZ 21129, Ostfrieslandstr. 2
☎ 040–7426544 Fax: 7424251
40 Zimmer, 50 Betten
EZ: 100,00 – 110,00 DM,
DZ: 160,00 DM

Fuhlsbüttel

Condi-Hotel/Café Neumann
PLZ 22335, Brillkamp 8-10
☎ 040–5381066 Fax: 5387844
33 Zimmer, 56 Betten
EZ: 118,00 – 128,00 DM,
DZ: 158,00 – 168,00 DM

Hotel-Pension Jasmin
PLZ 22339, Heinrich-Traun-Str. 46
☎ 040–595037
10 Zimmer, 17 Betten
EZ: 75,00 – 128,00 DM,
DZ: 145,00 – 168,00 DM

Hotel In de Döns am Hasenberge
PLZ 22335, Am Hasenberge 29
☎ 040–5005600 Fax: 50056022
8 Zimmer, 15 Betten
EZ: 100,00 – 120,00 DM,
DZ: 145,00 – 160,00 DM

Harburg

Hotel Heimfeld
PLZ 21075, Heimfelder Str. 91-93
☎ 040–7905678 Fax: 7904896
50 Zimmer, 80 Betten
EZ: 130,00 DM, DZ: 170,00 DM

Hotel Süderelbe
PLZ 21073, Großer Schippsee 29
☎ 040–773214 Fax: 773104
21 Zimmer, 26 Betten
EZ: 110,00 DM, DZ: 150,00 DM

Hotel Majestätische Aussicht
PLZ 21075, Ehestorfer Weg 215
☎ 040–7906190
11 Zimmer, 16 Betten
EZ: 65,00 – 95,00 DM,
DZ: 125,00 – 135,00 DM, HP: auf
Anfrage, VP: auf Anfrage

Harvestehude

Hotel-Pension Pfeifer
PLZ 20146, Hallerstr. 2
☎ 040–447830 Fax: 446537
12 Zimmer, 23 Betten
EZ: 80,00 – 120,00 DM,
DZ: 120,00 – 160,00 DM

Hotel-Pension Wernecke
PLZ 20146, Hartungstr. 7a
☎ 040–455357
12 Zimmer, 22 Betten
EZ: 60,00 – 70,00 DM,
DZ: 80,00 – 100,00 DM

Hotel Sophienterrasse
PLZ 20149, Sophiensterrasse 10
☎ 040–41177-0 Fax: 4117733
11 Zimmer, 19 Betten
EZ: 130,00 – 160,00 DM,
DZ: 160,00 – 220,00 DM

Hoheluft

Hotel-Pension Am Nonnenstieg
PLZ 20149, Nonnenstieg 11
☎ 040–4806490 Fax: 48064949
26 Zimmer, 43 Betten
EZ: 85,00 – 160,00 DM,
DZ: 120,00 – 200,00 DM

Hotel Miramar

Inh. J. Hessenkemper
Armgartstr. 20
22080 Hamburg
Tel. 040-2209395
Fax 040-2273418

Zimmer mit Bad/WC/TV/Tel./Safe
Ruhiges und behagliches Wohnen
im gepflegten Jugendstil-Ambiente
In direkter Nähe von Alster und
Innenstadt

Hohenfelde

Hotel Schwanenwik
PLZ 22087, Schwanenwik 29
☎ 040-2200918 Fax: 2290446
19 Zimmer, 34 Betten
EZ: 80,00 - 130,00 DM,
DZ: 110,00 - 160,00 DM

 2,0

Hotel-Pension Helbing
PLZ 22089, Eilenau 37
☎ 040-252083
16 Zimmer, 21 Betten
EZ: 88,00 - 98,00 DM,
DZ: 145,00 - 150,00 DM

Hotel-Pension Piza
PLZ 22087, Armgartstr. 14
☎ 040-2209229
14 Zimmer, 21 Betten
EZ: 95,00 - 115,00 DM,
DZ: 115,00 - 140,00 DM

Hotel Miramar
Inh. J. Hessenkemper
PLZ 22087, Armgartstr. 20
☎ 040-2209913, 2209395 Fax: 2273418
11 Zimmer, 21 Betten
EZ: 63,00 - 135,00 DM,
DZ: 140,00 - 180,00 DM

 1,5

Hotel-Pension Waltraut
PLZ 22087, Schwankenwik 30
☎ 040-221007 Fax: 5708218
5 Zimmer, 8 Betten
EZ: 85,00 - 130,00 DM,
DZ: 125,00 - 160,00 DM

Hotel-Pension Möwe
PLZ 22087, Schwanenwik 30
☎ 040-2203418
5 Zimmer, 8 Betten
EZ: 115,00 - 125,00 DM,
DZ: 140,00 - 160,00 DM

Jenfeld

Hotel Am Park
PLZ 22043, Am Husarendenkmal 33
☎ 040-680663 Fax: 685151
50 Zimmer, 90 Betten
EZ: 120,00 - 160,00 DM,
DZ: 140,00 - 200,00 DM

Langenhorn

Hotel Schümann
PLZ 22415, Langenhorner Chaussee 157
☎ 040-5310020 Fax: 53100210
45 Zimmer, 75 Betten
EZ: 129,00 - 149,00 DM,
DZ: 168,00 - 195,00 DM

 15,0

Kock's Hotel garni
PLZ 22415, Langenhorner Chaussee 79
☎ 040–5314142 Fax: 53288111
29 Zimmer, 45 Betten
EZ: 127,00 DM, DZ: 174,00 DM

 12

 12,0

Hotel Tomfort
PLZ 22419, Langenhorner Chaussee 579
☎ 040–5278081
14 Zimmer, 22 Betten
EZ: 110,00 DM, DZ: 170,00 DM

Hotel Wattkorn
PLZ 22417, Tangstedter Landstr. 230
☎ 040–5203797 Fax: 472413
14 Zimmer, 20 Betten
EZ: 52,00 – 75,00 DM,
DZ: 90,00 – 136,00 DM

Loksted

Hotel Engel
PLZ 22529, Niendorfer Str. 55-59
☎ 040–580315 Fax: 583485
93 Zimmer, 160 Betten
EZ: 145,00 – 165,00 DM,
DZ: 190,00 – 210,00 DM

9,0

Neugraben

Berghotel Sennhütte
PLZ 21149, Wulmsberg 12
☎ 040–797001-0 Fax: 797001198
97 Zimmer, 118 Betten
EZ: 86,00 – 155,00 DM,
DZ: 120,00 – 178,00 DM

Hotel °rhus
PLZ 21149, Marktpassage 9
☎ 040–7014001 Fax: 7027217
22 Zimmer, 36 Betten
EZ: 125,00 – 135,00 DM,
DZ: 170,00 – 180,00 DM

Neustadt

Hotel Nepunto
PLZ 20459, Hafentor 3
☎ 040–312935 Fax: 3191854
14 Zimmer, 22 Betten
EZ: 140,00 – 150,00 DM,
DZ: 190,00 – 200,00 DM

Ohlsdorf

Hotel Hadenfeldt
PLZ 22337, Friedhofsweg 15
☎ 040–5005060 Fax: 50050655
12 Zimmer, 23 Betten
EZ: 95,00 DM, DZ: 145,00 DM

Othmarschen

Hotel Schmidt
PLZ 22605, Reventlowstr. 60
☎ 040–882831 Fax: 8808881
33 Zimmer, 53 Betten
EZ: 67,00 – 125,00 DM,
DZ: 125,00 – 351,00 DM

Hotel Garni Wagner
PLZ 22605, Reventlowstr. 64
☎ 040–8808173 Fax: 8811665
16 Zimmer, 27 Betten
EZ: 69,50 – 129,50 DM,
DZ: 129,00 – 169,00 DM

Hotel Haus Emde
PLZ 22607, Lüdemannstr. 1
☎ 040–899798-0 Fax: 899798-20
8 Zimmer, 13 Betten
EZ: 100,00 – 150,00 DM,
DZ: 140,00 – 200,00 DM

 7,0

Hotel Rowin Garni
PLZ 22549, Achtern Styg 8
☎ 040–8320700 Fax: 6443134
8 Zimmer, 12 Betten
EZ: 100,00 – 120,00 DM,
DZ: 140,00 – 160,00 DM

Poppenbüttel

Hotel Landhaus Ohlstedt
PLZ 22397, Alte Dorfstr. 5
☎ 040–6056700 Fax: 60055462
13 Zimmer, 18 Betten
EZ: 97,50 – 107,50 DM,
DZ: 165,00 – 185,00 DM

Poppenstedt

Hotel Leuchtmann
PLZ 22393, Volksdorfer Weg 129
☎ 040–6012002
13 Zimmer, 23 Betten
EZ: 88,00 – 98,00 DM,
DZ: 148,00 – 158,00 DM

Rahlstedt

Hotel Hameister
PLZ 22143, Rahlstedter Str. 189
☎ 040–6770813
13 Zimmer, 20 Betten
EZ: 50,00 DM, DZ: 100,00 DM

Rothenburgsort

Hotel Hamburg International
PLZ 20537, Hammer Landstr. 200
☎ 040–211401 Fax: 211409
101 Zimmer, 191 Betten
EZ: 125,00 – 210,00 DM,
DZ: 170,00 – 285,00 DM

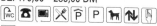

Elbbrücken-Hotel
PLZ 20539, Bilhorner Mühlenweg 28
☎ 040–782747-48 Fax: 7899969
31 Zimmer, 53 Betten
EZ: 90,00 – 98,00 DM,
DZ: 130,00 – 145,00 DM

 3,0

Rotherbaum

Hotel Garni Wagner
PLZ 20146, Moorweidenstr. 34
☎ 040–446341 Fax: 457079
44 Zimmer, 76 Betten
EZ: 100,00 – 125,00 DM,
DZ: 125,00 – 150,00 DM

Hotel Bellmoor
PLZ 20146, Moorweidenstr. 34
☎ 040–449835 Fax: 4500374
34 Zimmer, 54 Betten
EZ: 135,00 – 145,00 DM,
DZ: 170,00 – 180,00 DM

Hotel Amsterdam
PLZ 20146, Moorweidenstr. 34
☎ 040–441111-0 Fax: 456820
35 Zimmer, 48 Betten
EZ: 85,00 – 135,00 DM,
DZ: 142,00 – 165,00 DM

Hotel Mittelweg
PLZ 20149, Mittelweg 59
☎ 040–414101-0 Fax: 41410120
30 Zimmer, 40 Betten
EZ: 130,00 – 165,00 DM,
DZ: 200,00 – 265,00 DM
 3,0

Hotel Am Rothenbaum
PLZ 20148, Rothenbaumchaussee 107
☎ 040–446006 Fax: 449374
28 Zimmer, 38 Betten
EZ: 140,00 – 160,00 DM,
DZ: 180,00 – 195,00 DM
 1,0

Hotel Fresena
PLZ 20146, Moorweidenstr. 34
☎ 040–4104892 Fax: 456689
22 Zimmer, 36 Betten
EZ: 120,00 – 140,00 DM,
DZ: 150,00 – 170,00 DM

Hotel-Pension Heimhude
PLZ 20148, Heimhuder Str. 16
☎ 040–442721 Fax: 447427
20 Zimmer, 28 Betten
EZ: 130,00 DM,
DZ: 200,00 – 220,00 DM

Hotel Beim Funk
PLZ 20149, Rothenbaumchaussee 138
☎ 040–456204 Fax: 474821
14 Zimmer, 28 Betten
EZ: 100,00 – 140,00 DM,
DZ: 120,00 – 190,00 DM
 3,0

Hotel-Pension Preuß
PLZ 20146, Moorweidenstr. 34 IV u. V
☎ 040–445716 Fax: 442816
17 Zimmer, 25 Betten
EZ: 75,00 – 110,00 DM,
DZ: 110,00 – 150,00 DM

Hotel-Pension Elite
PLZ 20146, Binderstr. 24
☎ 040–454627
16 Zimmer, 23 Betten
EZ: 60,00 – 70,00 DM,
DZ: 90,00 – 95,00 DM

Hotel-Pension Rode
PLZ 20146, Moorweidenstr. 22
☎ 040–442875
6 Zimmer, 11 Betten
EZ: 80,00 – 95,00 DM,
DZ: 120,00 – 130,00 DM

Sasel

Hotel Rosengarten
PLZ 22391, Poppenbütteler Landstr. 10
☎ 040–6023036
12 Zimmer, 17 Betten
EZ: 128,00 – 158,00 DM,
DZ: 178,00 – 198,00 DM

Schnelsen

Hotel Zum Zeppelin
PLZ 22459, Frohmestr. 123
☎ 040–559060 Fax: 55906402
60 Zimmer, 120 Betten
EZ: 95,00 – 125,00 DM,
DZ: 130,00 – 155,00 DM,
HP: 22,00 DM, VP: 44,00 DM

 6,0 bei Übernachtung
Fr-Mo: DZ 120,00 DM

Stadtmitte

City-House
PLZ 20099, Pulverteich 25
☎ 040–2803850 Fax: 2801838
26 Zimmer, 51 Betten
EZ: 98,00 – 168,00 DM,
DZ: 158,00 – 208,00 DM

 0,5

Hotel-Pension Zentrum
Inh. V. Albrecht
PLZ 20099, Bremer Reihe 23
☎ 040–2802528 Fax: 246019
7 Zimmer, 11 Betten
EZ: 70,00 – 75,00 DM,
DZ: 100,00 – 120,00 DM
 0,2

Stellingen

Hotel Rex
PLZ 22525, Kieler Str. 385
☎ 040–544813
32 Zimmer, 49 Betten
EZ: 64,00 – 84,00 DM,
DZ: 96,00 – 116,00 DM

St. Pauli

Hotel Commodore
PLZ 20359, Budapester Str. 20
☎ 040–31999603 Fax: 31999666
198 Zimmer, 297 Betten
EZ: 95,00 – 115,00 DM,
DZ: 120,00 – 150,00 DM

Hotel Monopol
PLZ 20359, Reeperbahn 48-52
☎ 040–311770 Fax: 31177151
82 Zimmer, 156 Betten
EZ: 112,00 – 133,00 DM,
DZ: 168,00 – 180,00 DM

Hotel Pacific
Inh. Fam. van Riesen
PLZ 20359, Neuer Pferdemarkt 30/31
☎ 040–4395094 Fax: 432537
60 Zimmer, 115 Betten
EZ: 70,00 – 90,00 DM,
DZ: 100,00 – 130,00 DM, HP: 22,00 DM

 4,0

Hotel Imperial
PLZ 20359, Millerntorplatz 3-5
☎ 040–3196021/-24 Fax: 315685
48 Zimmer, 86 Betten
EZ: 85,00 – 140,00 DM,
DZ: 130,00 – 210,00 DM

Auto-Parkhotel Hamburg
PLZ 20359, Lincolnstr. 8
☎ 040–310024 Fax: 313496
40 Zimmer, 80 Betten
EZ: 95,00 DM, DZ: 135,00 DM,
HP: 19,50 DM
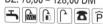 4,0

Hotel St. Annen
PLZ 20359, Annenstr. 5
☎ 040–310031 Fax: 3196586
36 Zimmer, 67 Betten
EZ: 90,00 – 120,00 DM,
DZ: 120,00 – 160,00 DM

Auto-Hotel „Am Hafen"
PLZ 20359, Spielbudenplatz 11
☎ 040–316631
42 Zimmer, 63 Betten
EZ: 59,00 – 109,00 DM,
DZ: 78,00 – 128,00 DM

VIP-Hotel
PLZ 22767, Holstenstr. 3
☎ 040–315803/-12 Fax: 316262
36 Zimmer, 54 Betten
EZ: 130,00 – 150,00 DM,
DZ: 160,00 – 180,00 DM

Hotel Westerland
PLZ 20359, Simon-von-Utrecht-Str. 81
☎ 040–315283 Fax: 311529
28 Zimmer, 52 Betten
EZ: 85,00 – 95,00 DM,
DZ: 105,00 – 120,00 DM

Hotel Columbus
PLZ 20359, Detlev-Bremer-Str. 44
☎ 040–313080 Fax: 3171480
18 Zimmer, 32 Betten
EZ: 60,00 DM, DZ: 100,00 DM
Preise ohne Frühstück

 1,5

Hotel Erholung
PLZ 20355, Dragonenstall 11
☎ 040–342387 Fax: 345825
14 Zimmer, 22 Betten
EZ: 85,00 – 95,00 DM,
DZ: 130,00 – 150,00 DM

Uhlenhorst

Hotel York Garni
PLZ 22085, Hofweg 19
☎ 040–2202653 Fax: 2273119
14 Zimmer, 23 Betten
EZ: 130,00 DM,
DZ: 170,00 – 210,00 DM

Hotel Blume
PLZ 22085, Hofweg 73
☎ 040–2277053 Fax: 2276772
12 Zimmer, 20 Betten
EZ: 110,00 – 130,00 DM,
DZ: 150,00 – 160,00 DM

Hotel-Pension Belmont
Inh. Thomas Kraft
PLZ 22087, Schwanenwik 30
☎ 040–2205128, 2208077 Fax: 2205128
7 Zimmer, 10 Betten
EZ: 75,00 – 110,00 DM,
DZ: 135,00 – 170,00 DM

 2,0

Volksdorf

Dorf-Hotel Galerie
PLZ 22359, Groten Hoff 10
☎ 040–6038186 Fax: 6036686
12 Zimmer, 18 Betten
EZ: 130,00 – 140,00 DM,
DZ: 220,00 – 240,00 DM

Wandsbek

Hotel Ibis Hamburg Wandsbek
PLZ 22041, Wandsbeker Zollstr. 25-29
☎ 040–658020 Fax: 6526603
146 Zimmer, 174 Betten
EZ: 136,00 DM, DZ: 151,00 DM

 5,0

Hotel Tiefenthal
PLZ 22041, Wandsbeker Markstr. 109
☎ 040–682181 Fax: 686732
56 Zimmer, 81 Betten
EZ: 99,00 – 160,00 DM,
DZ: 130,00 – 195,00 DM

Hotel Solitaire Garni
PLZ 22041, Bärenallee 6
☎ 040–683560 Fax: 683590
16 Zimmer, 28 Betten
EZ: 138,00 – 158,00 DM,
DZ: 158,00 – 188,00 DM

 4,0

Hotel Zum Studio
PLZ 22045, Sonnenweg 27
☎ 040–660722 Fax: 661756
17 Zimmer, 27 Betten
EZ: 95,00 – 130,00 DM,
DZ: 140,00 – 160,00 DM

Wilhelmsburg

Hotel Hagemann
PLZ 21107, Vogelhüttendeich 87
☎ 040–751738 Fax: 7535675
28 Zimmer, 49 Betten
EZ: 70,00 – 80,00 DM,
DZ: 100,00 – 110,00 DM

Hotel-Pension Maaßen
PLZ 21107, Vogelhüttendeich 73
☎ 040–758167 Fax: 7532773
25 Zimmer, 43 Betten
EZ: 50,00 – 85,00 DM,
DZ: 90,00 – 120,00 DM

Winterhude

Hotel Am Stadtpark
PLZ 22303, Flüggestr. 6
☎ 040–27840-0 Fax: 27840-110
39 Zimmer, 55 Betten
EZ: 106,00 DM, DZ: 139,00 DM

 25

4,0

Stadtmitte

Hotel am Thielenplatz
Inh. Fam. Hackel
PLZ 30159, Thielenplatz 2
☎ 0511–327691 Fax: 325188
105 Zimmer, 158 Betten
EZ: 85,00 – 130,00 DM,
DZ: 140,00 – 185,00 DM

 0,3

Hotel Körner
PLZ 30159, Körnerstr. 24/25
☎ 0511–1636-0 Fax: 18048
75 Zimmer, 120 Betten
EZ: 140,00 – 170,00 DM,
DZ: 160,00 – 220,00 DM,
HP: 25,00 DM, VP: 50,00 DM

 10-80 † Rest.: So
0,8

Central-Hotel Kaiserhof
PLZ 30159, Ernst-August-Platz 4
☎ 0511–36830 Fax: 3683114
78 Zimmer, 107 Betten
EZ: 136,00 – 196,00 DM,
DZ: 176,00 – 296,00 DM

 0,1

Intercity Hotel Hannover
PLZ 30159, Ernst-August-Platz 1
☎ 0511–327461 Fax: 324119
57 Zimmer, 81 Betten
EZ: 115,00 – 170,00 DM,
DZ: 190,00 – 310,00 DM

 0,0

Vahrenwalder Hotel 181
PLZ 30165, Vahrenwalder Str. 181
☎ 0511–358060 Fax: 3505250
33 Zimmer, 62 Betten
EZ: 130,00 – 300,00 DM,
DZ: 170,00 – 400,00 DM

 3,5

Hotel Thüringer Hof
PLZ 30159, Osterstr. 37
☎ 0511–36060 Fax: 3606277
47 Zimmer, 59 Betten
EZ: 135,00 – 210,00 DM,
DZ: 200,00 – 295,00 DM

 0,5

Hotel Gildehof
PLZ 30159, Joachimstr. 6
☎ 0511–363680 Fax: 306644
41 Zimmer, 57 Betten
EZ: 72,00 – 98,00 DM,
DZ: 105,00 – 125,00 DM

 0,3

Hotel Atlanta
PLZ 30175, Hinüberstr. 1
☎ 0511–33860 Fax: 345928
36 Zimmer, 53 Betten
EZ: 120,00 – 180,00 DM,
DZ: 160,00 – 310,00 DM

 0,5

Hotel Alpha-Tirol
PLZ 30159, Lange Laube 20
☎ 0511–131066 Fax: 341535
36 Zimmer, 52 Betten
EZ: 128,00 – 158,00 DM,
DZ: 190,00 – 228,00 DM

1,5

CVJM-City-Hotel
PLZ 30159, Limburgstr. 3
☎ 0511–36070 Fax: 3607177
36 Zimmer, 50 Betten
EZ: 105,00 – 130,00 DM,
DZ: 185,00 DM

 100 0,6

Hospiz am Bahnhof
PLZ 30159, Joachimstr. 2
☎ 0511–324297
36 Zimmer, 50 Betten
EZ: 50,00 – 87,00 DM,
DZ: 96,00 – 110,00 DM
 0,2

Hotel-Pension Reverey
PLZ 30169, Aegidiendamm 8
☎ 0511–883711 Fax: 883711
12 Zimmer, 18 Betten
EZ: 65,00 – 85,00 DM,
DZ: 130,00 – 140,00 DM
 0,8

Bomerode

Hotel Kronsberger Hof
PLZ 30539, Wasseler Str. 1
☎ 0511–511021 Fax: 525025
25 Zimmer, 39 Betten
EZ: 125,00 DM, DZ: 200,00 DM
 8,0

Buchholz

Hotel Ibis Hannover
PLZ 30625, Feodor-Lynen-Str. 1
☎ 0511–95670 Fax: 576128
96 Zimmer, 145 Betten
EZ: 130,00 – 180,00 DM,
DZ: 145,00 – 195,00 DM,
HP: 20,00 DM, VP: 40,00 DM
Halb- und Vollpension nur für Gruppen

 6,0

Hotel Eilenriede garni
PLZ 30655, Guerickestr. 32
☎ 0511–5476652 Fax: 5499271
12 Zimmer, 22 Betten
EZ: 80,00 – 170,00 DM,
DZ: 120,00 – 180,00 DM
 5,0

Gasthaus Zur Eiche
PLZ 30665, Silberstr. 13
☎ 0511–5476251 Fax: 548787
16 Zimmer, 21 Betten
EZ: 78,00 – 115,00 DM,
DZ: 98,00 – 150,00 DM
 8,0

Hotel-Pension Finkenhof
PLZ 30627, Finkenhof 6
☎ 0511–957980 Fax: 9579823
6 Zimmer, 9 Betten
EZ: 75,00 – 100,00 DM,
DZ: 115,00 – 145,00 DM
 7,0

Bult

Hotel Bischofshol
PLZ 30559, Bermeroder Str. 2
☎ 0511–511082 Fax: 522987
12 Zimmer, 20 Betten
EZ: 85,00 – 120,00 DM,
DZ: 130,00 – 160,00 DM
 Fr 3,5

Herrenhausen

Hotel garni Böttcher
PLZ 30419, Alte Herrenhäuser Str. 36
☎ 0511–793019
17 Zimmer, 29 Betten
EZ: 65,00 – 70,00 DM, DZ: 140,00 DM
 5,0

Gästehaus Hannover
PLZ 30167, Herrenhäuser Kirchweg 14
☎ 0511–708380 Fax: 7083881
20 Zimmer, 28 Betten
EZ: 75,00 DM, DZ: 150,00 DM
4,0

Gästehaus am Herrenhäuser Garten
PLZ 30167, Herrenhäuser Kirchweg 17
☎ 0511–716611 Fax: 704161
7 Zimmer, 12 Betten
EZ: 80,00 – 100,00 DM,
DZ: 130,00 – 160,00 DM
3,5

Isernhagen

Parkhotel Welfenhof
PLZ 30657, Prüßentrift 85-87
☎ 0511–65406 Fax: 651050
110 Zimmer, 170 Betten
EZ: 135,00 – 220,00 DM,
DZ: 195,00 – 320,00 DM,
HP: 40,00 DM, VP: 60,00 DM

 6,0

Kleefeld

Sporthotel Apart
PLZ 30625, Mellendorfer Str. 3
☎ 0511–530000 Fax: 53000147
21 Zimmer, 42 Betten
EZ: 145,00 DM, DZ: 180,00 DM

6,0

Limmer

Hotel Lange
PLZ 30453, Harenberger Str. 46
☎ 0511–2106285 Fax: 2106282
16 Zimmer, 23 Betten
EZ: 80,00 – 85,00 DM,
DZ: 150,00 – 160,00 DM

 † So u. Feiertage 5,0

Linden

Fössehotel
Inh. Fredi Hemmecke
PLZ 30451, Fössestr. 83
☎ 0511–2105883 Fax: 2100212
103 Zimmer, 151 Betten
EZ: 90,00 – 200,00 DM,
DZ: 165,00 – 250,00 DM

 3,0

Hotel Schwarzer Bär
PLZ 30449, Falkenstr. 2
☎ 0511–924800 Fax: 9248077
24 Zimmer, 36 Betten
EZ: 85,00 – 128,00 DM,
DZ: 138,00 – 180,00 DM

 2,5

List

Hotel Garni Martens
PLZ 30163, Waldstr. 38 A
☎ 0511–662033 Fax: 393137
37 Zimmer, 60 Betten
EZ: 108,00 – 198,00 DM,
DZ: 158,00 – 245,00 DM

 2,0

Hotel Waldersee
PLZ 30177, Walderseestr. 39
☎ 0511–909910 Fax: 9099149
30 Zimmer, 43 Betten
EZ: 110,00 – 250,00 DM,
DZ: 170,00 – 320,00 DM

 3,0

Hotel Grünewald
PLZ 30177, Grünewaldstr. 28
☎ 0511–909900 Fax: 9099048
28 Zimmer, 40 Betten
EZ: 110,00 – 250,00 DM,
DZ: 170,00 – 320,00 DM

 3,0

Hotel an der Podbi
PLZ 30177, Podbielskistr. 67
☎ 0511–665259 Fax: 665259
12 Zimmer, 18 Betten
EZ: 70,00 – 95,00 DM,
DZ: 130,00 – 150,00 DM, HP: möglich,
VP: möglich

† So 3,0

Mittelfeld

Hotel-Pension Küpmann
PLZ 30519, Koldemeyerweg 8
☎ 0511–861898
8 Zimmer, 10 Betten
EZ: 62,00 – 85,00 DM,
DZ: 120,00 – 170,00 DM
 10,0

Nordstadt

Haus Sparkuhl Hotel Garni
PLZ 30165, Hischestr. 4
☎ 0511–3502333 Fax: 3523238
15 Zimmer, 27 Betten
EZ: 95,00 – 110,00 DM,
DZ: 125,00 – 150,00 DM
 1,5

Hotel Nordstädter Hof
PLZ 30167, Gustav-Adolf-Str. 6
☎ 0511–1319547 Fax: 15615
15 Zimmer, 20 Betten
EZ: 69,00 – 157,00 DM,
DZ: 120,00 – 208,00 DM
 2,0

Oststadt

Hotel Am Funkturm
PLZ 30161, Hallerstr. 34
☎ 0511–33980 Fax: 3398111
60 Zimmer, 80 Betten
EZ: 98,00 – 196,00 DM,
DZ: 158,00 – 298,00 DM
 0,5

Hotel Alpha
PLZ 30161, Friesenstr. 19
☎ 0511–341535 Fax: 341535
25 Zimmer, 40 Betten
EZ: 128,00 – 158,00 DM,
DZ: 190,00 – 228,00 DM
 0,5

Hotel Flora
PLZ 30175, Heinrichstr. 36
☎ 0511–342334 Fax: 345899
21 Zimmer, 29 Betten
EZ: 50,00 – 100,00 DM,
DZ: 80,00 – 150,00 DM
 0,8

Hotel-Pension Schönberg
PLZ 30161, Hohenzollernstr. 43
☎ 0511–313164 Fax: 332631
11 Zimmer, 15 Betten
EZ: 65,00 – 80,00 DM, DZ: 100,00
-140,00 DM
 2,0

Hotel-Pension Schwab
PLZ 30161, Sedanstr. 20
☎ 0511–9901610 Fax: 3360004
8 Zimmer, 14 Betten
EZ: 65,00 – 78,00 DM,
DZ: 98,00 – 120,00 DM
 0,8

Roderbruch

Novotel Hannover
PLZ 30625, Feodor-Lynen-Str. 1
☎ 0511–95660 Fax: 9566333
112 Zimmer, 224 Betten
EZ: 130,00 – 280,00 DM,
DZ: 150,00 – 320,00 DM,
HP: 25,00 – 30,00 DM,
VP: 50,00 – 60,00 DM
 7,0

Stöcken

Hotel Andrea garni
PLZ 30419, Eichsfelder Str. 99
☎ 0511–797077 Fax: 7590651
14 Zimmer, 20 Betten
EZ: 80,00 – 160,00 DM,
DZ: 180,00 – 290,00 DM
 7,0

Vahrenwald

Hotel Vahrenwald
PLZ 30165, Vahrenwalder Str. 205-207
☎ 0511–633077 Fax: 673163
25 Zimmer, 37 Betten
EZ: 130,00 – 300,00 DM,
DZ: 170,00 – 400,00 DM
 4

Vinnhorst

Hotel Mecklenheide
PLZ 30419, Schulenburger Landstr. 262
a
☎ 0511–740950 Fax: 7409532
38 Zimmer, 47 Betten
EZ: 115,00 – 225,00 DM,
DZ: 150,00 – 290,00 DM
 7,0

Waldhausen

Hotel Hubertus
PLZ 30519, Adolf-Ey-Str. 11
☎ 0511–984970 Fax: 830681
20 Zimmer, 30 Betten
EZ: 90,00 – 125,00 DM,
DZ: 100,00 – 170,00 DM

10 4,0 auf Anfrage

Vahrenwald

Hotel Eden
PLZ 30519, Waldhausenstr. 30
☎ 0511–830430 Fax: 833094
21 Zimmer, 29 Betten
EZ: 60,00 – 85,00 DM,
DZ: 90,00 – 130,00 DM
 4,0

Wülfel

Wülfeler Brauereigaststätten
PLZ 30514, Hildesheimer Str. 380
☎ 0511–865086 Fax: 876009
41 Zimmer, 49 Betten
EZ: 55,00 – 115,00 DM,
DZ: 100,00 – 210,00 DM,
HP: 25,00 DM, VP: 45,00 DM
 1200 5,0

Zoo

Hotel Elisabetha
PLZ 30175, Hindenburgstr. 16
☎ 0511–816096
23 Zimmer, 28 Betten
EZ: 60,00 – 75,00 DM,
DZ: 105,00 – 140,00 DM
P 1,5

Hotel Leisewitz
Inh. Vera Sakals
PLZ 30175, Leisewitzstr. 11
☎ 0511–819046 Fax: 816301
8 Zimmer, 12 Betten
EZ: 115,00 DM, DZ: 165,00 DM
2,0

Stadtmitte

Intercity Hotel Arcade
PLZ 69115, Lessingstr. 3
☎ 06221–9130 Fax: 913300
161 Zimmer, 322 Betten
EZ: 115,00 – 135,00 DM,
DZ: 140,00 – 160,00 DM
Preise ohne Frühstück

 50

Hotel Ballmann
PLZ 69117, Rohrbacher Str. 28
☎ 06221–24287, 25320 Fax: 182035
65 Zimmer, 130 Betten
EZ: 70,00 – 90,00 DM,
DZ: 90,00 – 120,00 DM

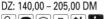

Hotel Kurfürst
PLZ 69115, Poststr. 46/48
☎ 06221–24741 Fax: 28392
46 Zimmer, 92 Betten
EZ: 140,00 DM,
DZ: 140,00 – 205,00 DM

 20

Hotel Central
PLZ 69115, Kaiserstr. 75
☎ 06221–20672 Fax: 28392
41 Zimmer, 81 Betten
EZ: 98,00 DM, DZ: 165,00 DM

Hotel Bayrischer Hof
PLZ 69115, Rohrbacher Str. 2
☎ 06221–184045 Fax: 184049
43 Zimmer, 67 Betten
EZ: 130,00 – 165,00 DM,
DZ: 175,00 – 260,00 DM

 1,5

Neckar-Hotel
PLZ 69115, Bismarckstr. 19
☎ 06221–10814 Fax: 23260
35 Zimmer, 65 Betten
EZ: 140,00 – 180,00 DM,
DZ: 180,00 – 250,00 DM

 0,0

Hotel Tannhäuser
PLZ 69115, Bergheimer Str. 6
☎ 06221–21805 Fax: 28879
32 Zimmer, 64 Betten
EZ: 80,00 – 150,00 DM,
DZ: 100,00 – 160,00 DM

 30

Hotel Goldene Rose
PLZ 69117, St.-Anna-Gasse 7
☎ 06221–160078 Fax: 182040
30 Zimmer, 60 Betten
EZ: 120,00 – 165,00 DM,
DZ: 150,00 – 210,00 DM

Aparthotel Kurpfalz-Residenz
PLZ 69115, Vangerowstr. 7
☎ 06221–15754 Fax: 184674
23 Zimmer, 45 Betten
EZ: ab 80,00 DM, DZ: ab 130,00 DM

Hotel Reichspost
PLZ 69115, Gaisbergstr. 38
☎ 06221–22252
23 Zimmer, 45 Betten
EZ: 115,00 DM, DZ: 160,00 DM

Hotel Schmitt
PLZ 69115, Blumenstr. 54
☎ 06221–27296 Fax: 29007
19 Zimmer, 37 Betten
EZ: 60,00 – 90,00 DM,
DZ: 100,00 – 120,00 DM

Hotel Regina
PLZ 69115, Luisenstr. 6
☎ 06221–26465, 53640 Fax: 536466
19 Zimmer, 29 Betten
EZ: 95,00 – 130,00 DM,
DZ: 130,00 – 160,00 DM

 0,0

Hotel Krokodil
PLZ 69115, Kleinschmidtstr. 12
☎ 06221–166472 Fax: 12221
16 Zimmer, 29 Betten
EZ: 130,00 – 165,00 DM,
DZ: 155,00 – 195,00 DM

Hotel Braustübl
PLZ 69115, Bergheimer Str. 91
☎ 06221–24036
12 Zimmer, 23 Betten
EZ: 65,00 – 75,00 DM, DZ: 100,00 DM

 20

Gasthof Ziegler-Bräu
PLZ 69115, Bergheimer Str. 16
☎ 06221–25333 Fax: 801367
7 Zimmer, 13 Betten
EZ: 110,00 DM, DZ: 140,00 DM
Preise ohne Frühstück

 140

Hotel Bergheimer Mühle
PLZ 69115, Bluntschlistr. 5-7
☎ 06221–166106
7 Zimmer, 13 Betten
EZ: 70,00 DM, DZ: 100,00 DM

Altstadt

Hotel Holländer Hof
PLZ 69117, Neckarstadtn 66
☎ 06221–12091 Fax: 22085
40 Zimmer, 80 Betten
EZ: 110,00 – 170,00 DM,
DZ: 180,00 – 305,00 DM

 20

Romantik Hotel Zum Ritter St. Georg
PLZ 69117,
☎ 06221–20203, 24272 Fax: 12683
35 Zimmer, 70 Betten
EZ: 95,00 – 225,00 DM,
DZ: 130,00 – 325,00 DM

City-Hotel
PLZ 69117, Friedrich-Ebert-Anlage 56
☎ 06221–29118 Fax: 29118
32 Zimmer, 63 Betten
EZ: ab 120,00 DM, DZ: ab 150,00 DM

Hotel Zum Pfalzgrafen
Inh. Gerhard Schneider
PLZ 69117, Kettengasse 21
☎ 06221–20489, 5361-0 Fax: 536141
28 Zimmer, 55 Betten
EZ: 70,00 – 120,00 DM,
DZ: 95,00 – 150,00 DM

 0,2

Hotel Perkeo
PLZ 69117, Hauptstr. 75
☎ 06221–14130 Fax: 163719
25 Zimmer, 50 Betten
EZ: 125,00 – 145,00 DM,
DZ: 170,00 – 190,00 DM

Hotel Vier-Jahreszeiten
PLZ 69117, Haspelgasse 2
☎ 06221–24164, 27619 Fax: 163110
20 Zimmer, 40 Betten
EZ: 55,00 – 165,00 DM,
DZ: 100,00 – 205,00 DM

 0,0

Hotel Anlage
PLZ 69117, Friedrich-Ebert-Enlage 32
☎ 06221–26425, 160034 Fax: 164426
19 Zimmer, 38 Betten
EZ: 109,00 – 129,00 DM,
DZ: 149,00 – 189,00 DM

Hotel Goldener Falke
Am Marktplatz
PLZ 69117, Hauptstr. 204
☎ 06221–14330 Fax: 143366
18 Zimmer, 32 Betten
EZ: 110,00 – 160,00 DM,
DZ: 165,00 – 200,00 DM
Preise ohne Frühstück
 0,0

Hotel Hackteufel
Inh. Heinrich Scholl
PLZ 69117, Steingasse 7
☎ 06221–27162 Fax: 165379
20 Zimmer, 30 Betten
EZ: 100,00 – 130,00 DM,
DZ: 160,00 – 250,00 DM
 0,4

Hotel Acor
PLZ 69117, Friedrich-Ebert-Anlage 55
☎ 06221–22044 Fax: 28609
15 Zimmer, 30 Betten
EZ: 145,00 – 165,00 DM,
DZ: 195,00 – 235,00 DM
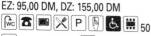

Hotel Backmulde
PLZ 69117, Schiffgasse 11
☎ 06221–53660 Fax: 536660
13 Zimmer, 27 Betten
EZ: 95,00 DM, DZ: 155,00 DM
 50
 So, Mo-mittag 0,1

Hotel Am Kornmarkt
PLZ 69117, Kornmarkt 7
☎ 06221–24325, 28218
13 Zimmer, 26 Betten
EZ: 80,00 – 110,00 DM,
DZ: 110,00 – 160,00 DM

Hotel Goldener Hecht
PLZ 69117, Steingasse 2
☎ 06221–166025 Fax: 166025
13 Zimmer, 25 Betten
EZ: 105,00 – 165,00 DM,
DZ: 165,00 – 250,00 DM

Hotel Schnoockeloch
PLZ 69117, Haspelgasse 8
☎ 06221–22733 Fax: 22377
12 Zimmer, 23 Betten
EZ: ab 130,00 DM, DZ: ab 170,00 DM

Hotel Schönberger Hof
PLZ 69117, Untere Neckarstr. 54
☎ 06221–14060 Fax: 140639
14 Zimmer, 22 Betten
EZ: 140,00 – 150,00 DM,
DZ: 180,00 – 200,00 DM
 1,0

Hotel Futterkrippe
PLZ 69117, Hauptstr. 93
☎ 06221–90000 Fax: 182511
9 Zimmer, 18 Betten
EZ: 85,00 – 95,00 DM,
DZ: 130,00 – 150,00 DM

Pension Jeske
PLZ 69117, Mittelbadgasse 2
☎ 06221–23733
7 Zimmer, 14 Betten
DZ: 44,00 DM
Preise ohne Frühstück

Grenzhof

Gutsschänke Grenzhof
PLZ 69123, Grenzhof
☎ 06202–943-0 Fax: 943100
27 Zimmer, 50 Betten
EZ: 95,00 – 120,00 DM,
DZ: 160,00 – 210,00 DM,
HP: 50,00 DM, VP: 90,00 DM
 20 Rest.: So 7,0

Handschuhsheim

Hotel Auerstein
Inh. M. Hebner
PLZ 69121, Dossenheimer Landstr. 82
☎ 06221–480798 Fax: 409756
13 Zimmer, 30 Betten
EZ: 70,00 – 85,00 DM,
DZ: 95,00 – 125,00 DM, HP: 15,00 DM,
VP: 30,00 DM

 25

Hotel Goldenes Lamm
PLZ 69121, Pfarrgasse 3
☎ 06221–480834, 4793-0 Fax: 479333
11 Zimmer, 22 Betten

65

Kirchheim

Hotel Erna
PLZ 69124, Heuauerweg 35-37
☎ 06221–720987 Fax: 783820
40 Zimmer, 80 Betten
EZ: 55,00 – 105,00 DM,
DZ: 90,00 – 140,00 DM

50

Königstuhl

Hotel Alter Kohlhof
PLZ 69117, Kohlhof 5
☎ 06221–21915
12 Zimmer, 23 Betten
EZ: 40,00 DM, DZ: 75,00 DM

 35

Molkenkur

Hotel Molkenkur
PLZ 69117, Klingenteichstr. 31
☎ 06221–10894 Fax: 26872
21 Zimmer, 43 Betten
EZ: 110,00 – 130,00 DM,
DZ: 155,00 DM, HP: auf Anfrage,
VP: auf Anfrage

150 5,0

Neuenheim

Hotel Frisch
PLZ 69120, Jahnstr. 34
☎ 06221–400327 Fax: 402303
8 Zimmer, 15 Betten
EZ: 78,00 – 98,00 DM, DZ: 140,00 DM

Hotel Berger
PLZ 69120, Erwin-Rohde-Str. 8
☎ 06221–401608 Fax: 471506
7 Zimmer, 14 Betten
EZ: 60,00 – 70,00 DM,
DZ: 115,00 – 125,00 DM

Hotel Astoria
PLZ 69120, Rahmengasse 30
☎ 06221–402929
6 Zimmer, 12 Betten
EZ: 60,00 – 90,00 DM,
DZ: 100,00 – 120,00 DM

Pfaffengrund

Hotel Kranich
PLZ 69123, Kranichweg 37 c
☎ 06221–7482-0 Fax: 700423
26 Zimmer, 40 Betten
EZ: 85,00 – 95,00 DM,
DZ: 120,00 – 140,00 DM

 3,0

Hotel Neu Heidelberg
PLZ 69123, Kranichweg 15
☎ 06221–707005 Fax: 700381
20 Zimmer, 35 Betten
EZ: 98,00 – 138,00 DM,
DZ: 158,00 – 188,00 DM, HP: 29,50 DM

 2,5

Rohrbach

Hotel ISG Heidelberg
PLZ 69126, Im Eichwald 19
☎ 06221–38610 Fax: 384380
51 Zimmer, 105 Betten
EZ: 115,00 DM, DZ: 170,00 DM,
HP: 15,00 DM

 100 6,0

Hotel Diana
PLZ 69117, Rohrbacher Str. 152-154
☎ 06221–374641 Fax: 160409
40 Zimmer, 80 Betten
EZ: 100,00 – 120,00 DM,
DZ: 120,00 – 150,00 DM

Hotel Rose
PLZ 69126, Karlsruher Str. 93
☎ 06221–37667-8 Fax: 374485
13 Zimmer, 26 Betten
EZ: 85,00 DM, DZ: 135,00 DM

 30

Hotel Goldener Adler
PLZ 69126, Rathausstr. 8
☎ 06221–31390 Fax: 372579
10 Zimmer, 20 Betten
EZ: 70,00 – 95,00 DM,
DZ: 110,00 – 130,00 DM

Schlierbach

Parkhotel Atlantic
PLZ 69118, Schloß-Wolfsbrunnenweg 23
☎ 06221–164051 Fax: 164054
21 Zimmer, 42 Betten
EZ: 120,00 – 150,00 DM,
DZ: 160,00 – 210,00 DM

 20

Hotel Zum Neckartal
PLZ 69118, Im Hofert 28
☎ 06221–800621
11 Zimmer, 21 Betten
EZ: 80,00 DM, DZ: 130,00 DM

 80

Weststadt

Hotel Kohler
PLZ 69115, Goethestr. 2
☎ 06221–9700-97, 24360 Fax: 9700-96
41 Zimmer, 63 Betten
EZ: 62,00 – 118,00 DM,
DZ: 132,00 – 174,00 DM

 0,5

Elite Hotel
Inh. Christa Karrenbauer
PLZ 69115, Bunsenstr. 15
☎ 06221–25734/-3 Fax: 163949
13 Zimmer, 23 Betten
EZ: 75,00 DM, DZ: 95,00 DM

 20-30 0,3

Ziegelhausen

Hotel Schwarzer Adler
PLZ 69118, Kleingemünder Str. 6
☎ 06221–809081/-82 Fax: 804385
15 Zimmer, 30 Betten
EZ: 98,00 DM, DZ: 98,00 – 138,00 DM

 100

Hotel Brand
PLZ 69118, In der Neckarhelle 113
☎ 06221–802922, 801919 Fax: 804645
8 Zimmer, 15 Betten
EZ: 68,00 – 98,00 DM,
DZ: 130,00 – 168,00 DM

Hotel Endrich
PLZ 69118, Friedhofweg 28
☎ 06221–801086
6 Zimmer, 12 Betten
EZ: 45,00 – 65,00 DM,
DZ: 80,00 – 115,00 DM

Hotel Rother
PLZ 69118, Sitzbuchweg 42
☎ 06221–800784
6 Zimmer, 12 Betten
EZ: 55,00 – 70,00 DM,
DZ: 95,00 – 120,00 DM

 8,0

Hotel Waldhorn
PLZ 69118, Peter-Wenzel-Weg 11
☎ 06221–800294
5 Zimmer, 10 Betten
EZ: 40,00 – 80,00 DM,
DZ: 70,00 – 90,00 DM

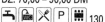 130

Stadtmitte

Hotel und Wohnen acora
PLZ 76133, Sophienstr. 69-71
☎ 0721–8509-0 Fax: 848551
106 Zimmer, 212 Betten
EZ: 120,00 – 150,00 DM,
DZ: 150,00 – 190,00 DM
Kleinküche in jedem Zimmer

Hotel Kübler
PLZ 76133, Bismarckstr. 39-43
☎ 0721–144-0 Fax: 144-441
95 Zimmer, 190 Betten
EZ: 98,00 – 148,00 DM,
DZ: 130,00 – 200,00 DM

 50

Hotel Rio
PLZ 76133, Hans-Sachs-Str. 2
☎ 0721–84080 Fax: 8408100
125 Zimmer, 184 Betten
EZ: 144,00 – 168,00 DM,
DZ: 192,00 – 202,00 DM

Hotel Greif
PLZ 76135, Ebertstr. 17
☎ 0721–35540 Fax: 3554192
68 Zimmer, 135 Betten
EZ: 70,00 – 125,00 DM,
DZ: 130,00 – 160,00 DM

Hotel Eden
PLZ 76137, Bahnhofstr. 15-19
☎ 0721–1818-0 Fax: 1818-222
68 Zimmer, 100 Betten
EZ: 88,00 – 150,00 DM,
DZ: 128,00 – 208,00 DM
Halb-, Vollpension auf Anfrage für
Gruppen möglich

 50 0,6

Hotel Barbarossa
PLZ 76137, Luisenstr. 38
☎ 0721–3725-0 Fax: 372580
50 Zimmer, 86 Betten
EZ: 65,00 – 135,00 DM,
DZ: 100,00 – 170,00 DM

 1,5

Hotel Erbprinzenhof
PLZ 76133, Erbprinzenstr. 26
☎ 0721–27954 Fax: 26950
42 Zimmer, 83 Betten
EZ: 90,00 – 140,00 DM,
DZ: 130,00 – 170,00 DM

 20

Blankenburg Hotel
PLZ 76133, Kriegsstr. 90
☎ 0721–60950 Fax: 609560
36 Zimmer, 72 Betten
EZ: 135,00 – 149,00 DM,
DZ: 135,00 – 225,00 DM

 50

Hotel Berliner Hof
Inh. Kurt Mikkat
PLZ 76133, Douglasstr. 7
☎ 0721–23981 Fax: 27218
55 Zimmer, 70 Betten
EZ: 135,00 DM, DZ: 160,00 DM

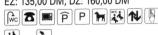
 0,0

Hotel Betzler
PLZ 76133, Amalienstr. 3
☎ 0721–28759, 21027 Fax: 25363
30 Zimmer, 60 Betten
EZ: 68,00 – 95,00 DM,
DZ: 100,00 – 135,00 DM

Elite Hotel
PLZ 76137, Sachsenstr. 17
☎ 0721–817363 Fax: 816225
28 Zimmer, 55 Betten
EZ: 75,00 – 140,00 DM,
DZ: 128,00 – 170,00 DM

Hotel Augustiner
PLZ 76133, Sophienstr. 73
☎ 0721–845580, 848884 Fax: 853320
28 Zimmer, 55 Betten
EZ: 60,00 – 70,00 DM,
DZ: 95,00 – 100,00 DM

City Hotel
PLZ 76133, Kaiserstr. 152-154
☎ 0721–25303 Fax: 22922
32 Zimmer, 50 Betten
EZ: 125,00 DM, DZ: 160,00 DM

 1,5

Hotel-Restaurant Kaiserhof
PLZ 76133, Karl-Friedrich-Str. 12
☎ 0721–9170-0 Fax: 9170-150
25 Zimmer, 50 Betten
EZ: 85,00 – 155,00 DM,
DZ: 195,00 – 205,00 DM

80

Hotel Am Markt
Inh. Irene Kopitzka
PLZ 76133, Kaiserstr. 76
☎ 0721–20921 Fax: 28066
30 Zimmer, 48 Betten
EZ: 90,00 – 130,00 DM,
DZ: 140,00 – 170,00 DM

 0,5

Hotel Royal
PLZ 76133, Kriegsstr. 94
☎ 0721–375144 Fax: 359925
24 Zimmer, 48 Betten
EZ: 90,00 – 100,00 DM,
DZ: 130,00 – 150,00 DM

Hotel Handelshof
PLZ 76133, Reinhold-Frank-Str. 46
☎ 0721–912090 Fax: 9120988
23 Zimmer, 45 Betten
EZ: 89,00 – 95,00 DM, DZ: 145,00 DM

Hotel Am Tiergarten
Inh. Reiner Wolf KG
PLZ 76137, Bahnhofplatz 6
☎ 0721–386151
19 Zimmer, 37 Betten
EZ: 90,00 – 140,00 DM,
DZ: 120,00 – 190,00 DM

 0,1

Hotel Bayrischer Hof
PLZ 76137, Wilhelmstr. 22
☎ 0721–376157, 375077 Fax: 379010
16 Zimmer, 32 Betten
EZ: 75,00 – 85,00 DM,
DZ: 125,00 – 135,00 DM

Hotel Am Tullabad
PLZ 76137, Ettlinger Str. 21
☎ 0721–35004-0 Fax: 3500450
16 Zimmer, 32 Betten
EZ: 95,00 DM, DZ: 130,00 DM

Hotel Winzerhaus
PLZ 76137, Nowackanlage 1
☎ 0721–60315 Fax: 386358
15 Zimmer, 30 Betten
EZ: 60,00 – 85,00 DM,
DZ: 95,00 – 115,00 DM

 40

Hotel Astoria
PLZ 76133, Mathystr. 22
☎ 0721–816071/-72 Fax: 812460
15 Zimmer, 30 Betten
EZ: 95,00 – 145,00 DM,
DZ: 145,00 – 180,00 DM

 15
1,5

Pension Stadtmitte
PLZ 76133, Zähringerstr. 72
☎ 0721–695337
6 Zimmer, 12 Betten
EZ: 55,00 – 65,00 DM,
DZ: 95,00 – 105,00 DM

Pension Am Zoo
PLZ 76137, Ettlinger Str. 33
☎ 0721–33678
6 Zimmer, 12 Betten
EZ: 65,00 DM, DZ: 110,00 – 130,00 DM

Daxlanden

Hotel-Restaurant Steuermann
PLZ 76189, Hansastr. 13
☎ 0721–503201 Fax: 574020
11 Zimmer, 22 Betten
EZ: 95,00 – 145,00 DM, DZ: 180,00 DM

 80

Durlach

Hotel-Restaurant Große Linde
PLZ 76277, Killisfeldstr. 18
☎ 0721–42295
21 Zimmer, 42 Betten
EZ: 50,00 – 80,00 DM,
DZ: 75,00 – 120,00 DM

Hotel Zum Erwin
PLZ 76227, Kelterstr. 10
☎ 0721–943960 Fax: 9439666
24 Zimmer, 37 Betten
EZ: 85,00 DM, DZ: 115,00 DM

Hotel Auerhof
PLZ 76227, Auer Str. 64
☎ 0721–42154 Fax: 403359
16 Zimmer, 32 Betten
EZ: 38,00 – 70,00 DM,
DZ: 76,00 – 110,00 DM

Pension Meier
PLZ 76227, Elmendinger Str. 74
☎ 0721–43445 Fax: 44556
12 Zimmer, 24 Betten
EZ: 80,00 DM, DZ: 120,00 DM

Hotel Maison Suisse
PLZ 76227, Hildebrandstr. 24
☎ 0721–406048/-49 Fax: 495996
15 Zimmer, 23 Betten
EZ: 55,00 – 98,00 DM,
DZ: 138,00 – 168,00 DM

 2,0

Hotel Moser
PLZ 76227, Grötzinger Str. 21
☎ 0721–492080 Fax: 44532
10 Zimmer, 20 Betten
EZ: 120,00 DM, DZ: 150,00 DM

 1

Ansprechende Hotelzimmer
mit Bad oder DU/WC, Selbstwahltelefon
Farb-TV, Radiowecker, Minibar ...
Privat-Garagen möglich
Frühstück auch für Passanten
- am Tisch serviert -
Empfang bis 24 Uhr besetzt
- Nachtglocke -
Ganzjährig geöffnet
BISTROTHEK - der edle Treff für Jung und
Alt
CAFÉGARTEN - die kleine Gartenidylle
"Schweizer Gärtle" - im Hinterhöfle

HOTEL MAISON SUISSE
HILDEBRANDSTRASSE 24
76227 KA-DURLACH
TELEFON 0721-406048/49
FAX 0721-495996

... die kleine, feine Adresse am Rande der Stadt

Hotel Goldener Adler
PLZ 76227, Memeler Str. 1
☎ 0721–43049
9 Zimmer, 18 Betten
EZ: 50,00 – 60,00 DM,
DZ: 100,00 – 120,00 DM

Grötzingen

Gasthaus Zum Goldenen Ochsen
PLZ 76229, Schultheiß-Kiefer-Str. 28
☎ 0721–481506
5 Zimmer, 9 Betten
EZ: 40,00 DM, DZ: 70,00 DM

Grünwinkel

Hotel Beim Schupi
PLZ 76185, Durmersheimer Str. 6
☎ 0721–55940 Fax: 559480
23 Zimmer, 45 Betten
EZ: 120,00 DM, DZ: 180,00 DM

 20

Hotel Birkenhof
PLZ 76185, Hardeckstr. 11
☎ 0721–574521 Fax: 578519
13 Zimmer, 26 Betten
EZ: 56,00 – 80,00 DM,
DZ: 94,00 – 115,00 DM, HP: 15,00 DM,
VP: 25,00 DM

 So 5,0

Gasthaus Lokalbahn
PLZ 76185, Zeppelinstr. 17
☎ 0721–578237
6 Zimmer, 11 Betten
EZ: 50,00 DM, DZ: 90,00 DM

 40

Knielingen

Hotel Burgau
PLZ 76187, Neufeldstr. 10
☎ 0721–563034 Fax: 563508
16 Zimmer, 35 Betten
EZ: 124,00 – 154,00 DM,
DZ: 170,00 – 200,00 DM

 14

Mühlburg

Hotel Fässle
PLZ 76185, Lameystr. 12
☎ 0721–554433 Fax: 590903
30 Zimmer, 45 Betten
EZ: 45,00 – 90,00 DM,
DZ: 90,00 – 140,00 DM
zusätzlich 3 Appartements mit Küche

 3,0

Pension Hering-Lippmann
PLZ 76185, Schubertstr. 3
☎ 0721–842559
7 Zimmer, 14 Betten
EZ: 50,00 DM, DZ: 90,00 DM

Neureut

Hotel Maurer
PLZ 76149, Oberfeldstr. 21
☎ 0721–706095 Fax: 706098
27 Zimmer, 53 Betten
EZ: 110,00 – 130,00 DM,
DZ: 160,00 – 190,00 DM

Gasthaus Deutscher Kaiser
PLZ 76149, Teutschneureuter Str. 30
☎ 0721–705144
13 Zimmer, 26 Betten
EZ: 50,00 – 60,00 DM,
DZ: 80,00 – 100,00 DM

Hotel Sonnenhof
PLZ 76149, Alte Friedrichstr. 78
☎ 0721–787887, 786994
7 Zimmer, 14 Betten
EZ: 90,00 – 130,00 DM,
DZ: 140,00 – 160,00 DM

Gasthaus Zum Hirsch
PLZ 76149, Neureuter Hauptstr. 40
☎ 0721–706110
5 Zimmer, 10 Betten
EZ: 40,00 DM, DZ: 80,00 DM

Nordweststadt

Hotel Heidehof
PLZ 76149, Am Wald 1
☎ 0721–972300 Fax: 9723040
5 Zimmer, 10 Betten
EZ: 68,00 DM, DZ: 93,00 DM

Ost

Hotel-Restaurant Hasen
PLZ 76131, Gerwigstr. 47
☎ 0721–615076 Fax: 621101
37 Zimmer, 48 Betten
EZ: 100,00 – 150,00 DM,
DZ: 175,00 – 215,00 DM

 30 3,0 auf Anfrage

Rintheim

Hotel Markgräfler Hof
PLZ 76131, Rudolfstr.
☎ 0721–694041, 697331 Fax: 695331
19 Zimmer, 38 Betten
EZ: 58,00 – 80,00 DM,
DZ: 100,00 – 130,00 DM

Fächerstadt Hotel Garni
PLZ 76131, Parkstr. 27
☎ 0721–697816
8 Zimmer, 17 Betten
EZ: 60,00 DM, DZ: 90,00 – 100,00 DM

Hotel Goldene Krone
PLZ 76199, Lange Str. 1
☎ 0721–890202 Fax: 882922
8 Zimmer, 15 Betten
EZ: 65,00 – 90,00 DM,
DZ: 140,00 – 160,00 DM

Hotel Albhof
PLZ 76199, Rastatter Str. 64
☎ 0721–886177
7 Zimmer, 13 Betten
EZ: 80,00 DM, DZ: 140,00 DM

Restaurant Luz
PLZ 76199, Göhrenstr. 35
☎ 0721–884451
7 Zimmer, 13 Betten
EZ: 50,00 – 55,00 DM,
DZ: 85,00 – 110,00 DM

Landgasthof Sonne
PLZ 76228, Kleinsteinbacher Str. 2
☎ 0721–472239 Fax: 474728
45 Zimmer, 80 Betten
EZ: 54,00 – 76,00 DM,
DZ: 90,00 – 110,00 DM

 6,12,60 † So-abend, Mo

10,0

Stadtmitte

Hotel Excelsior
PLZ 34117, Erzbergerstr. 2
☎ 0561–102984 Fax: 15110
75 Zimmer, 145 Betten
EZ: 100,00 – 105,00 DM,
DZ: 160,00 – 170,00 DM, HP: ja
ab Juni '95 10 Boardingzimmer, Preise
auf Anfrage

 5-60
† 24.-26.12. 0,2

Dorint Hotel Kassel
PLZ 34117, Werner-Hilpert-Str. 24
☎ 0561–78830 Fax: 7883777
100 Zimmer, 127 Betten
EZ: 75,00 – 165,00 DM, DZ: 210,00 DM

 400

Hotel Deutscher Hof
PLZ 34117, Lutherstr. 3-5
☎ 0561–91800 Fax: 776666
75 Zimmer, 100 Betten
EZ: 90,00 – 120,00 DM,
DZ: 140,00 – 160,00 DM

Hotel City
PLZ 34119, Wilhelmshöher Allee 38
☎ 0561–71871 Fax: 102513
40 Zimmer, 80 Betten
EZ: 148,00 – 198,00 DM,
DZ: 198,00 – 258,00 DM

Hotel Garni Royal
PLZ 34127, Gießbergstr. 53
☎ 0561–85018 Fax: 895278
52 Zimmer, 76 Betten
EZ: 55,00 – 90,00 DM, DZ: 180,00 DM

 12

Hotel Domus
PLZ 34117, Erzbergerstr. 1-5
☎ 0561–72960 Fax: 7296498
51 Zimmer, 73 Betten
EZ: 130,00 – 150,00 DM,
DZ: 185,00 – 230,00 DM

Hotel Papen Änne
PLZ 34127, Wolfhager Str. 425
☎ 0561–63094 Fax: 69295
36 Zimmer, 71 Betten
EZ: 61,00 – 89,00 DM, DZ: 129,00 DM

Hotel Mercure Hessenland
PLZ 34117, Obere Königsstr. 2
☎ 0561–91810 Fax: 9181160
48 Zimmer, 67 Betten
EZ: 125,00 – 159,00 DM,
DZ: 145,00 – 199,00 DM,
HP: 20,00 DM, VP: 40,00 DM

0,0
125,00 – 155,00 DM inkl. Frühstück
u. Minibar pro Tag

Hotel Seidel
PLZ 34127, Holländische Str. 27-29
☎ 0561–86047 Fax: 86040
35 Zimmer, 50 Betten
EZ: 88,00 DM, DZ: 128,00 DM

 35

Hotel Hucke
PLZ 34121, Raiffeisenstr. 7
☎ 0561–928980
18 Zimmer, 36 Betten
EZ: 60,00 – 80,00 DM, DZ: 130,00 DM

Hotel-Restaurant Tiffany
PLZ 34117, Erzbergerstr. 7
☎ 0561–728070 Fax: 7280728
12 Zimmer, 33 Betten
EZ: 80,00 – 120,00 DM,
DZ: 140,00 – 170,00 DM

Hotel Garni Kö 78
PLZ 34117, Kölnische Str. 78
☎ 0561–71614 Fax: 17982
23 Zimmer, 30 Betten
EZ: 79,00 – 99,00 DM,
DZ: 129,00 – 145,00 DM

Gasthof Berghof
PLZ 34125, Ihringshäuser Str. 204
☎ 0561–811436
14 Zimmer, 28 Betten
EZ: 45,00 – 60,00 DM,
DZ: 85,00 – 100,00 DM

Hotel Am Rathaus
PLZ 34117, Wilhelmsstr. 29
☎ 0561–978850 Fax: 9788530
18 Zimmer, 23 Betten
EZ: 51,00 – 57,00 DM, DZ: 102,00 DM

Hotel Hamburger Hof
PLZ 34117, Werner-Hilpert-Str. 18
☎ 0561–16002
10 Zimmer, 20 Betten
EZ: 45,00 DM, DZ: 80,00 DM

Hotel Zum Katzensprung
PLZ 34125, Kurt-Wolters-Str. 27
☎ 0561–874927 Fax: 876633
10 Zimmer, 20 Betten
EZ: 45,00 – 50,00 DM,
DZ: 80,00 – 90,00 DM

Auto-Reise-Hotel
PLZ 34127, Mombachstr. 19
☎ 0561–895947
8 Zimmer, 15 Betten
EZ: 40,00 – 50,00 DM, DZ: 80,00 DM

Bettenhausen

Truck Port Hotel Kassel
PLZ 34123, Sandershäuser Str. 93
☎ 0561–55067 Fax: 573162
24 Zimmer, 30 Betten
EZ: 55,00 DM, DZ: 93,00 DM

Brasselsberg

Hotel am Brasselsberg
PLZ 34132, Konrad-Adenauer-Str. 31
☎ 0561–403281
6 Zimmer, 12 Betten
EZ: 50,00 – 70,00 DM,
DZ: 100,00 – 120,00 DM

Harleshausen

Hotel Am Sonnenhang
Inh. K. Wuth
PLZ 34128, Aspenstr. 6
☎ 0561–96988-0 Fax: 96988-55
25 Zimmer, 50 Betten
EZ: 95,00 – 115,00 DM,
DZ: 140,00 – 170,00 DM, VP: 25,00 DM

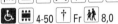

4-50   † Fr   8,0

Gasthaus Lindenhof
PLZ 34128, Eschebergstr. 19
☎ 0561–64917 Fax: 601264
6 Zimmer, 9 Betten
EZ: 50,00 DM, DZ: 80,00 DM

 180

† Mi   7,0

Kirchditmold

Hotel Stock
PLZ 34130, Harleshäuser Str. 60
☎ 0561–64798
11 Zimmer, 22 Betten
EZ: 42,00 – 52,00 DM,
DZ: 84,00 – 104,00 DM

Lohfelden

Hotel Autobahn Rasthaus
PLZ 34132,
☎ 0561-583031 Fax: 581917
87 Zimmer, 190 Betten
EZ: 54,00 – 96,00 DM,
DZ: 95,00 – 152,00 DM

12,0

Niederzwehren

Hotel Gude
mit Restaurant Pfeffermühle
PLZ 34134, Frankfurter Str. 299
☎ 0561-48050 Fax: 4805101
61 Zimmer, 150 Betten
EZ: 130,00 – 170,00 DM,
DZ: 170,00 – 230,00 DM

120

Hotel-Restaurant Siebert
PLZ 34121, Frankfurter Str. 194
☎ 0561-42171 Fax: 473463
24 Zimmer, 33 Betten
EZ: 80,00 DM, DZ: 140,00 DM

Hotel Lenz
PLZ 34121, Frankfurter Str. 176
☎ 0561-43373 Fax: 41188
16 Zimmer, 28 Betten
EZ: 40,00 – 80,00 DM,
DZ: 80,00 – 130,00 DM

20-60

Hotel Neue Mühle
PLZ 34134, Neue Mühle 4
☎ 0561-42651
13 Zimmer, 28 Betten
EZ: 40,00 – 80,00 DM,
DZ: 80,00 – 130,00 DM

Gasthof Zwehrener Hof
PLZ 34121, Frankfurter Str. 232
☎ 0561-42254
11 Zimmer, 22 Betten
EZ: 50,00 – 80,00 DM,
DZ: 100,00 – 120,00 DM

Salzmannshausen

Queens Hotel Kassel
PLZ 34123, Heiligenröder Str. 61
☎ 0561-52050 Fax: 527400
142 Zimmer, 269 Betten
EZ: 145,00 – 195,00 DM,
DZ: 195,00 – 245,00 DM

5-150

Hotel Garni Am Eichwald
PLZ 34123, Bunte Berna 6
☎ 0561-952060 Fax: 9520666
13 Zimmer, 20 Betten
EZ: 85,00 DM, DZ: 120,00 – 140,00 DM

Waldau

Hotel Zum Jägerhof
PLZ 34123, Nürnberger Str. 142
☎ 0561-53419 Fax: 53419
33 Zimmer, 63 Betten
EZ: 47,00 – 58,00 DM,
DZ: 68,00 – 84,00 DM

Hotel Froschkönig
PLZ 34123, Nürnberger Str. 106
☎ 0561-570250 Fax: 570251
27 Zimmer, 48 Betten
EZ: 95,00 – 110,00 DM,
DZ: 145,00 – 160,00 DM

12-60

Gaststätte Zum Alten Bahnhof
PLZ 34123, Bergshäuser Str. 40
☎ 0561–59586
5 Zimmer, 9 Betten
EZ: 40,00 DM, DZ: 80,00 DM

Wehlheiden

Hotel Chassalla
PLZ 34121, Wilhelmshöher Allee 99
☎ 0561–92790 Fax: 9279101
44 Zimmer, 88 Betten
EZ: 140,00 DM, DZ: 185,00 DM

 5-30

Hotel-Restaurant Alt Wehlheiden
PLZ 34121, Kohlenstr. 15
☎ 0561–24268
8 Zimmer, 13 Betten
EZ: 95,00 DM, DZ: 125,00 DM

 10-45

Wilhelmshöhe

Schlosshotel Wilhelmshöhe
PLZ 34131, Schloßpark 2
☎ 0561–30880 Fax: 3088428
103 Zimmer, 193 Betten
EZ: 140,00 – 194,00 DM,
DZ: 210,00 – 268,00 DM,
HP: 35,00 DM, VP: 60,00 DM

 180 1,5

Schweitzer-Hof
PLZ 34131, Wilhelmshöher Allee 288
☎ 0561–93690 Fax: 93699
60 Zimmer, 120 Betten
EZ: 90,00 – 120,00 DM,
DZ: 180,00 – 190,00 DM

 60

Kurhotel am Habichtswald
PLZ 34131, Im Druseltal 12
☎ 0561–311554 Fax: 312061
49 Zimmer, 69 Betten
EZ: 80,00 – 104,00 DM,
DZ: 144,00 – 167,00 DM

 1-12

Hotel Neue Drusel
PLZ 34131, Im Druseltal 42
☎ 0561–32057 Fax: 313321
25 Zimmer, 45 Betten
EZ: 60,00 – 85,00 DM,
DZ: 90,00 – 125,00 DM

 6,0

Hotel Palmenbad
Inh. Horst Fricke
PLZ 34131, Kurhausstr. 27
☎ 0561–32691 Fax: 32691
21 Zimmer, 34 Betten
EZ: 40,00 DM, DZ: 80,00 – 98,00 DM

 30 † Mo 3,0

Hotel Im Rosengarten
PLZ 34131, Burgfeldstr. 16
☎ 0561–36094
16 Zimmer, 29 Betten
EZ: 90,00 DM, DZ: 140,00 DM

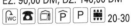 20-30

Hotel Zum Bismarckturm
Inh. Irene u. Willi Claßen
PLZ 34132, Konrad-Adenauer-Str. 42
☎ 0561–404223 Fax: 4001569
12 Zimmer, 20 Betten
EZ: 60,00 – 75,00 DM,
DZ: 100,00 – 130,00 DM, HP: 15,00 DM

 † Mo
 5,0

Hotel Haus Burgfeld
PLZ 34131, Burgfeldstr. 2
☎ 0561–32126
9 Zimmer, 17 Betten
EZ: 65,00 – 80,00 DM, DZ: 140,00 DM

Hotel Elfbuchen
PLZ 34131, Elfbuchenturm
☎ 0561–62041 Fax: 62043
8 Zimmer, 16 Betten
EZ: 120,00 – 150,00 DM,
DZ: 180,00 – 200,00 DM

Hotel Haus Rothstein
PLZ 34131, Heinrich-Schütz-Allee 56
☎ 0561–33784
5 Zimmer, 9 Betten
EZ: 90,00 – 100,00 DM,
DZ: 125,00 – 150,00 DM

Gasthaus Neu-Holland
PLZ 34131, Hüttenbergstr. 6
☎ 0561–33229
5 Zimmer, 9 Betten
EZ: 52,00 – 55,00 DM,
DZ: 90,00 – 100,00 DM

   5-25

Wolfsanger

Hotel Roter Kater und Graue Katze
PLZ 34125, Fuldastr. 364
☎ 0561–8110066 Fax: 811823
42 Zimmer, 80 Betten
EZ: 50,00 – 58,00 DM,
DZ: 90,00 – 100,00 DM

Köln

Stadtmitte

Hotel Mercure Severinshof
PLZ 50676, Severinstr. 199
☎ 0221–2013-0 Fax: 2013-666
252 Zimmer, 457 Betten
EZ: 140,00 – 295,00 DM,
DZ: 160,00 – 380,00 DM,
HP: 35,00 DM, VP: 70,00 DM

120 0,5 auf Anfrage

Hotel Ibis Köln Barbarossaplatz
PLZ 50676, Neue Weyerstr. 4
☎ 0221–2096-0 Fax: 2096-199
208 Zimmer, 430 Betten
EZ: 130,00 – 180,00 DM,
DZ: 145,00 – 205,00 DM,
HP: 20,00 DM, VP: 40,00 DM

78,00 DM pro Zimmer inkl.
Frühstück (buchbar ab Freitag)

Hotel Euro Plaza Cologne
PLZ 50668, Breslauer Platz 2
☎ 0221–1651-0 Fax: 1651-333
116 Zimmer, 163 Betten
EZ: 120,00 – 425,00 DM,
DZ: 165,00 – 520,00 DM, HP: auf
Anfrage, VP: auf Anfrage

0,1

Hotel Savoy
PLZ 50668, Turiner Str. 9
☎ 0221–1623-0 Fax: 1623-200
100 Zimmer, 158 Betten
EZ: 135,00 – 285,00 DM,
DZ: 190,00 – 390,00 DM

120 0,2 EZ 105,00 DM, DZ
145,00 DM

Hotel Flandrischer Hof
PLZ 50674, Flandrische Str. 3-5
☎ 0221–252095/-6 Fax: 251052
74 Zimmer, 148 Betten
EZ: 115,00 – 250,00 DM,
DZ: 170,00 – 370,00 DM

Hotel Leonet
PLZ 50676, Rubensstr. 33
☎ 0221–236016-9 Fax: 210893
80 Zimmer, 140 Betten
EZ: 95,00 – 130,00 DM,
DZ: 140,00 – 180,00 DM
HP: 15,00 DM, VP: 30,00 DM

† 24.12.-01.01. 3,0 EZ
120,00 DM, DZ 160,00 DM

REMA-Hotel Europa am Dom
PLZ 50667, Am Hof 38-46
☎ 0221–2058-0 Fax: 2582032
95 Zimmer, 130 Betten
EZ: 110,00 – 290,00 DM,
DZ: 160,00 – 390,00 DM,
HP: 30,00 DM, VP: 45,00 DM

0,1

auf Anfrage

Hotel Euro Garden
PLZ 50668, Domstr. 10-16
☎ 0221–1649-0 Fax: 1649-333
65 Zimmer, 130 Betten
EZ: 115,00 – 400,00 DM,
DZ: 150,00 – 476,00 DM

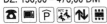

Hotel Königshof
PLZ 50667, Richartzstr. 14-16
☎ 0221–2578771 Fax: 2578762
62 Zimmer, 124 Betten
EZ: 145,00 – 265,00 DM,
DZ: 199,00 – 316,00 DM

REMA-Hotel Residence
PLZ 50667, Alter Markt 55
☎ 0221–2576991 Fax: 2577659
60 Zimmer, 120 Betten
EZ: 95,00 – 230,00 DM,
DZ: 150,00 – 330,00 DM,
HP: 30,00 DM, VP: 45,00 DM

 15
0,1 auf Anfrage

Intercity Hotel Ibis
PLZ 50667, Bahnhofsvorplatz
☎ 0221–9128580 Fax: 138194
57 Zimmer, 115 Betten
EZ: 130,00 DM, DZ: 130,00 DM

Hotel Am Augustinerplatz
PLZ 50667, Hohe Str. 30
☎ 0221–253060 Fax: 253070
53 Zimmer, 105 Betten
EZ: 110,00 – 230,00 DM,
DZ: 160,00 – 230,00 DM

Hotel Rheingold
PLZ 50674, Engelbertstr. 33
☎ 0221–92409-0 Fax: 242575
52 Zimmer, 100 Betten
EZ: 120,00 – 165,00 DM,
DZ: 160,00 – 220,00 DM

 0,0

Coellner Hof
PLZ 50670, Hansaring 100
☎ 0221–122075 Fax: 135235
48 Zimmer, 95 Betten
EZ: 135,00 – 220,00 DM,
DZ: 166,00 – 320,00 DM

Restaurant am Römerturm
Kolpinghaus
PLZ 50667, St.-Apern-Str. 32
☎ 0221–20930 Fax: 2578081
55 Zimmer, 94 Betten
EZ: 115,00 – 130,00 DM,
DZ: 175,00 DM, HP: 15,00 DM,
VP: 25,00 DM

 20-240 0,0

Central-Hotel am Dom
PLZ 50668, An den Dominikanern 3
☎ 0221–135088 Fax: 135080
47 Zimmer, 93 Betten
EZ: 125,00 – 225,00 DM,
DZ: 176,00 – 326,00 DM,
HP: 19,50 DM, VP: 28,00 DM

 20 0,2

Pension Christina
PLZ 50969, Bischofsweg 46
☎ 0221–37631-0 Fax: 3763199
43 Zimmer, 85 Betten
EZ: 78,00 – 118,00 DM,
DZ: 118,00 – 158,00 DM

Hotel Ludwig
PLZ 50668, Brandenburger Str. 22-24
☎ 0221–16054-0 Fax: 16054-444
60 Zimmer, 82 Betten
EZ: 125,00 – 230,00 DM,
DZ: 196,00 – 320,00 DM

 20 0,3

Hotel Conti
PLZ 50674, Brüsseler Str. 40-42
☎ 0221–252062 Fax: 252107
44 Zimmer, 80 Betten
EZ: 110,00 – 195,00 DM,
DZ: 150,00 – 270,00 DM,
HP: 18,50 DM, VP: 37,00 DM

 20,20 0,0 auf
Anfrage

Rhein-Hotel Str. Martin
PLZ 50667, Frankenwerft 31-33
☎ 0221–2577955 Fax: 2577875
40 Zimmer, 80 Betten
EZ: 55,00 – 155,00 DM,
DZ: 190,00 – 256,00 DM

Senats-Hotel
PLZ 50667, Unter Goldschmied 9-17
☎ 0221–2062-0 Fax: 2062-200
40 Zimmer, 80 Betten
EZ: 128,00 – 245,00 DM,
DZ: 206,00 – 366,00 DM

0,3

Hotel Ascot
PLZ 50672, Hohenzollernring 95-97
☎ 0221–521076 Fax: 521070
46 Zimmer, 78 Betten
EZ: 125,00 – 249,00 DM,
DZ: 163,00 – 416,00 DM

auf Anfrage

Hotel Thielen-Tourist
PLZ 50668, Brandenburger Str. 1-5
☎ 0221–123333 Fax: 121292
46 Zimmer, 78 Betten
EZ: 50,00 – 100,00 DM,
DZ: 76,00 – 200,00 DM

0,3

Hotel Brandenburger Hof
PLZ 50668, Brandenburger Str. 2-4
☎ 0221–122889 Fax: 135304
40 Zimmer, 76 Betten
EZ: 60,00 – 95,00 DM,
DZ: 80,00 – 180,00 DM

 0,3

Rasthaus am Ring
PLZ 50672, Hohenzollernring 20
☎ 0221–2056-0 Fax: 253714
38 Zimmer, 75 Betten
EZ: 130,00 – 220,00 DM,
DZ: 190,00 – 320,00 DM

Tagungs- und Gästehaus St. Georg
PLZ 50677, Rolandstr. 61
☎ 0221–937020-0 Fax: 93702011
31 Zimmer, 75 Betten
EZ: 52,00 – 75,00 DM,
DZ: 90,00 – 130,00 DM, HP: 15,00 DM,
VP: 26,30 DM

100 3,0

Esser-Minotel Köln
PLZ 50676, An der Malzmühle 4-8
☎ 0221–234141 Fax: 233943
41 Zimmer, 70 Betten
EZ: 115,00 – 175,00 DM,
DZ: 160,00 – 260,00 DM

0,9

Hotel Amsterdam
PLZ 50668, Ursulastr. 4-8
☎ 0221–136077/-79 Fax: 136070
34 Zimmer, 68 Betten
EZ: 98,00 – 210,00 DM,
DZ: 160,00 – 300,00 DM

Eden Hotel
PLZ 50667, Am Hof 18
☎ 0221–2580491 Fax: 2580495
33 Zimmer, 65 Betten
EZ: 130,00 – 336,00 DM,
DZ: 160,00 – 366,00 DM

23.12.-02.01. 0,0

Antik-Hotel Bristol
PLZ 50672, Kaiser-Wilhelm-Ring 48
☎ 0221–120195 Fax: 131495
31 Zimmer, 62 Betten
EZ: 145,00 -- 285,00 DM,
DZ: 196,00 – 330,00 DM

Hotel Ahl Meerkatzen von 1264
PLZ 50676, Mathiasstr. 21
☎ 0221–234882 Fax: 234885
30 Zimmer, 60 Betten
EZ: 80,00 – 195,00 DM,
DZ: 110,00 – 300,00 DM

Hotel Ariane
PLZ 50676, Hohe Pforte 19/21
☎ 0221–236033 Fax: 237128
30 Zimmer, 60 Betten
EZ: 98,00 – 198,00 DM,
DZ: 158,00 – 298,00 DM

Hotel Royal
PLZ 50670, Hansaring 96
☎ 0221–120571/-74 Fax: 120575
30 Zimmer, 60 Betten
EZ: 120,00 – 200,00 DM,
DZ: 160,00 – 250,00 DM

Hotel Das kleine Stapelhäuschen
PLZ 50667, Fischmarkt 1-3
☎ 0221–2577862/-63 Fax: 2574232
32 Zimmer, 57 Betten
EZ: 47,00 – 110,00 DM,
DZ: 165,00 – 200,00 DM
 0,5

Hotel Gülich
PLZ 50668, Ursulaplatz 13-19
☎ 0221–120015 Fax: 120015
40 Zimmer, 56 Betten
EZ: 120,00 – 198,00 DM,
DZ: 160,00 – 290,00 DM
 0,3

Hotel Engelbertz
PLZ 50667, Obenmarspforten 1-3
☎ 0221–2578994-5 Fax: 2578924
27 Zimmer, 54 Betten
EZ: 125,00 – 180,00 DM,
DZ: 196,00 – 240,00 DM

Hotel An der Philharmonie
PLZ 50667, Große Neugasse 36
☎ 0221–2580679/-83 Fax: 2580667
30 Zimmer, 53 Betten
EZ: 90,00 – 190,00 DM,
DZ: 120,00 – 240,00 DM
 0,2

Hotel Windsor
PLZ 50670, Von Werth-Str. 36-38
☎ 0221–134031/-33 Fax: 131216
27 Zimmer, 53 Betten
EZ: 95,00 – 145,00 DM,
DZ: 170,00 – 250,00 DM

Hotel Arde
PLZ 50667, Auf der Ruhr 5
☎ 0221–2578498 Fax: 2578489
26 Zimmer, 52 Betten
EZ: 80,00 – 225,00 DM,
DZ: 90,00 – 330,00 DM

Pension Drei Könige
PLZ 50668, Marzellenstr. 58-60
☎ 0221–132088-9 Fax: 132462
26 Zimmer, 51 Betten
EZ: 80,00 – 140,00 DM,
DZ: 100,00 – 240,00 DM

Hotel Chelsea
PLZ 50674, Jülicher Str. 1
☎ 0221–234755 Fax: 239137
25 Zimmer, 50 Betten
EZ: 135,00 – 210,00 DM,
DZ: 180,00 – 280,00 DM

Merian Hotel
PLZ 50668, Allerheiligenstr. 1
☎ 0221–1665-0 Fax: 1665-200
25 Zimmer, 50 Betten
EZ: 110,00 – 230,00 DM,
DZ: 150,00 – 350,00 DM

Gasthof Der Löwenbräu
PLZ 50667, Frankenwerft 21
☎ 0221–2577971/-2/-3 Fax: 2577867
25 Zimmer, 49 Betten
EZ: 78,00 – 110,00 DM,
DZ: 136,00 – 206,00 DM

Altstadt-Hotel
PLZ 50667, Salzgasse 7
☎ 0221–2577851-2 Fax: 2577853
23 Zimmer, 46 Betten
EZ: 95,00 – 110,00 DM,
DZ: 130,00 – 180,00 DM

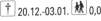
20.12.-03.01. 0,0

Hotel Krone
PLZ 50667, Kleine Budengasse 15
☎ 0221–2576981/-82 Fax: 253532
23 Zimmer, 46 Betten
EZ: 115,00 – 165,00 DM,
DZ: 150,00 – 260,00 DM

Hotel Callas
PLZ 50667, Hohe Str. 137
☎ 0221–2583838 Fax: 2583839
23 Zimmer, 45 Betten
EZ: 90,00 – 220,00 DM,
DZ: 120,00 – 320,00 DM

Hotel Sunset
PLZ 50668, Ursulaplatz 10-12
☎ 0221–132991 Fax: 132991
23 Zimmer, 45 Betten
EZ: 80,00 – 240,00 DM,
DZ: 120,00 – 360,00 DM

Hotel Metropol
PLZ 50670, Hansaring 14
☎ 0221–133377 Fax: 138307
22 Zimmer, 43 Betten
EZ: 145,00 – 285,00 DM,
DZ: 196,00 – 330,00 DM

Hotel Weber
PLZ 50676, Jahnstr. 22
☎ 0221–233282/-84 Fax: 230060
22 Zimmer, 43 Betten
EZ: 60,00 – 160,00 DM,
DZ: 90,00 – 260,00 DM

Pension Kunibert der Fiese
PLZ 50667, Am Bollwerk 1-5
☎ 0221–2580647 Fax: 2580893
21 Zimmer, 42 Betten
EZ: 65,00 – 120,00 DM,
DZ: 80,00 – 160,00 DM

Hotel Drei Kronen
PLZ 50667, Auf dem Brand 6
☎ 0221–2580694 Fax: 2580601
20 Zimmer, 40 Betten
EZ: 99,00 – 139,00 DM,
DZ: 110,00 – 160,00 DM

Hotel Am Chlodwigplatz
PLZ 50677, Merowingerstr. 33
☎ 0221–314031 Fax: 331484
19 Zimmer, 38 Betten
EZ: 100,00 – 130,00 DM,
DZ: 168,00 – 190,00 DM

 2,5

Hotel Europäischer Hof
PLZ 50667, Appelhofplatz 31
☎ 0221–2575195-6 Fax: 2575331
19 Zimmer, 37 Betten
EZ: 70,00 – 230,00 DM,
DZ: 148,00 – 340,00 DM

Hotel Breslauer Hof
PLZ 50669, Johannisstr. 56
☎ 0221–123009 Fax: 138009
18 Zimmer, 36 Betten
EZ: 75,00 – 95,00 DM,
DZ: 96,00 – 116,00 DM

Hotel garni Dom Blick
PLZ 50668, Domstr. 28
☎ 0221–123742 Fax: 125736
19 Zimmer, 33 Betten
EZ: 95,00 – 175,00 DM,
DZ: 135,00 – 270,00 DM

 0,3

Hotel Heinzelmännchen
Inh. Arnold Schröder
PLZ 50676, Hohe Pforte 5-7
☎ 0221–211217 Fax: 215712
17 Zimmer, 33 Betten
EZ: 50,00 – 67,00 DM,
DZ: 86,00 – 100,00 DM

 0,0

 ab 3 Tage Aufenthalt

Hotel Berg
PLZ 50668, Brandenburger Str. 6
☎ 0221–121124, 132591 Fax: 1390011
20 Zimmer, 32 Betten
EZ: 50,00 – 85,00 DM,
DZ: 86,00 – 140,00 DM

 0,1

Hotel Mira garni
PLZ 50670, Friesenstr. 33
☎ 0221–2577082/-3 Fax: 2577066
17 Zimmer, 32 Betten
EZ: 90,00 – 160,00 DM,
DZ: 100,00 – 220,00 DM

 0,8

Pension Einig
PLZ 50668, Johannesstr. 71
☎ 0221–122128 Fax: 133753
16 Zimmer, 32 Betten
EZ: 65,00 – 120,00 DM,
DZ: 130,00 – 160,00 DM

Pension Rossner
PLZ 50668, Jakordenstr. 19
☎ 0221–122703
16 Zimmer, 32 Betten
EZ: 55,00 – 65,00 DM,
DZ: 70,00 – 90,00 DM

Pension Schmitz
PLZ 50668, Domstr. 25
☎ 0221–9128340 Fax: 122191
15 Zimmer, 30 Betten
EZ: 90,00 – 170,00 DM,
DZ: 120,00 – 270,00 DM

Hotel Ball
PLZ 50670, Norbertstr. 20
☎ 0221–134124 Fax: 134624
15 Zimmer, 28 Betten
EZ: 98,00 – 180,00 DM,
DZ: 120,00 – 260,00 DM

 1,0 10 % Preisnachlaß

Hotel Elysee
PLZ 50667, Elisenstr. 16
☎ 0221–925730-0 Fax: 925730-30
14 Zimmer, 28 Betten
EZ: 140,00 – 190,00 DM,
DZ: 180,00 – 350,00 DM

Pension Buchholz
PLZ 50668, Kunibertsgasse 5
☎ 0221–121824 Fax: 131665
14 Zimmer, 27 Betten
EZ: 55,00 – 130,00 DM,
DZ: 130,00 – 280,00 DM

Pension Müller
PLZ 50668, Brandenburger Str. 20
☎ 0221–9128350 Fax: 137156
14 Zimmer, 27 Betten
EZ: 98,00 DM, DZ: 130,00 – 270,00 DM

Hotel Speer
PLZ 50672, Gladbacher Str. 32
☎ 0221–516776 Fax: 524927
14 Zimmer, 25 Betten
EZ: 65,00 – 80,00 DM,
DZ: 130,00 – 180,00 DM

 2,0

Pension Hubertushof
PLZ 50676, Mühlenbach 30
☎ 0221–217386 Fax: 218955
13 Zimmer, 25 Betten
EZ: 55,00 DM, DZ: 76,00 – 80,00 DM

Hotel Alter Römer
PLZ 50667, Am Bollwerk 23
☎ 0221–2581885 Fax: 2570523
12 Zimmer, 24 Betten
EZ: 50,00 – 90,00 DM,
DZ: 110,00 – 160,00 DM

Hotel Casa Colonia
PLZ 50668, Machabäerstr. 63
☎ 132284–134790
12 Zimmer, 24 Betten
EZ: 95,00 – 180,00 DM,
DZ: 136,00 – 230,00 DM

Hotel Domgarten
PLZ 50668, Domstr. 26
☎ 0221–120303 Fax: 138187
12 Zimmer, 24 Betten
EZ: 75,00 – 175,00 DM,
DZ: 96,00 – 270,00 DM

Hotel Römerhafen
PLZ 50667, Am Bollwerk 9-11
☎ 0221–2580684 Fax: 2580685
12 Zimmer, 23 Betten
EZ: 70,00 – 225,00 DM,
DZ: 100,00 – 264,00 DM

 0,4

Hotel Römerhafen

Am Bollwerk 9-11
50667 Köln (Altstadt)
Tel. 0221-258 06 84
Fax 0221-258 06 85

Alle Zimmer mit Dusche/WC, TV, Telefon
Thailänd. Spezialitätenrestaurant im Haus

Hotel Domspatz
PLZ 50668, An den Dominikanern 1
☎ 0221–125031/-34
12 Zimmer, 20 Betten
EZ: 115,00 – 175,00 DM,
DZ: 130,00 – 290,00 DM

 0,5 EZ
95,00 DM, DZ 125,00 DM

Hotel Bürgerhof
PLZ 50667, Bürgerstr. 16-18
☎ 0221–2576928 Fax: 2574188
10 Zimmer, 20 Betten
EZ: 95,00 – 170,00 DM,
DZ: 120,00 – 280,00 DM

Hotel Am Museum
PLZ 50667, Unter Taschenmacher 18
☎ 0221–2580724 Fax: 2581691
9 Zimmer, 18 Betten
EZ: 95,00 – 180,00 DM,
DZ: 140,00 – 220,00 DM

Gasthaus Lindenhof
PLZ 50667, Lintgasse 7
☎ 0221–2577771
9 Zimmer, 18 Betten
EZ: 70,00 DM, DZ: 90,00 – 100,00 DM

Hotel garni Im Kupferkessel
PLZ 50670, Probsteigasse 6
☎ 0221–135338 Fax: 125121
12 Zimmer, 16 Betten
EZ: 44,00 – 88,00 DM,
DZ: 88,00 – 110,00 DM

 1,0

Pension Am Rathaus
PLZ 50667, Bürgerstr. 6
☎ 0221–2577624 Fax: 2582829
8 Zimmer, 16 Betten
EZ: 50,00 – 65,00 DM,
DZ: 100,00 – 130,00 DM

P

Hotel La Isla
PLZ 50668, Eintrachtstr. 4
☎ 0221–134171 Fax: 137991
8 Zimmer, 16 Betten
EZ: 95,00 – 200,00 DM,
DZ: 150,00 – 220,00 DM

Hotel Le Chateau
PLZ 50676, Clemensstr. 8
☎ 0221–239530 Fax: 2401008
8 Zimmer, 15 Betten
EZ: 120,00 – 140,00 DM,
DZ: 186,00 – 220,00 DM

Hotel Hayk
PLZ 50667, Frankenwerft 9
☎ 0221–9257440 Fax: 2578363
6 Zimmer, 15 Betten
EZ: 100,00 – 130,00 DM,
DZ: 120,00 – 300,00 DM

 0,5

 auf Anfrage

Pension Troja GmbH
PLZ 50668, An den Dominikanern 7
☎ 0221–121991 Fax: 137695
7 Zimmer, 13 Betten
EZ: 75,00 – 145,00 DM,
DZ: 120,00 – 296,00 DM

Pension Kirchner
PLZ 50674, Richard-Wagner-Str. 18
☎ 0221–252977, 252426
6 Zimmer, 12 Betten
EZ: 40,00 – 60,00 DM,
DZ: 80,00 – 100,00 DM

 P

Pension Jansen
PLZ 50674, Richard-Wagner Str. 18
☎ 0221–251875
6 Zimmer, 11 Betten
EZ: 35,00 – 70,00 DM,
DZ: 80,00 – 120,00 DM

Auweiler

Pension Da Franco
PLZ 50765, Pescher Str. 1
☎ 0221–5901299 Fax: 5907519
5 Zimmer, 9 Betten
EZ: 70,00 DM, DZ: 120,00 DM

 12,0

Bayenthal

Pension Zum Boor
PLZ 50968, Bonner Str. 217
☎ 0221–383998 Fax: 385512
8 Zimmer, 16 Betten
DZ: 100,00 – 130,00 DM

Braunsfeld

Stadtwald-Hotel
PLZ 50933, Aachener Str. 419
☎ 0221–9405150 Fax: 94051515
15 Zimmer, 31 Betten
EZ: 90,00 – 180,00 DM,
DZ: 120,00 – 240,00 DM,
HP: 20,00 DM, VP: 35,00 DM

 25 3,0

Brück

Hotel Silencium
PLZ 51109, Olpener Str. 1031
☎ 0221–89904-0 Fax: 8990489
60 Zimmer, 120 Betten
EZ: 120,00 – 190,00 DM,
DZ: 160,00 – 250,00 DM

Hotel Brücker Sportpark
PLZ 51109, Oberer Bruchweg 6
☎ 0221–843071
10 Zimmer, 20 Betten
EZ: 78,00 – 165,00 DM,
DZ: 98,00 – 180,00 DM

Dellbrück

Hotel garni Uhu
PLZ 51069, Dellbrücker Hauptstr. 201
☎ 0221–6804086 Fax: 6805037
35 Zimmer, 60 Betten
EZ: 95,00 – 180,00 DM,
DZ: 140,00 – 220,00 DM

木 9,5

Hotel An den 7 Wegen
PLZ 51069, Grafenmühlenweg 220
☎ 0221–682850, 681039 Fax: 682849
11 Zimmer, 21 Betten
EZ: 90,00 – 100,00 DM,
DZ: 160,00 – 200,00 DM

Pension Martini
PLZ 51069, Dellbrücker Hauptstr. 209
☎ 0221–682814 Fax: 683483
11 Zimmer, 21 Betten
EZ: 90,00 – 120,00 DM,
DZ: 120,00 – 150,00 DM

Deutz

Pension Constantin
PLZ 50679, Constantinstr. 78
☎ 0221–8278-0 Fax: 818950
31 Zimmer, 62 Betten
EZ: 90,00 – 130,00 DM,
DZ: 150,00 – 180,00 DM

Insel-Hotel
PLZ 50679, Constantinstr. 96
☎ 0221–883084/-86 Fax: 8803090
30 Zimmer, 59 Betten
EZ: 100,00 – 185,00 DM,
DZ: 140,00 – 220,00 DM

Panorama Hotel garni
PLZ 50679, Siegburger Str. 33-37
☎ 0221–884041/-43 Fax: 884691
30 Zimmer, 55 Betten
EZ: 80,00 – 150,00 DM,
DZ: 220,00 – 280,00 DM

† 23.12.-01.01. **木** 1,0

Hotel Ilbertz
PLZ 50679, Mindener Str. 6
☎ 0221–882049/-40 Fax: 883484
24 Zimmer, 47 Betten
EZ: 90,00 – 170,00 DM,
DZ: 150,00 – 300,00 Dm

Hotel Pütz
PLZ 50679, Karlstr. 5-7
☎ 0221–883056/-57 Fax: 885754
18 Zimmer, 35 Betten
EZ: 85,00 – 120,00 DM,
DZ: 140,00 – 200,00 DM

Hotel Alt Deutz
PLZ 50679, Graf-Geßler-Str. 13-15
☎ 0221–810063, 811865 Fax: 814641
16 Zimmer, 31 Betten
EZ: 100,00 – 130,00 DM,
DZ: 160,00 – 180,00 DM

Pension Deutzer Eck
PLZ 50679, Deutzer Freiheit 99
☎ 0221–881903 Fax: 883274
15 Zimmer, 30 Betten
EZ: 50,00 – 65,00 DM,
DZ: 60,00 – 160,00 DM

Mol Hotel
PLZ 50679, Tempelstr. 6
☎ 0221–887345 Fax: 811545
12 Zimmer, 24 Betten
DZ: 160,00 – 300,00 DM

Pension Pilar
PLZ 50679, Siegesstr. 34
☎ 0221–882001 Fax: 882002
10 Zimmer, 19 Betten
EZ: 98,00 – 170,00 DM,
DZ: 146,00 – 220,00 DM

Ehrenfeld

Pension Haus Trost
PLZ 50823, Vogelsanger Str. 60-62
☎ 0221–516647, 513232 Fax: 512151
17 Zimmer, 33 Betten
EZ: 90,00 – 160,00 DM,
DZ: 180,00 – 240,00 DM

Hotel-Restaurant Algarve
PLZ 50823, Venloer Str. 196
☎ 0221–518331 Fax: 523829
11 Zimmer, 21 Betten
EZ: 90,00 – 120,00 DM,
DZ: 140,00 – 180,00 DM

 So 1,5

nur außerhalb der Messezeiten
Sonderpreis ab 2 Tage

Flittard

Bayer Gästehaus
PLZ 51061, Roggendorfstr. 23
☎ 0221–661081/-84 Fax: 661366
47 Zimmer, 93 Betten
EZ: 110,00 DM, DZ: 144,00 DM

Godorf

Pension Haus Godorf
PLZ 50997, Am Godorfer Kirchweg 10
☎ 02236–41336 Fax: 81453
12 Zimmer, 24 Betten
EZ: 70,00 – 90,00 DM,
DZ: 120,00 – 140,00 DM

Heimersdorf

Hotel Garni Haus Thomas
PLZ 50767, Volkhovener Weg 176
☎ 0221–791797 Fax: 795680
22 Zimmer, 32 Betten
EZ: 100,00 DM, DZ: 160,00 DM

22.12.-02.01. 15,0

Pension Haus Rügen
PLZ 50767, Eibenweg 5 a
☎ 0221–791428, 799591 Fax: 795107
7 Zimmer, 14 Betten
EZ: 95,00 – 140,00 DM,
DZ: 130,00 – 160,00 DM

Hochkirchen

Hotel-Tennisanlage Schmitte
PLZ 50997, Großrotterweg 1
☎ 02233–92100-0 Fax: 23961
13 Zimmer, 26 Betten
EZ: 118,00 – 170,00 DM,
DZ: 160,00 – 220,00 DM

Holweide

Hotel Haus Schallenberg
PLZ 51067, Bergisch Gladbacher Str.
616
☎ 0221–633091 Fax: 633093
23 Zimmer, 46 Betten
EZ: 60,00 – 90,00 DM,
DZ: 106,00 – 156,00 DM

Hotel Holweider Hof
PLZ 51067, Bergisch Gladbacher Str.
465
☎ 0221–631665
15 Zimmer, 29 Betten
EZ: 80,00 – 90,00 DM,
DZ: 130,00 – 150,00 DM

Kalk

Hotel Böhmer
PLZ 51103, Kalker Hauptstr. 216
☎ 0221–8701910 Fax: 8704390
9 Zimmer, 18 Betten
EZ: 105,00 – 135,00 DM,
DZ: 146,00 – 190,00 DM

Lindenthal

Hotel Bremer
PLZ 50931, Dürener Str. 225
☎ 0221–405013 Fax: 402034
47 Zimmer, 93 Betten
EZ: 135,00 – 175,00 DM,
DZ: 140,00 – 220,00 DM

Hotel Haus Schwan
PLZ 50931, Dürener Str. 235
☎ 0221–402417, 405195 Fax: 4009990
35 Zimmer, 69 Betten
EZ: 70,00 – 95,00 DM,
DZ: 140,00 – 190,00 DM

Park-Hotel
PLZ 50931, Stadtwaldgürtel 6
☎ 0221–402374 Fax: 402374
16 Zimmer, 32 Betten
EZ: 55,00 – 65,00 DM,
DZ: 110,00 – 140,00 DM

Lövenich

Landhaus Gut Keuchhof
PLZ 50859, Braugasse 14
☎ 02234–76033 Fax: 78687
30 Zimmer, 60 Betten
EZ: 130,00 – 160,00 DM,
DZ: 260,00 – 500,00 DM

Longerich

Gasthof Bauernschänke
PLZ 50739, Longericher Hauptstr. 2
☎ 0221–5991737 Fax: 5995584
20 Zimmer, 40 Betten
EZ: 70,00 – 90,00 DM,
DZ: 90,00 – 130,00 DM

Pension Haus Vosen
PLZ 50737, Rüdellstr. 1
☎ 0221–741490 Fax: 742531
9 Zimmer, 18 Betten
EZ: 65,00 – 170,00 DM, DZ: 106,00 DM

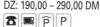

Marienburg

Pension Haus Marienburg
PLZ 50968, Robert-Heuser-Str. 3
☎ 0221–388497
12 Zimmer, 23 Betten
EZ: 95,00 – 190,00 DM,
DZ: 190,00 – 290,00 DM

Merheim

Hotel Engelshof
PLZ 51109, Gütersloher Str. 16
☎ 0221–6999910 Fax: 6999916
15 Zimmer, 29 Betten
EZ: 95,00 – 150,00 DM,
DZ: 160,00 – 220,00 DM

Meschenich

Pension Haus Röttgen
PLZ 50997, Brühler Landstr. 409
☎ 02232–963030 Fax: 9630310
11 Zimmer, 22 Betten
EZ: 70,00 – 85,00 DM,
DZ: 120,00 – 150,00 DM

Mülheim

Hotel Kaiser am Wienerplatz
PLZ 51065, Genovevastr. 10-14
☎ 0221–623057 Fax: 623050
50 Zimmer, 100 Betten
EZ: 110,00 – 255,00 DM,
DZ: 146,00 – 386,00 DM,
HP: 22,00 DM, VP: 44,00 DM

† 24.-27.12. 6,0 auf
Anfrage

Hotel Warsteiner Hof
PLZ 51065, Schleswigstr. 18
☎ 0221–624096/-98 Fax: 627711
32 Zimmer, 63 Betten
EZ: 95,00 – 180,00 DM,
DZ: 160,00 – 260,00 DM

Hotel Fürstenberger Hof
PLZ 51065, Frankfurter Str. 61
☎ 0221–623095 Fax: 611539
40 Zimmer, 60 Betten
EZ: 60,00 – 185,00 DM,
DZ: 79,00 – 210,00 DM, HP: 20,00 DM

Hotel Arkadia
PLZ 51063, Gaußstr. 29
☎ 0221–883031 Fax: 881049
28 Zimmer, 56 Betten
EZ: 92,00 – 142,00 DM,
DZ: 118,00 – 208,00 DM

Neustadt-Süd

Hotel Flintsch garni
Inh. R. Klemens
PLZ 50674, Moselstr. 16-20
☎ 0221–232142, 237011 Fax: 212117
46 Zimmer, 79 Betten
EZ: 55,00 – 100,00 DM,
DZ: 70,00 – 130,00 DM

 3,5

Nippes

Pension Stadt Viersen
PLZ 50733, Viersener Str. 32
☎ 0221–723483 Fax: 723403
8 Zimmer, 16 Betten
EZ: 85,00 DM, DZ: 140,00 DM

Pesch

Gasthaus Schützenhof
PLZ 50767, Mengenicher Str. 12
☎ 0221–5902739 Fax: 5902257
9 Zimmer, 18 Betten
EZ: 50,00 – 55,00 DM,
DZ: 78,00 – 116,00 DM

Porz

Hotel Domicil am Rhein
PLZ 51143, Hauptstr. 369
☎ 02203–55036 Fax: 55931
59 Zimmer, 109 Betten
EZ: 99,00 – 199,00 DM,
DZ: 148,00 – 240,00 DM,
HP: 20,00 DM, VP: 40,00 DM

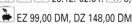 23.12.-02.01. 8,0

EZ 99,00 DM, DZ 148,00 DM

Porz-Eil

Hotel Terminal
PLZ 51149, Theodor-Heuss-Str. 78
☎ 02203–300021 Fax: 39738
60 Zimmer, 120 Betten
EZ: 116,00 – 274,00 DM,
DZ: 150,00 – 380,00 DM

Porz-Grengel

Hotel Spiegel
PLZ 51147, Hermann-Löns-Str. 122
☎ 02203–61046 Fax: 695653
27 Zimmer, 41 Betten
EZ: 95,00 – 190,00 DM,
DZ: 140,00 – 300,00 DM

 † Fr

15,0

Porz-Lind

Gasthaus Lindenhof
PLZ 51147, Linder Mauspfad 91
☎ 02203–64301 Fax: 67913
12 Zimmer, 24 Betten
EZ: 65,00 – 95,00 DM,
DZ: 130,00 – 190,00 DM

Porz-Urbach

Hotel Zum Goldenen Löwen
PLZ 51145, Kaiserstr. 52
☎ 02203–28890 Fax: 27714
14 Zimmer, 28 Betten
EZ: 90,00 – 140,00 DM,
DZ: 150,00 – 240,00 DM

Pension Antonius-Eck
PLZ 51145, Waldstr. 115
☎ 02203–292201 Fax: 292201
11 Zimmer, 15 Betten
EZ: 60,00 – 95,00 DM, DZ: 100,00
-140,00 DM

† Mi 12,0

Porz-Wahn

Hotel Geisler
PLZ 51147, Frankfurter Str. 172
☎ 02203–61020 Fax: 61597
45 Zimmer, 89 Betten
EZ: 105,00 – 150,00 DM,
DZ: 170,00 – 206,00 DM

Hotel Sportzentrum
PLZ 51147, Wilhelm-Ruppert-Str. 38
☎ 02203–62024 Fax: 62026
51 Zimmer, 88 Betten
EZ: 80,00 – 180,00 DM,
DZ: 135,00 – 240,00 DM,
HP: 25,00 DM, VP: 50,00 DM

 12,0

Porz-Wahnheide

Hotel Zur Quelle
PLZ 51147, Heidestr. 246
☎ 02203–9647-0 Fax: 9647317
90 Zimmer, 180 Betten
EZ: 85,00 – 98,00 DM,
DZ: 140,00 – 150,00 DM

Hotel Am Flughafen
PLZ 51147, Heidestr. 244
☎ 02203–63053 Fax: 64520
30 Zimmer, 60 Betten
EZ: 80,00 – 135,00 DM,
DZ: 136,00 – 210,00 DM

Hotel garni Haus Ingeborg
PLZ 51147, Grengeler Mauspfad 79
☎ 02203–62043 Fax: 67194
38 Zimmer, 56 Betten
EZ: 70,00 – 160,00 DM,
DZ: 100,00 – 260,00 DM

 13,0 auf Anfrage

> *Hotel garni*
> **Haus Ingeborg**
>
> *Zi. mit Dusche/WC, TV, Telefon, Minibar
> Wochenendpauschale auf Anfrage*
>
> *Grengeler Mauspfad 79, 51147 Köln
> Tel. 02203-62043 Fax 02203-67194*

Hotel Karsten
PLZ 51147, Linder Weg 4
☎ 02203–62081/2 Fax: 62229
41 Zimmer, 41 Betten
EZ: 98,00 – 175,00 DM,
DZ: 130,00 – 260,00 DM

Pension Wahner Heide
PLZ 51147, Heidestr. 225
☎ 02203–64196
7 Zimmer, 14 Betten
EZ: 40,00 – 50,00 DM,
DZ: 80,00 – 100,00 DM

Waldcafé-Hotel Wolffram
PLZ 51147, Nachtigallenstr. 51-53
☎ 02203–64716 Fax: 69476
4 Zimmer, 8 Betten
EZ: 70,00 – 80,00 DM,
DZ: 100,00 – 120,00 DM

 15,0

Porz-Westhoven

Hotel Ambiente
PLZ 51149, Oberstr. 53
☎ 02203–14097 Fax: 91186-36
27 Zimmer, 40 Betten
EZ: 115,00 – 180,00 DM,
DZ: 160,00 – 220,00 DM

 25

 7,0

Hotel Zündorf
PLZ 51149, Berliner Str. 2
☎ 02203–15386 Fax: 15314
13 Zimmer, 25 Betten
EZ: 85,00 – 145,00 DM,
DZ: 150,00 – 196,00 DM

Porz-Zündorf

Gasthaus Zum Jägerhof
Inh. Ralf Keppeler
PLZ 51143, Hauptstr. 188
☎ 02203–98760 Fax: 987630
10 Zimmer, 14 Betten
EZ: 80,00 DM, DZ: 120,00 DM

 15,0

Pension Zagreb
PLZ 51143, Wahner Str. 20
☎ 02203–85610
6 Zimmer, 11 Betten
EZ: 90,00 DM, DZ: 160,00 DM

Pension Haus Kürten
PLZ 51143, Wahner Str. 28
☎ 02203–82572 Fax: 87103
5 Zimmer, 9 Betten
EZ: 60,00 – 90,00 DM,
DZ: 120,00 – 140,00 DM

 P

Raderberg

Pension Autohof SVG
PLZ 50968, Kreuznacher Str. 1
☎ 0221–380535/-36 Fax: 372246
30 Zimmer, 60 Betten
DZ: 80,00 – 106,00 DM

Rath

Parkhotel St. Georg
PLZ 51107, Rather Mauspfad 11
☎ 0221–98680-0 Fax: 98680-140
36 Zimmer, 72 Betten
EZ: 70,00 – 109,00 DM,
DZ: 110,00 – 150,00 DM

Rheinkassel

Hotel Rheinkasseler Hof
PLZ 50769, Amandusstr. 8-10
☎ 0221–709270 Fax: 701073
33 Zimmer, 65 Betten
EZ: 80,00 – 200,00 DM,
DZ: 160,00 – 300,00 DM

Riehl

Pension Zur Hummel
PLZ 50735, Amsterdamer Str. 80
☎ 0221–7601288
5 Zimmer, 9 Betten
EZ: 80,00 – 140,00 DM,
DZ: 150,00 – 220,00 DM

Rodenkirchen

Atrium
Hotel & Wohnen GmbH
PLZ 50996, Karlstr. 2-12
☎ 0221–393045 Fax: 394054
65 Zimmer, 120 Betten
EZ: 108,00 – 278,00 DM,
DZ: 148,00 – 378,00 DM,
HP: 20,00 DM, VP: 45,00 DM

 5,0

Hotel Rheinblick
Inh. E. Kläsener
PLZ 50996, Uferstr. 20
☎ 0221–391282, 352031 Fax: 392139
25 Zimmer, 50 Betten
EZ: 110,00 – 130,00 DM,
DZ: 140,00 – 170,00 DM

 7,0

Hotel Gertrudenhof
PLZ 50996, Hauptstr. 78
☎ 0221–393031 Fax: 396220
27 Zimmer, 43 Betten
EZ: 140,00 – 160,00 DM,
DZ: 220,00 – 260,00 DM

Haus Berger
PLZ 50996, Uferstr. 73 e
☎ 0221–392211 Fax: 9355246
13 Zimmer, 26 Betten
EZ: 85,00 – 120,00 DM,
DZ: 130,00 – 200,00 DM

Hotel Alt-Rodenkirchen
PLZ 50996, Friedrich-Ebert-Str. 10
☎ 0221–352927 Fax: 354061
6 Zimmer, 11 Betten
EZ: 78,00 – 108,00 DM,
DZ: 128,00 – 216,00 DM

Roggendorf

Pension Haus Odendahl
PLZ 50769, Sinnersdorfer Str. 80
☎ 0221–784256 Fax: 784256
7 Zimmer, 13 Betten
EZ: 50,00 – 90,00 DM,
DZ: 110,00 – 130,00 DM

Sülz

City-Hotel Kautz
PLZ 50939, Rhöndorfer Str. 11
☎ 0221–94261-0 Fax: 94261-40
25 Zimmer, 50 Betten
EZ: 100,00 – 170,00 DM,
DZ: 150,00 – 230,00 DM

Hotel-Restaurant Stich
Inh. Lamti GmbH
PLZ 50937, Sülzgürtel 31
☎ 0221–463377, 461252 Fax: 466066
26 Zimmer, 38 Betten
EZ: 90,00 DM, DZ: 150,00 DM,
HP: 20,00 DM, VP: 40,00 DM

 40

 3,0 90,00 DM

Hotel-Restaurant
Stich
Inh. Lamti GmbH
Sülzgürtel 31
50937 Köln (Sülz)
Tel. 0221-463377
461889 / 461252
Fax 0221-466066
Funktel. 01715416470

Sürth

Hotel Falderhof
PLZ 50999, Falderstr. 29
☎ 02236–68008 Fax: 68000
33 Zimmer, 44 Betten
EZ: 98,00 – 155,00 DM,
DZ: 185,00 – 215,00 DM

 100 10,0

Gasthaus Strunder Hof
PLZ 50999, Sürther Hauptstr. 59
☎ 02236–62056 Fax: 62056
9 Zimmer, 15 Betten
EZ: 55,00 – 75,00 DM,
DZ: 90,00 – 110,00 DM, HP: 20,00 DM

† So 10,0

Weiden

Garten-Hotel Ponick
PLZ 50858, Königsberger Str. 5-9
☎ 02234–4087-0 Fax: 408787
33 Zimmer, 57 Betten
EZ: 90,00 – 100,00 DM,
DZ: 160,00 – 170,00 DM

10,0

Hotel Germania
PLZ 50859, Aachener Str. 1230
☎ 02234–75456 Fax: 47548
47 Zimmer, 34 Betten
EZ: 100,00 – 140,00 DM,
DZ: 140,00 – 200,00 DM

Pension Triton
PLZ 50858, Aachener Str. 1128
☎ 02234–77729 Fax: 47548
12 Zimmer, 23 Betten
EZ: 100,00 – 150,00 DM,
DZ: 150,00 – 200,00 DM

Pension Goethe
PLZ 50858, Goethestr. 5
☎ 02234–74222 Fax: 74232
10 Zimmer, 20 Betten
EZ: 90,00 – 130,00 DM,
DZ: 130,00 – 180,00 DM

Hotel Im Kessel
Inh. Margret Hanff
PLZ 50858, Aachener Str. 1147
☎ 02234–75491
6 Zimmer, 11 Betten
EZ: 70,00 DM, DZ: 100,00 – 140,00 DM

 10,0

Weidenpesch

Hotel Weidenpescher Hof
PLZ 50737, Neusser Str. 494
☎ 0221–745244 Fax: 7409100
16 Zimmer, 31 Betten
EZ: 85,00 – 98,00 DM,
DZ: 140,00 – 166,00 DM

Worringen

Hotel Matheisen
Inh. Norbert Meuner
PLZ 50769, In der Lohn 45-47
☎ 0221–978002-0 Fax: 978002-6
10 Zimmer, 22 Betten
EZ: 78,00 – 98,00 DM,
DZ: 132,00 – 168,00 DM

 Mi

12,0

Gasthaus Krono
PLZ 50769, St.-Tönnisstr. 12
☎ 0221–9783000 Fax: 786475
12 Zimmer, 20 Betten
EZ: 50,00 – 90,00 DM,
DZ: 120,00 – 150,00 DM

 30 Sa

12,0

Leipzig

Stadtmitte

Hotel Bayrischer Hof
PLZ 04103, Wintergartenstr. 13
☎ 0341–209251 Fax: 209251
45 Zimmer, 97 Betten
EZ: 85,00 DM, DZ: 130,00 DM, HP: ca.
20,00 DM, VP: ca. 40,00 DM

Hotel garni Zur Parthe
Inh. Rosemarie u. Frank Mäusert
PLZ 04105, Löhrstr. 15
☎ 0341–9800551 Fax: 9800551
10 Zimmer, 24 Betten
EZ: 70,00 DM, DZ: 110,00 – 150,00 DM

 0,4

Haus Ingeborg
PLZ 04105, Nordstr. 58
☎ 0341–294816
8 Zimmer, 15 Betten
EZ: 65,00 DM, DZ: 94,00 – 110,00 DM

Pension Am Zoo
PLZ 04105, Pfaffendorfer Str. 23
☎ 0341–9602432 Fax: 9602432
7 Zimmer, 13 Betten
EZ: 60,00 – 90,00 DM, DZ: 130,00 DM

Hotel „Weißes Roß"
Inh. Hannelore Nagel
PLZ 04103, Roßstr. 20
☎ 0341–200157
6 Zimmer, 8 Betten
EZ: 55,00 – 65,00 DM,
DZ: 90,00 – 110,00 DM

 Rest.: Sa, So

Pension Hillemann
PLZ 04103, Rosa-Luxemburg-Str. 2
☎ 0341–282482
5 Zimmer, 8 Betten
EZ: 40,00 DM, DZ: 80,00 DM
Preise ohne Frühstück

Dölitz-Dösen

Gästehaus „agra-Park"
PLZ 04279, Bornaische Str. 210
☎ 0341–3381613, 3381621
Fax: 3381613
53 Zimmer, 92 Betten
EZ: 95,00 – 135,00 DM,
DZ: 115,00 – 150,00 DM

 10-30

Hotel Weißes Haus
PLZ 04279, Bornaische Str. 210
☎ 0341–329123 Fax: 329123
11 Zimmer, 20 Betten
EZ: 128,00 – 150,00 DM,
DZ: 190,00 – 220,00 DM

Pension petit
PLZ 04279, Am Eichwinkel 8 b
☎ 0341–336070 Fax: 3360720
8 Zimmer, 11 Betten
EZ: 60,00 – 120,00 DM,
DZ: 90,00 – 160,00 DM

 15-20

Eutritzsch

Hotel Maximilian
PLZ 04129, Dessauer Str. 24
☎ 0341–5642313 Fax: 5641529
20 Zimmer, 39 Betten
EZ: 140,00 – 190,00 DM,
DZ: 180,00 – 230,00 DM

25,25

Groß-Zschocher

Hotel Windorf
PLZ 04249, Gerhard-Ellrodt-Str. 21
☎ 0341–4793841, 4772354
Fax: 4793832
103 Zimmer, 179 Betten
EZ: 130,00 – 145,00 DM,
DZ: 165,00 DM, HP: 20,00 DM

 15-20  7,0

Residenz am Ratsholz
PLZ 04249, A.-Zickmantel-Str. 44
☎ 0341–4944500 Fax: 4944555
114 Zimmer, 117 Betten
EZ: 80,00 – 100,00 DM,
DZ: 100,00 – 120,00 DM
Frühstück: 9,50 DM; Preise gelten bei
Wochenanmietung

 10,0

Herberge in der Buttergasse
PLZ 04249, Buttergasse Nr. 36
☎ 0172–3400896
8 Zimmer, 10 Betten
EZ: 70,00 DM, DZ: 115,00 DM

 10 6,0

Grünau

Hotel „garni" Grünau
PLZ 04209, Mannheimer Str. 1-3
☎ 0341–4115093/-49 Fax: 4115059
220 Zimmer, 500 Betten
EZ: 86,00 – 152,00 DM,
DZ: 142,00 – 188,00 DM,
HP: 15,00 DM, VP: 25,00 DM

 20

Hotel Am Park
PLZ 04209, Grünauer Allee 37
☎ 0341–4126156 Fax: 4126157
118 Zimmer, 360 Betten
EZ: 87,00 – 132,00 DM,
DZ: 135,00 – 172,00 DM, HP: 25,00 DM

 10
7,0

Hotel Grünau
PLZ 04209, Gärtner-Str. 177
☎ 0341–4126150 Fax: 4126158
158 Zimmer, 238 Betten
EZ: 52,00 – 69,00 DM,
DZ: 82,00 – 109,00 DM

 30

Pension Zahn
PLZ 04207, Schmiedeberger Str. 18
☎ 0341–4111091 Fax: 4111091
5 Zimmer, 8 Betten
EZ: 75,00 – 85,00 DM,
DZ: 110,00 – 120,00 DM

Leutzsch

Solitaire Hotel Leipzig
PLZ 04179, Hans-Driesch-Str.
☎ 0341–44840 Fax: 4484100
43 Zimmer, 73 Betten
EZ: 140,00 -152,00 DM, DZ: 173,00 DM

Stern Hotel garni
PLZ 04179, Merseburger Str. 158
☎ 0341–475272 Fax: 4774099
36 Zimmer, 66 Betten
EZ: 95,90 DM, DZ: 128,80 DM

Lindenau

Hotel Merseburger Hof
Inh. Fam. Hertwig
PLZ 04177, Hebelstr. 24
☎ 0341–4774462 Fax: 4774413
50 Zimmer, 77 Betten
EZ: ab 148,00 DM, DZ: ab198,00 DM

 30 5,0

Best Western Hotel Lindenau
PLZ 04177, Georg-Schwarz-Str. 31-35
☎ 0341–4480310/-301 Fax: 4480300
38 Zimmer, 63 Betten
EZ: 95,00 – 250,00 DM,
DZ: 140,00 – 360,00 DM

Möckern

Silencium garni
Inh. Marion Meister
PLZ 04159, Georg-Schumann-Str. 268
☎ 0341-9012990 Fax: 9012991
34 Zimmer, 55 Betten
EZ: 120,00 – 155,00 DM,
DZ: 170,00 – 195,00 DM

 18,45

Hotel Am Kirschberg
PLZ 04159, Kernstr. 5
☎ 0341-5647571/-73 Fax: 5647574
18 Zimmer, 24 Betten
EZ: 110,00 – 130,00 DM,
DZ: 160,00 DM

Paunsdorf

Lehdenhof Pension garni
PLZ 04328, Albrecht-Dürer-Weg 14
☎ 0341-2518955 Fax: 2518956
7 Zimmer, 11 Betten
EZ: 105,00 DM,
DZ: 160,00 – 180,00 DM

 6,0

Plagwitz

Ratskeller Plagwitz
PLZ 04229, Weißenfelser Str. 10
☎ 0341-4796035 Fax: 4796055
28 Zimmer, 40 Betten
EZ: 138,00 – 168,00 DM,
DZ: 210,00 – 226,00 DM

 40

Hotel Plagwitz
PLZ 04229, Gießerstr. 28
☎ 0341-4796005 Fax: 4796095
17 Zimmer, 26 Betten
EZ: 110,00 – 160,00 DM,
DZ: 160,00 – 205,00 DM

[wc] ☎ ▣ P̂ P 👆 🚶 6,0

Reudnitz

Hotel-Pension prima
PLZ 04317, Dresdner Str. 82
☎ 0341-6883481
13 Zimmer, 28 Betten
EZ: 55,00 DM, DZ: 95,00 DM

🛁 ⌐ ▣ P 🚏 20 🚶 1,8

Schönau

Hotel Schönau
PLZ 04205, Garskestr. 5
☎ 0341-4115013 Fax: 4224573
119 Zimmer, 407 Betten
EZ: 108,00 – 132,00 DM,
DZ: 142,00 – 172,00 DM

🚏 30 🚶 6,0 🛎 bis 30 %
Preisnachlaß

Schönefeld

Hotel Schönefeld
PLZ 04347, Volksgartenstraße 30
☎ 0341-2311102, 2311124
Fax: 2411069
120 Zimmer, 240 Betten
EZ: 132,00 – 146,00 DM,
DZ: 172,00 – 192,00 DM

[⋒] [▣] [✕] [N] [&] [🚏] 12

Wahren

Hotel Garni-Wahren
PLZ 04159, Stahmelner Str. 30
☎ 0341–2123317 Fax: 2123317

20 Zimmer, 40 Betten
EZ: 110,00 DM,
DZ: 180,00 – 190,00 DM

Lübeck

Stadtmitte

Hotel Alter Speicher
PLZ 23552, Beckergrube 91-93
☎ 0451–71045 Fax: 704804
60 Zimmer, 125 Betten
EZ: 75,00 – 160,00 DM,
DZ: 170,00 – 250,00 DM, HP: ja, VP: ja

Hotel Jensen am Holstentor
Ringhotel Lübeck
PLZ 23552, Obertrave 4-5
☎ 0451–71646 Fax: 73386
42 Zimmer, 90 Betten
EZ: 105,00 – 140,00 DM,
DZ: 155,00 – 195,00 DM, HP: ja, VP: ja

Herberge zur Alten Stadtmauer
PLZ 23552, An der Mauer 57
☎ 0451–73702 Fax: 73239
21 Zimmer, 50 Betten
EZ: 60,00 – 150,00 DM,
DZ: 100,00 – 220,00 DM

Altstadt-Hotel garni
PLZ 23552, Fischergrube 52
☎ 0451–72083, 704385 Fax: 73778
28 Zimmer, 45 Betten
EZ: 70,00 – 120,00 DM,
DZ: 110,00 – 150,00 DM

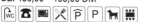

Hotel Wakenitzblick
PLZ 23564, Augustenstr. 30
☎ 0451–791792, 791296 Fax: 792645
23 Zimmer, 38 Betten
EZ: 85,00 – 95,00 DM,
DZ: 130,00 – 155,00 DM

Hotel am Dom
PLZ 23552, Dankwartsgrube 43
☎ 0451–7020251, 72381, 72575
Fax: 78886
18 Zimmer, 30 Betten
EZ: 85,00 DM,
DZ: 140,00 – 160,00 DM,
HP: 20,00 DM, VP: ja

Hotel Schwarzwaldstuben
PLZ 23552, Koberg 12-15
☎ 0451–77715, 78392 Fax: 705414
16 Zimmer, 28 Betten
EZ: 70,00 – 100,00 DM,
DZ: 135,00 – 150,00 DM, HP: ja, VP: ja

Rucksack-Hotel
Inh. Fam. Wulf
PLZ 23552, Kanalstr. 70
☎ 0451–706892
6 Zimmer, 28 Betten
DZ: 75,00 DM
Mehrbettzimmer ab 19,00 DM; Preise
ohne Frühstück

Hotel Stadtwache
PLZ 23552, Mühlenbrücke 7
☎ 0451–71866, 71867 Fax: 7060534
12 Zimmer, 22 Betten
EZ: 65,00 – 85,00 DM,
DZ: 120,00 – 160,00 DM

Hotel „Am Mühlenteich"
PLZ 23552, Mühlenbrücke 6
☎ 0451–77171, 76302 Fax: 76302
10 Zimmer, 20 Betten
EZ: 87,00 DM, DZ: 120,00 – 130,00 DM

Genin

Hotel Grave Garni
PLZ 23560, Geniner Dorfstr. 28
☎ 0451-807256/-57 Fax: 807250
25 Zimmer, 50 Betten
EZ: 75,00 DM, DZ: 120,00 DM

Gothmund

Waldhotel Twiehaus
PLZ 23568,
☎ 0451-398740 Fax: 3987430
10 Zimmer, 20 Betten
EZ: 90,00 – 105,00 DM,
DZ: 160,00 – 180,00 DM

Hotel-Rest. Fischerklause Gothmund
PLZ 23568, Fischerweg 21
☎ 0451-393283, 393407 Fax: 25865
6 Zimmer, 12 Betten
EZ: 95,00 – 105,00 DM,
DZ: 160,00 – 170,00 DM

 Mo 6,0

Kücknitz

Hotel Roter Hahn garni
PLZ 23569, Travemünder Landstr. 241
☎ 0451-30785-0 Fax: 30785-39
15 Zimmer, 23 Betten
EZ: 75,00 DM, DZ: 95,00 DM

 30 6,0

Marli

Hotel Schönwald garni
PLZ 23566, Chasostr. 25
☎ 0451-64169 Fax: 64162
9 Zimmer, 18 Betten
EZ: ab 45,00 DM,
DZ: 60,00 – 70,00 DM

Pension Koglin
PLZ 23566, Kottwitzstr. 39
☎ 0451-622432, 623733
10 Zimmer, 16 Betten
EZ: 60,00 – 70,00 DM,
DZ: 80,00 – 95,00 DM

Strecknitz

Waldhotel Müggenbusch
PLZ 23562, Müggenbusch 10
☎ 0451-501999
7 Zimmer, 15 Betten
DZ: 80,00 – 110,00 DM
 Rest.: Mo

Hotel und Restaurant Absalonshorst
PLZ 23562, Absalonshorster Weg 100
☎ 04509-1040
6 Zimmer, 12 Betten
EZ: 60,00 DM, DZ: 110,00 DM

St. Gertrud

Hotel Schweizerhaus + Café
PLZ 23568, Travemünder Allee 51
☎ 0451-38873-0 Fax: 32380
25 Zimmer, 50 Betten
EZ: 75,00 – 130,00 DM,
DZ: 100,00 – 150,00 DM

Hotel Stadtpark
PLZ 23568, Roeckstr. 9
☎ 0451-34555 Fax: 34555
20 Zimmer, 35 Betten
EZ: 55,00 – 80,00 DM,
DZ: 90,00 – 130,00 DM
 2,0 Jan.-März

St. Jürgen

Hotel Kaiserhof
Inh. Ruth Klemm
PLZ 23560, Kronsforder Allee 11-13
☎ 0451–791011 Fax: 795083
65 Zimmer, 130 Betten
EZ: 135,00 – 180,00 DM,
DZ: 185,00 – 230,00 DM

St. Lorenz-Nord

Comfort-Motel zur Lohmühle
Inh. Willi Klein
PLZ 23554, Bei der Lohmühle 54
☎ 0451–471769, 473381 Fax: 471717
32 Zimmer, 80 Betten
EZ: 95,00 – 105,00 DM,
DZ: 135,00 – 155,00 DM, HP: möglich,
VP: möglich

Hotel „Zum Ratsherrn"
PLZ 23556, Herrendamm 2-4
☎ 0451–4791944, 43339 Fax: 4791662
30 Zimmer, 64 Betten
EZ: 95,00 – 140,00 DM,
DZ: 150,00 – 190,00 DM, HP: ja, VP: ja

Autel Lübeck
PLZ 23554, Bei der Lohmühle 19
☎ 0451–43881 Fax: 43883
29 Zimmer, 60 Betten
EZ: ab 75,00 DM, DZ: ab 120,00 DM

Hotel-Restaurant Astoria
PLZ 23554, Fackenburger Allee 68
☎ 0451–46763, 478100 Fax: 476488
22 Zimmer, 52 Betten
EZ: 62,00 – 92,00 DM,
DZ: 104,00 – 132,00 DM, HP: ja, VP: ja

Hotel Herrenhof
Inh. W. Schlichtmann
PLZ 23556, Herrendamm 8
☎ 0451–46027 Fax: 45888
26 Zimmer, 51 Betten
EZ: 70,00 – 80,00 DM,
DZ: 125,00 – 130,00 DM
Halb-, Vollpension nur für Gruppen (HP
19,00, VP 38,00 DM)

Park Hotel Am Lindenplatz
PLZ 23554, Lindenplatz 2
☎ 0451–84644 Fax: 863840
18 Zimmer, 38 Betten
EZ: 105,00 – 135,00 DM,
DZ: 140,00 – 185,00 DM

Hotel „Zur Waage" garni
PLZ 23554, Schwartauer Allee 84
☎ 0451–46039, 42543 Fax: 4791143
14 Zimmer, 30 Betten
EZ: 60,00 – 80,00 DM,
DZ: 100,00 – 130,00 DM

Hotel „Zum Scheibenstand"
PLZ 23554, Fackenburger Allee 76
☎ 0451–473382
12 Zimmer, 24 Betten
EZ: 55,00 – 75,00 DM,
DZ: 90,00 – 130,00 DM

Marienburg Hotel garni
PLZ 23554, Katharinenstr. 41
☎ 0451–42512
12 Zimmer, 18 Betten
EZ: 60,00 – 70,00 DM,
DZ: 90,00 – 150,00 DM

HOTELchen
Inh. Irmgard Beister
PLZ 23556, Schönböckener Str. 64
☎ 0451–41013 Fax: 42637
12 Zimmer, 17 Betten
EZ: 75,00 – 85,00 DM,
DZ: 100,00 – 135,00 DM

 2,5

Inh. Irmgard Beister
Schönböckener Str. 64, 23556 Lübeck
Tel. 0451-41013 Fax 0451-42637

*HOTELchen, das kleine Hotel garni mit der
persönlichen Note
Alle Zimmer Dusche/WC, Parkplätze, Garage
verkehrsgünstig zu HBF und Autobahn gelegen
gute Busverbindung zur Innenstadt (15-Min.-Takt)
Fordern Sie eine Fax-Anreiseskizze an!*

St. Lorenz-Süd

Hotel Victoria
PLZ 23558, Am Bahnhof 17/19
☎ 0451–81144/-45/-46 Fax: 81147
125 Zimmer, 220 Betten
EZ: 59,00 – 109,00 DM,
DZ: 100,00 – 169,00 DM

 1,0

Hotel Excelsior
PLZ 23558, Hansestr. 3
☎ 0451–8809-0 Fax: 880999
67 Zimmer, 130 Betten
EZ: 95,00 – 150,00 DM,
DZ: 120,00 – 190,00 DM, HP: ja, VP: ja

Hotel Lindenhof
PLZ 23558, Lindenstr. 1 a
☎ 0451–84015 Fax: 864023
61 Zimmer, 115 Betten
EZ: 105,00 – 140,00 DM,
DZ: 145,00 – 190,00 DM, HP: ja, VP: ja

 0,3

Hotel Stadt Lübeck
PLZ 23558, Am Bahnhof 21
☎ 0451–83883, 864194 Fax: 863221
24 Zimmer, 48 Betten
EZ: 75,00 – 98,00 DM,
DZ: 98,00 – 149,00 DM, HP: ja

Hotel Hanseatic
PLZ 23558, Hansestr. 19
☎ 0451–83328 Fax: 84800
17 Zimmer, 33 Betten
EZ: 65,00 – 95,00 DM,
DZ: 95,00 – 160,00 DM, HP: ja, VP: ja

Hotel Priebe
PLZ 23558, Hansestr. 11
☎ 0451–81271, 85575 Fax: 83831
15 Zimmer, 28 Betten
EZ: 50,00 – 85,00 DM,
DZ: 100,00 – 160,00 DM

Hotel Petersen
PLZ 23558, Hansestr. 11 a
☎ 0451–84519, 864592
9 Zimmer, 15 Betten
EZ: 55,00 – 85,00 DM, DZ: 95,00 DM

Pension Scharnweber
PLZ 23558, Moislinger Allee 163
☎ 0451–891042
5 Zimmer, 9 Betten
EZ: 40,00 DM, DZ: 65,00 – 70,00 DM

Acora Hotel und Wohnen
PLZ 23558, Dr. Luise-Klinsmann-Str. 1-3
☎ 0451–88020 Fax: 84033
125 Zimmer
EZ: 135,00 – 155,00 DM,
DZ: 160,00 – 190,00 DM, HP: ja

Travemünde

Hotel Restaurant „Grüner Jäger"
PLZ 23570, Ivendorfer Landstr. 40/42
☎ 04502–2667 Fax: 2065
28 Zimmer, 56 Betten
EZ: 75,00 – 95,00 DM,
DZ: 100,00 – 150,00 DM

Hotel Altantic
PLZ 23570, Kaiserallee 2 a
☎ 04502–75057 Fax: 73508
30 Zimmer, 54 Betten
EZ: 55,00 – 140,00 DM,
DZ: 120,00 – 220,00 DM

 0,2

Wesloe

Hotel „Arnimsruh" garni
PLZ 23566, Wesloer Landstr. 11
☎ 0451–64231 Fax: 625891
12 Zimmer, 24 Betten
EZ: 75,00 – 85,00 DM,
DZ: 110,00 – 138,00 DM

Stadtmitte

MAG Hotel
PLZ 55131, Hechtsheimer Str. 37
☎ 06131–579-02 Fax: 579-796
437 Zimmer, 973 Betten
EZ: 110,00 – 140,00 DM,
DZ: 160,00 – 220,00 DM

Hotel Ibis Mainz
PLZ 55116, Holzhofstr. 2
☎ 06131–2470 Fax: 234126
144 Zimmer, 212 Betten
EZ: 135,00 – 165,00 DM,
DZ: 150,00 – 180,00 DM,
HP: 20,00 DM, VP: 40,00 DM

 3,0

Europa Hotel
PLZ 55116, Kaiserstr. 7
☎ 06131–9750 Fax: 975555
70 Zimmer, 140 Betten
EZ: 140,00 – 190,00 DM,
DZ: 220,00 – 280,00 DM

Hotel Mainzer Hof
PLZ 55116, Kaiserstr. 98
☎ 06131–288990 Fax: 228255
82 Zimmer, 121 Betten
EZ: 149,00 – 190,00 DM,
DZ: 190,00 – 290,00 DM

 0,9

Hotel Königshof
PLZ 55116, Schottstr. 1-5
☎ 06131–611068 Fax: 611271
55 Zimmer, 110 Betten
EZ: 50,00 – 80,00 DM,
DZ: 80,00 – 120,00 DM, HP: 16,00 DM,
VP: 32,00 DM

 60
† 20.12.-06.01. 0,3

Favorite Parkhotel
PLZ 55131, Karl-Weiser-Str. 1
☎ 06131–80150 Fax: 8015420
45 Zimmer, 90 Betten
EZ: 140,00 – 190,00 DM,
DZ: 220,00 – 280,00 DM

Hotel Stadt Mainz
PLZ 55118, Frauenlobstr. 14
☎ 06131–674084 Fax: 677230
45 Zimmer, 90 Betten
EZ: 110,00 – 140,00 DM,
DZ: 160,00 – 220,00 DM

Central Hotel Eden
PLZ 55116, Bahnhofsplatz 8
☎ 06131–674001 Fax: 672806
60 Zimmer, 86 Betten
EZ: 115,00 – 180,00 DM,
DZ: 170,00 – 250,00 DM,
HP: 25,00 DM, VP: 50,00 DM

 1,5 EZ 110,00 DM, DZ
160,00 DM (nur außerhalb der
Messezeiten)

City-Hotel Neubrunnenhof
PLZ 55116, Große Bleiche 26
☎ 06131–232237 Fax: 232240
34 Zimmer, 67 Betten
EZ: 110,00 – 140,00 DM,
DZ: 160,00 – 220,00 DM

Hotel am Römerwall
PLZ 55131, Am Römerwall 51-55
☎ 06131–232135 Fax: 237517
42 Zimmer, 66 Betten
EZ: 130,00 – 150,00 DM,
DZ: 160,00 – 220,00 DM

 1,0 ⮞ EZ 105,00 DM, DZ
120,00 DM (nur außerhalb der
Messezeiten)

Hotel Hammer
PLZ 55116, Bahnhofsplatz 6
☎ 06131–611061 Fax: 611065
30 Zimmer, 60 Betten
EZ: 110,00 – 140,00 DM,
DZ: 160,00 – 220,00 DM

Hotel Schottenhof
PLZ 55116, Schottstr. 6
☎ 06131–232968/-69 Fax: 221970
40 Zimmer, 55 Betten
EZ: 110,00 – 140,00 DM,
DZ: 160,00 – 220,00 DM

 0,0 ⮞

Hotel Mira
PLZ 55118, Bonifaziusstr. 4
☎ 06131–960130 Fax: 632700
27 Zimmer, 54 Betten
EZ: 50,00 – 80,00 DM,
DZ: 80,00 – 120,00 DM

Hotel Pfeil-Continental
PLZ 55116, Bahnhofstr. 15
☎ 06131–232179 Fax: 2862155
31 Zimmer, 42 Betten
EZ: 50,00 – 90,00 DM,
DZ: 90,00 – 150,00 DM

 0,5

Hotel Stiftswingert
PLZ 55131, Am Stiftswingert 4
☎ 06131–82441/-42 Fax: 832478
30 Zimmer, 42 Betten
EZ: 110,00 – 140,00 DM,
DZ: 160,00 – 220,00 DM

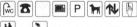 3,0 ⮞

Hotel Moguntia garni
PLZ 55118, Nackstr. 48
☎ 06131–671041/-42 Fax: 671058
21 Zimmer, 41 Betten
EZ: 108,00 – 125,00 DM,
DZ: 125,00 – 155,00 DM

 0,6 ⮞ EZ 98,00 DM, DZ
125,00 DM

Hotel Hof Ehrenfels
PLZ 55116, Grebenstr. 5-7
☎ 06131–224354 Fax: 224334
20 Zimmer, 40 Betten
EZ: 80,00 – 110,00 DM,
DZ: 120,00 – 160,00 DM

Richter's Eisenbahnhotel
PLZ 55116, Alicenstr. 6
☎ 06131–234077 Fax: 238294
19 Zimmer, 38 Betten
EZ: 50,00 – 80,00 DM,
DZ: 80,00 – 120,00 DM

Terminus Hotel
PLZ 55116, Alicenstr. 4
☎ 06131–229876 Fax: 227408
17 Zimmer, 33 Betten
EZ: 50,00 – 80,00 DM,
DZ: 80,00 – 120,00 DM

Hotel Schildknecht
PLZ 55116, Heiliggrabgasse 6
☎ 06131–225755
12 Zimmer, 19 Betten
EZ: 50,00 – 80,00 DM,
DZ: 80,00 – 120,00 DM

 0,5

Hotel Stadt Coblenz
PLZ 55116, Rheinstr. 49
☎ 06131–227602
12 Zimmer, 18 Betten
EZ: 65,00 DM, DZ: 105,00 DM

Bretzenheim

Novotel Mainz
PLZ 55128, Essensheimer Str. 200
☎ 06131–93424-0 Fax: 366755
121 Zimmer, 242 Betten
EZ: 110,00 – 140,00 DM,
DZ: 160,00 – 220,00 DM

Hotel Römerstein
PLZ 55128, Draiser Str. 136 f
☎ 06131–936660 Fax: 9355335
14 Zimmer, 27 Betten
EZ: 80,00 – 110,00 DM,
DZ: 120,00 – 160,00 DM

Appart-Residenz „Immodi"
PLZ 55128, Hans-Böckler-Str. 110
☎ 06131–364034 Fax: 368706
EZ: 80,00 – 110,00 DM,
DZ: 120,00 – 160,00 DM

[wc] [☎] [■] P

Finthen

Atrium Hotel Kurmainz
PLZ 55126, Flugplatzstr. 44
☎ 06131–4910 Fax: 491128
115 Zimmer, 230 Betten
EZ: 140,00 – 190,00 DM,
DZ: 220,00 – 280,00 DM

Hotel-Restaurant „Zum Babbelnit"
PLZ 55126, Kurmainzstr. 22
☎ 06131–40000 Fax: 40077
12 Zimmer, 22 Betten
EZ: 79,00 – 89,00 DM,
DZ: 110,00 – 130,00 DM

 † Di
 10,0

Gonsenheim

Hotel-Restaurant Zarewitsch
PLZ 55124, Kurt-Schumacher-Str. 20
☎ 06131–42404
20 Zimmer, 30 Betten
EZ: 50,00 DM, DZ: 80,00 DM

[≋] 40 [🏃] 5,0

Hotel Roseneck
PLZ 55122, An der Bruchspitze 3
☎ 06131–680368
8 Zimmer, 16 Betten
EZ: 50,00 – 80,00 DM,
DZ: 80,00 – 120,00 DM

P

Hechtsheim

Hotel Am Hechenberg
PLZ 55129, Am Schinnergraben 82
☎ 06131–507001 Fax: 507003
55 Zimmer, 110 Betten
EZ: 50,00 – 80,00 DM,
DZ: 80,00 – 120,00 DM

Hotel Hechtsheimer Hof
PLZ 55129, Alte Mainzer Str. 31
☎ 06131–509016/-7 Fax: 509257
24 Zimmer, 47 Betten
EZ: 80,00 – 110,00 DM,
DZ: 120,00 – 160,00 DM

Kastel

Hotel Alina
PLZ 55252, Wiesbadener Str. 124
☎ 06134–61045 Fax: 69312
60 Zimmer, 35 Betten
EZ: 125,00 DM, DZ: 159,00 DM

 5,0

Hotel Balle
PLZ 55252, Mainzer Str. 44
☎ 06134–62051 Fax: 24874
18 Zimmer, 32 Betten
EZ: 109,00 DM, DZ: 139,00 DM

 3,0

Hotel „Zum Schnackel"
PLZ 55252, Boelckestr. 5
☎ 06134–62017/-18 Fax: 24460
15 Zimmer, 30 Betten
EZ: 119,00 DM, DZ: 145,00 DM

 50

Kostheim

Hotel-Gasthaus „Zum Engel"
PLZ 55246, Mainufer 22
☎ 06134–62219, 3078 Fax: 3079
29 Zimmer, 38 Betten
EZ: 68,00 DM, DZ: ab 120,00 DM

 5,0

nur außerhalb der Saison

Hotel Zum Rosengarten
PLZ 55246, Hochheimer Str. 156
☎ 06134–3367
4 Zimmer, 8 Betten
EZ: 50,00 – 80,00 DM,
DZ: 80,00 – 120,00 DM

Laubenheim

Gasthaus Goldene Ente
PLZ 55130, Oppenheimer Str. 2
☎ 06131–86116, 882157 Fax: 883189
9 Zimmer, 16 Betten
EZ: 50,00 – 100,00 DM,
DZ: 80,00 – 130,00 DM

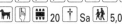
 20 Sa 5,0

Lerchenberg

Hotel am Lerchenberg
PLZ 55127, Hindemithstr. 5
☎ 06131–73001 Fax: 73004
40 Zimmer, 80 Betten
EZ: 110,00 – 140,00 DM,
DZ: 160,00 – 220,00 DM

Mombach

Hotel „Zum Goldenen Engel"
Inh. Adolf Untch
PLZ 55120, Kreuzstr. 72
☎ 06131–962040 Fax: 9620444
22 Zimmer, 32 Betten
EZ: 50,00 – 85,00 DM,
DZ: 110,00 – 130,00 DM

 20
 3,0 75,00 – 110,00 DM

Weisenau

Günnewig Bristol Hotel
PLZ 55130, Friedrich-Ebert-Str. 20
☎ 06131–8060 Fax: 806100
75 Zimmer, 150 Betten
EZ: 140,00 – 190,00 DM,
DZ: 220,00 – 280,00 DM

Hotel Mainzer Schoppenstecher
PLZ 55130, Wormser Str. 111
☎ 06131–85426 Fax: 834605
18 Zimmer, 36 Betten
EZ: 50,00 – 80,00 DM,
DZ: 80,00 – 120,00 DM

München

Lerchenau

Pension Ilse
PLZ 80935, Lechenauer Str. 199
☎ 089–3513447 Fax: 3544383
14 Zimmer, 22 Betten
EZ: 70,00 – 75,00 DM,
DZ: 98,00 – 130,00 DM

  7,0

Stadtmitte

Hotel Ibis München City
PLZ 80335, Dachauer Str. 21
☎ 089–551930 Fax: 55193102
202 Zimmer, 375 Betten
EZ: 145,00 – 186,00 DM,
DZ: 159,00 – 200,00 DM,
HP: 23,00 DM, VP: 46,00 DM

 120 0,1 93,00 DM pro
Person, nur buchbar am Anreisetag

Hotel Europäischer Hof
PLZ 80335, Bayerstr. 31
☎ 089–55151-0 Fax: 55151222
149 Zimmer, 260 Betten
EZ: 135,00 – 218,00 DM,
DZ: 164,00 – 340,00 DM

 20 0,0

Hotel garni Einhorn
PLZ 80336, Paul-Heyse-Str. 10
☎ 089–539820 Fax: 53982663
104 Zimmer, 207 Betten
EZ: 135,00 – 220,00 DM,
DZ: 195,00 – 330,00 DM

Hotel garni Amba
PLZ 80335, Arnulfstr. 20
☎ 089–54514-0 Fax: 54514-555
86 Zimmer, 160 Betten
EZ: 75,00 – 190,00 DM,
DZ: 110,00 – 260,00 DM

 0,0

Hotel garni Maria
PLZ 80339, Schwanthalerstr. 112-114
☎ 089–503023 Fax: 505520
80 Zimmer, 160 Betten
EZ: 109,00 – 210,00 DM,
DZ: 135,00 – 250,00 DM
Halb-, Vollpension nur für Gruppen (HP
20-30, VP 40-60 DM)

 40,30 0,9

Hotel garni Apollo
PLZ 80336, Mittererstr. 7
☎ 089–539531 Fax: 534033
74 Zimmer, 150 Betten
EZ: 115,00 – 160,00 DM,
DZ: 145,00 – 265,00 DM,
HP: 22,00 DM, VP: 44,00 DM

 auf
Anfrage

Hotel Germania München
PLZ 80336, Schwanthalerstr. 28
☎ 089–59046-0 Fax: 591171
75 Zimmer, 149 Betten
EZ: 99,00 – 180,00 DM,
DZ: 140,00 – 260,00 DM

 0,2

Hotel garni Mark
PLZ 80336, Senefelderstr. 12
☎ 089–55982-0 Fax: 55982333
90 Zimmer, 140 Betten
EZ: 135,00 – 150,00 DM,
DZ: 180,00 – 210,00 DM

Hotel Arosa
PLZ 80331, Hotterstr. 2
☎ 089–267087 Fax: 263104
70 Zimmer, 140 Betten
EZ: 70,00 – 150,00 DM,
DZ: 100,00 – 200,00 DM

Hotel garni Odeon
PLZ 80335, Hirtenstr. 18
☎ 089–591864/-65 Fax: 5234683
70 Zimmer, 140 Betten
EZ: 67,00 – 140,00 DM,
DZ: 110,00 – 200,00 DM

Hotel garni Alfa
PLZ 80335, Hirtenstr. 20-22
☎ 089–598461/-65 Fax: 592301
65 Zimmer, 130 Betten
EZ: 75,00 – 175,00 DM,
DZ: 100,00 – 250,00 DM

Hotel garni Brunnenhof
PLZ 80336, Schillerstr. 36
☎ 089–554921 Fax: 53982663
63 Zimmer, 126 Betten
EZ: 110,00 – 150,00 DM,
DZ: 180,00 – 260,00 DM

Hotel garni Condor
PLZ 80336, Zwiegstr. 6
☎ 089–598531 Fax: 553069
62 Zimmer, 123 Betten
EZ: 145,00 – 220,00 DM,
DZ: 180,00 – 240,00 DM

Alpen-Hotel
PLZ 80336, Adolf-Kolping-Str. 14
☎ 089–554585 Fax: 5503658
68 Zimmer, 120 Betten
EZ: 115,00 – 175,00 DM,
DZ: 155,00 – 350,00 DM,
HP: 18,50 DM, VP: 39,00 DM

City Hotel
PLZ 80336, Schillerstr. 3a
☎ 089–558091 Fax: 5503665
65 Zimmer, 120 Betten
EZ: 128,00 – 188,00 DM,
DZ: 188,00 – 268,00 DM

Hotel garni Daniel
PLZ 80331, Sonnenstr. 5
☎ 089–554945 Fax: 553420
60 Zimmer, 120 Betten
EZ: 119,00 – 165,00 DM,
DZ: 177,00 – 281,00 DM

Hotel garni Schlicker
PLZ 80331, Tal 74
☎ 089–227941 Fax: 296059
60 Zimmer, 120 Betten
EZ: 125,00 – 140,00 DM,
DZ: 175,00 – 240,00 DM

Hotel garni Ariston
Inh. C. Karner
PLZ 80538, Unsöldstr. 10
☎ 089–222691 Fax: 2913595
50 Zimmer, 120 Betten
EZ: 145,00 – 165,00 DM,
DZ: 165,00 – 200,00 DM

Hotel garni Haberstock
PLZ 80336, Schillerstr. 4
☎ 089–557855 Fax: 5503634
67 Zimmer, 116 Betten
EZ: 63,00 – 102,00 DM,
DZ: 110,00 – 170,00 DM

Hotel Blauer Bock
PLZ 80331, Sebastiansplatz 9
☎ 089–231780 Fax: 23178200
75 Zimmer, 115 Betten
EZ: 70,00 – 110,00 DM,
DZ: 100,00 – 170,00 DM

 0,0

Hotel garni Stachus
PLZ 80335, Bayerstr. 7
☎ 089–592881 Fax: 5503833
65 Zimmer, 110 Betten
EZ: 85,00 – 155,00 DM,
DZ: 105,00 – 245,00 DM

 20 0,1 auf Anfrage

Hotel garni Wallis
PLZ 80336, Schwanthalerstr. 8
☎ 089–591664 Fax: 5503752
54 Zimmer, 104 Betten
EZ: 129,00 – 219,00 DM,
DZ: 149,00 – 279,00 DM,
HP: 21,00 DM, VP: 42,00 DM

 0,2

Hotel garni Meier
PLZ 80335, Schützenstr. 12
☎ 089–595623 Fax: 553829
60 Zimmer, 100 Betten
EZ: 118,00 – 202,00 DM,
DZ: 166,00 – 288,00 DM

 0,0

Hotel An der Oper
PLZ 80331, Falkenturmstr. 10
☎ 089–2900270 Fax: 29002729
50 Zimmer, 100 Betten
EZ: 130,00 – 150,00 DM,
DZ: 195,00 – 225,00 DM

Hotel garni Bayernland
PLZ 80335, Bayerstr. 77
☎ 089–533153 Fax: 5328532
50 Zimmer, 100 Betten
EZ: 98,00 – 128,00 DM,
DZ: 140,00 – 195,00 DM

Hotel garni Bavaria
PLZ 80339, Gollierstr. 9
☎ 089–501078 Fax: 5026856
50 Zimmer, 100 Betten
EZ: 125,00 – 180,00 DM,
DZ: 160,00 – 260,00 DM

 50 1,0 auf Anfrage

Hotel garni Senator
PLZ 80336, Martin-Greif-Str. 11
☎ 089–530468 Fax: 5380444
50 Zimmer, 100 Betten
EZ: 90,00 – 130,00 DM,
DZ: 120,00 – 290,00 DM

Hotel garni Astor
PLZ 80336, Schillerstr. 24
☎ 089–558031 Fax: 5503760
46 Zimmer, 100 Betten
EZ: 110,00 – 180,00 DM,
DZ: 140,00 – 280,00 DM

 0,3

Pension Beck
PLZ 80538, Thierschstr. 36
☎ 089–220708, 225768 Fax: 220925
40 Zimmer, 100 Betten
EZ: 52,00 – 98,00 DM,
DZ: 80,00 – 120,00 DM

0,8

Hotel garni Senefelder
PLZ 80336, Senefelderstr. 4
☎ 089–551540 Fax: 55154611
70 Zimmer, 99 Betten
EZ: 70,00 – 112,00 DM,
DZ: 130,00 – 165,00 DM

Hotel garni Jedermann
PLZ 80335, Bayerstr. 95
☎ 089–533617 Fax: 533639
49 Zimmer, 97 Betten
EZ: 65,00 – 130,00 DM,
DZ: 95,00 – 180,00 DM

Hotel garni Westend
PLZ 80339, Landsberger Str. 20
☎ 089–504004 Fax: 5025896
46 Zimmer, 92 Betten
EZ: 65,00 – 130,00 DM,
DZ: 90,00 – 180,00 DM

Hotel garni Dachs
PLZ 80333, Amalienstr. 12
☎ 089–282086/-88 Fax: 280829
45 Zimmer, 90 Betten
EZ: 78,00 – 140,00 DM,
DZ: 128,00 – 188,00 DM, HP: möglich,
VP: möglich

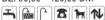 22.12.-07.01. auf
Anfrage

Hotel garni Helvetia
PLZ 80336, Schillerstr. 6
☎ 089–554745 Fax: 5502381
45 Zimmer, 90 Betten
EZ: 60,00 – 70,00 DM,
DZ: 90,00 – 120,00 DM

Pension Mirabell
PLZ 80336, Landwehrstr. 42
☎ 089–597278, 597479 Fax: 5503701
45 Zimmer, 90 Betten
EZ: 60,00 – 90,00 DM,
DZ: 80,00 – 160,00 DM

Hotel garni Schweiz-Gebhardt
PLZ 80336, Goethestr. 26
☎ 089–539585 Fax: 53982-683
45 Zimmer, 90 Betten
EZ: 95,00 – 120,00 DM,
DZ: 160,00 – 220,00 DM

Hotel Herzog Wilhelm
PLZ 80331, Herzog-Wilhelm-Str. 23
☎ 089–230360 Fax: 23036701
46 Zimmer, 87 Betten
EZ: 69,00 – 140,00 DM,
DZ: 99,00 – 210,00 DM, HP: möglich

0,0 für 2 Nächte EZ
150,00 DM, 230,00 DM

Hotel Alexandra
PLZ 80333, Amalienstr. 20
☎ 089–284001 Fax: 282037
43 Zimmer, 86 Betten
EZ: 69,00 – 139,00 DM,
DZ: 89,00 – 169,00 DM, HP: ja

Hotel garni Angleterre
PLZ 80335, Dachauer Str. 91
☎ 089–5234088 Fax: 5232776
45 Zimmer, 85 Betten
EZ: 125,00 – 175,00 DM,
DZ: 145,00 – 198,00 DM,
HP: 25,00 DM, VP: 50,00 DM

 1,0

Hotel Kurpfalz
PLZ 80339, Schwanthalerstr. 121
☎ 089–540986 Fax: 54098811
44 Zimmer, 85 Betten
EZ: 89,00 – 139,00 DM,
DZ: 119,00 – 199,00 DM

 1,0 EZ 79,00 DM, DZ 109,00 DM

Hotel garni Großer Rosengarten
PLZ 80335, Schützenstr. 7
☎ 089–554241 Fax: 591480
43 Zimmer, 85 Betten
EZ: 80,00 – 190,00 DM,
DZ: 150,00 – 300,00 DM

 0,1

Hotel garni Italia
PLZ 80336, Schillerstr. 19
☎ 089–592121/-23 Fax: 592191
43 Zimmer, 85 Betten
EZ: 85,00 – 165,00 DM,
DZ: 120,00 – 240,00 DM

Hotel garni Dietl
PLZ 80336, Schwanthalerstr. 38
☎ 089–592847/-49 Fax: 596313
41 Zimmer, 85 Betten
EZ: 104,00 – 134,00 DM,
DZ: 130,00 – 198,00 DM

0,1

Hotel garni Andi
PLZ 80336, Landwehrstr. 33
☎ 089–596067 Fax: 553427
42 Zimmer, 84 Betten
EZ: 90,00 – 185,00 DM,
DZ: 125,00 – 235,00 DM

Hotel garni St. Paul
Inh. Otto Maresch & Sohn
PLZ 80336, St. Paul Str. 7
☎ 089–54407800 Fax: 534652
50 Zimmer, 80 Betten
EZ: 130,00 – 180,00 DM,
DZ: 150,00 – 240,00 DM,
HP: 30,00 DM, VP: 60,00 DM

 20 1,0

Hotel garni Royal
PLZ 80336, Schillerstr. 11a
☎ 089–591021/-23 Fax: 5503657
45 Zimmer, 80 Betten
EZ: 68,00 – 158,00 DM,
DZ: 98,00 – 198,00 DM

0,2

Hotel garni Fidelio
PLZ 80336, Schwanthalerstr. 82
☎ 089–530231 Fax: 535657
40 Zimmer, 80 Betten
EZ: 120,00 – 320,00 DM,
DZ: 140,00 – 360,00 DM, HP: ja

Hotel König
PLZ 80336, Schwanthalerstr. 20
☎ 089–591821/-22 Fax: 5503544
40 Zimmer, 80 Betten
EZ: 95,00 – 190,00 DM,
DZ: 120,00 – 280,00 DM, HP: ja

Hotel Modern
PLZ 80336, Schillerstr. 16
☎ 089–594771 Fax: 593167
40 Zimmer, 80 Betten
EZ: 75,00 – 195,00 DM,
DZ: 145,00 – 210,00 DM, HP: ja

Hotel garni Gebhardt
PLZ 80336, Goethestr. 38
☎ 089–539446 Fax: 53982663
39 Zimmer, 77 Betten
EZ: 60,00 – 100,00 DM,
DZ: 85,00 – 145,00 DM

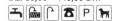

Pension Kronprinz
PLZ 80336, Zweigstr. 10
☎ 089–593606 Fax: 5503790
38 Zimmer, 75 Betten
EZ: 70,00 – 80,00 DM,
DZ: 95,00 – 116,00 DM

Hotel garni Luitpold
PLZ 80335, Schützenstr. 14
☎ 089–594461/-63 Fax: 554520
36 Zimmer, 72 Betten
EZ: 98,00 – 180,00 DM,
DZ: 170,00 – 240,00 DM

Hotel garni Adria
PLZ 80538, Liebigstr. 8 a
☎ 089–293081/-83 Fax: 227015
36 Zimmer, 71 Betten
EZ: 90,00 – 180,00 DM,
DZ: 170,00 – 210,00 DM

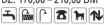

Pension Daheim
PLZ 80336, Schillerstr. 20
☎ 089–594249 Fax: 597102
34 Zimmer, 67 Betten
EZ: 79,00 – 110,00 DM,
DZ: 98,00 – 148,00 DM

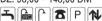

Pension Flora
PLZ 80333, Karlstr. 49
☎ 089–597067, 594135 Fax: 594135
32 Zimmer, 67 Betten
EZ: 70,00 – 95,00 DM,
DZ: 90,00 – 135,00 DM, HP: nur für
Gruppen
 20 0,5

Hotel garni Splendid
PLZ 80538, Maximilianstr. 54
☎ 089–296606 Fax: 2913176
32 Zimmer, 64 Betten
EZ: 95,00 – 215,00 DM,
DZ: 125,00 – 335,00 DM

Hotel garni Müller
Inh. Fam. D. Schmid
PLZ 80337, Fliegenstr. 4
☎ 089–266063 Fax: 268624
44 Zimmer, 60 Betten
EZ: 75,00 – 145,00 DM,
DZ: 125,00 – 230,00 DM

 1,5

Hotel Dollmann „Im Lehel" garni
Inh. Margarethe Günther-Sendlmaier
PLZ 80538, Thierschstr. 49
☎ 089–238080 Fax: 23808365
35 Zimmer, 60 Betten
EZ: 110,00 – 175,00 DM,
DZ: 165,00 – 225,00 DM

2,0

Hotel garni Acanthus
PLZ 80331, Blumenstr. 40
☎ 089–231880 Fax: 2607364
30 Zimmer, 60 Betten
EZ: 130,00 – 290,00 DM,
DZ: 160,00 – 350,00 DM

Hotel garni Adler
PLZ 80331, Ledererstr. 8
☎ 089–223991/-92 Fax: 2289437
30 Zimmer, 60 Betten
EZ: 65,00 – 118,00 DM,
DZ: 120,00 – 185,00 DM

Hotel garni Kraft
PLZ 80336, Schillerstr. 49
☎ 089–594823 Fax: 5503856
30 Zimmer, 60 Betten
EZ: 130,00 – 170,00 DM,
DZ: 170,00 – 210,00 DM

Hotel garni Monachia
PLZ 80336, Senefelderstr. 2
☎ 089–555281 Fax: 592598
30 Zimmer, 60 Betten
EZ: 65,00 – 115,00 DM,
DZ: 105,00 – 185,00 DM

† 23.12.-02.01. 0,0

Pension Mariandl
PLZ 80336, Goethestr. 51
☎ 089–534108, 535158 Fax: 5438471
30 Zimmer, 60 Betten
EZ: 65,00 – 75,00 DM,
DZ: 90,00 – 120,00 DM

Hotel garni Renata
PLZ 80335, Lämmerstr. 6
☎ 089–555785 Fax: 5501746
30 Zimmer, 60 Betten
EZ: 95,00 – 145,00 DM,
DZ: 155,00 – 195,00 DM

Hotel Königswache
PLZ 80333, Steinheilstr. 7
☎ 089–522001/-02 Fax: 5232114
39 Zimmer, 58 Betten
EZ: 139,00 – 179,00 DM,
DZ: 179,00 – 210,00 DM

40 0,5

Hotel Hauser
PLZ 80799, Schellingstr. 11
☎ 089–281006 Fax: 281198
34 Zimmer, 55 Betten
EZ: 100,00 – 130,00 DM,
DZ: 145,00 – 170,00 DM

0,0

Hotel garni Lettl
PLZ 80799, Amalienstr. 53
☎ 089–286697-0 Fax: 286697-97
28 Zimmer, 55 Betten
EZ: 110,00 – 150,00 DM,
DZ: 175,00 – 220,00 DM

† 25.12.-06.01. 1,2

Hotel garni Uhland
PLZ 80336, Uhlandstr. 1
☎ 089–539277 Fax: 531114
27 Zimmer, 50 Betten
EZ: 100,00 – 170,00 DM,
DZ: 130,00 – 240,00 DM

1,0 auf Anfrage

Hotel garni Marienbad
PLZ 80333, Barer Str. 11
☎ 089–595585 Fax: 598238
25 Zimmer, 50 Betten
EZ: 76,00 – 142,00 DM,
DZ: 172,00 – 192,00 DM

Pension Regina
PLZ 80335, Bayerstr. 77 a
☎ 089–530349, 530340 Fax: 532323
25 Zimmer, 50 Betten
EZ: 50,00 – 115,00 DM,
DZ: 70,00 – 165,00 DM

Pension Am Markt
PLZ 80331, Heiliggeiststr. 6
☎ 089–225014 Fax: 224017
25 Zimmer, 49 Betten
EZ: 56,00 – 95,00 DM,
DZ: 98,00 – 150,00 DM

Hotel garni Seibel
PLZ 80339, Theresienhöhe 9
☎ 089–5401420 Fax: 54014299
30 Zimmer, 47 Betten
EZ: 89,00 – 159,00 DM,
DZ: 119,00 – 250,00 DM

1,0

Hotel garni Eder
PLZ 80336, Zweigstr. 8
☎ 089–554660 Fax: 5503675
24 Zimmer, 47 Betten
EZ: 60,00 – 105,00 DM,
DZ: 80,00 – 160,00 DM

auf Anfrage

Pension Augsburg
Inh. Anna u. Heinz Paintner
PLZ 80336, Schillerstr. 18
☎ 089–597673 Fax: 5503823
26 Zimmer, 45 Betten
EZ: 50,00 – 56,00 DM,
DZ: 80,00 – 90,00 DM

Hotel-Pension Theresia
PLZ 80333, Luisenstr. 51
☎ 089–521250, 5233081 Fax: 5420633
25 Zimmer, 45 Betten
EZ: 44,00 – 68,00 DM,
DZ: 77,00 – 118,00 DM

Pension Locarno
PLZ 80335, Bahnhofplatz 5
☎ 089–555164 Fax: 595045
23 Zimmer, 45 Betten
EZ: 55,00 – 75,00 DM,
DZ: 80,00 – 140,00 DM

Hotel Am Karlstor
PLZ 80331, Neuhauser Str. 47/IV
☎ 089–593596, 596621 Fax: 5503671
22 Zimmer, 43 Betten
EZ: 63,00 – 81,00 DM,
DZ: 91,00 – 115,00 DM

Pension Atlanta
PLZ 80331, Sendlinger Str. 50
☎ 089–263605 Fax: 2609027
20 Zimmer, 42 Betten
EZ: 50,00 – 89,00 DM,
DZ: 89,00 – 139,00 DM

Pension Graef
PLZ 80469, Utzschneiderstr. 12-14
☎ 089–2311090 Fax: 23110955
20 Zimmer, 40 Betten
EZ: 95,00 – 140,00 DM,
DZ: 160,00 – 250,00 DM

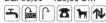

Pension Erbprinz
PLZ 80331, Sonnenstr. 2
☎ 089–594521/-22
20 Zimmer, 40 Betten
EZ: 58,00 – 89,00 DM,
DZ: 86,00 – 128,00 DM

Pension Toskana
PLZ 80336, Schwanthalerstr. 42
☎ 089–531970 Fax: 5328240
20 Zimmer, 40 Betten
EZ: 61,00 DM, DZ: 102,00 – 112,00 DM

Hotel garni Monaco
Inh. Said Moussighichi
PLZ 80336, Schillerstr. 9
☎ 089–598881 Fax: 5503709
19 Zimmer, 40 Betten
EZ: 98,00 – 188,00 DM,
DZ: 110,00 – 228,00 DM

Hotel garni Isartor
PLZ 80469, Baaderstr. 2-4
☎ 089–292781 Fax: 298494
18 Zimmer, 36 Betten
EZ: 95,00 – 150,00 DM,
DZ: 110,00 – 180,00 DM

Pension Armin
PLZ 80333, Augustenstr. 5
☎ 089–593197 Fax: 595252
18 Zimmer, 36 Betten
EZ: 60,00 – 70,00 DM,
DZ: 90,00 – 95,00 DM

Hotel garni Schillerhof
Inh. I. Leiminger
PLZ 80336, Schillerstr. 21
☎ 089–594270 Fax: 5501835
22 Zimmer, 35 Betten
EZ: 55,00 – 75,00 DM,
DZ: 85,00 – 110,00 DM

Hotel garni Alcron
Inh. Fam. Kocian
PLZ 80331, Ledererstr. 13
☎ 089–2283511, 225981 Fax: 2904618
15 Zimmer, 33 Betten
EZ: 100,00 – 120,00 DM,
DZ: 130,00 – 160,00 DM

 0,1

Pension Frank
PLZ 80799, Schellingstr. 24
☎ 089–281451 Fax: 2800910
16 Zimmer, 32 Betten
EZ: 55,00 – 65,00 DM,
DZ: 85,00 – 98,00 DM

Pension Hofgarten
PLZ 80539, Wurzerstr. 9
☎ 089–229004/-05
16 Zimmer, 31 Betten
EZ: 70,00 – 85,00 DM,
DZ: 105,00 – 130,00 DM

Pension Lugano
PLZ 80336, Schillerstr. 32
☎ 089–591005
16 Zimmer, 31 Betten
EZ: 55,00 – 75,00 DM,
DZ: 80,00 – 120,00 DM

Hotel Pension Fürst
PLZ 80333, Kardinal-Döpfner-Str. 8
☎ 089–281044 Fax: 280860
15 Zimmer, 30 Betten
EZ: 58,00 – 120,00 DM,
DZ: 95,00 – 150,00 DM

 0,5

Pension Am Gotheplatz
PLZ 80337, Waltherstr. 33
☎ 089–530306 Fax: 53030624
15 Zimmer, 30 Betten
EZ: 85,00 – 95,00 DM,
DZ: 120,00 – 145,00 DM

Pension Fraunhofer
PLZ 80469, Fraunhoferstr. 10
☎ 089–2607238
15 Zimmer, 30 Betten
EZ: 60,00 – 65,00 DM,
DZ: 85,00 – 95,00 DM

Pension Diana
PLZ 80331, Altheimer Eck 15/3
☎ 089–2603107 Fax: 263934
15 Zimmer, 30 Betten
EZ: 50,00 – 75,00 DM,
DZ: 78,00 – 98,00 DM

Pension Erika
PLZ 80336, Landwehrstr. 8
☎ 089–554327
15 Zimmer, 30 Betten
EZ: 55,00 – 65,00 DM,
DZ: 85,00 – 115,00 DM

Pension Westfalia
Inh. Peter Deiritz
PLZ 80336, Mozartstr. 23
☎ 089–530377/-78 Fax: 5439120
16 Zimmer, 29 Betten
EZ: 60,00 – 90,00 DM,
DZ: 90,00 – 125,00 DM

 0,9

Pension Eulenspiegel
PLZ 80469, Müllerstr. 43 a
☎ 089–266678
14 Zimmer, 28 Betten
EZ: 70,00 – 80,00 DM,
DZ: 110,00 – 120,00 DM

Pension Marie-Luise
PLZ 80336, Landwehrstr. 35/IV
☎ 089–554230
14 Zimmer, 28 Betten
EZ: 40,00 – 55,00 DM,
DZ: 78,00 – 118,00 DM
Preise ohne Frühstück

Pension Lucia
PLZ 80335, Linprunstr. 12
☎ 089–5427270 Fax: 54272727
15 Zimmer, 26 Betten
EZ: 72,00 – 105,00 DM,
DZ: 92,00 – 135,00 DM

 1,0

 auf Anfrage

Pension Luna
PLZ 80336, Landwehrstr. 5
☎ 089–597833 Fax: 5503761
13 Zimmer, 26 Betten
EZ: 55,00 – 65,00 DM,
DZ: 95,00 – 110,00 DM

Hotel Süzer
PLZ 80336, Mittererstr. 1/III
☎ 089–533521, 536642 Fax: 536080
13 Zimmer, 25 Betten
EZ: 65,00 – 95,00 DM, DZ: 90,00
-130,00 DM

 0,0

Pension Geiger
PLZ 80333, Steinheilstr. 1
☎ 089–521556
12 Zimmer, 23 Betten
EZ: 45,00 – 65,00 DM,
DZ: 84,00 – 96,00 DM

Pension Haydn
Inh. A. Retzer
PLZ 80336, Haydnstr. 9
☎ 089–531119
11 Zimmer, 21 Betten
EZ: 50,00 – 60,00 DM,
DZ: 80,00 – 130,00 DM

 2,0

Pension Hungaria
PLZ 80333, Briennerstr. 42
☎ 089–521558
16 Zimmer, 20 Betten
EZ: 55,00 DM, DZ: 80,00 – 85,00 DM
Mehrbettzimmer: 99,00 – 120,00 DM

 0,8

Pension Lex
PLZ 80333, Briennerstr. 48
☎ 089–522091 Fax: 5232423
10 Zimmer, 20 Betten
EZ: 72,00 – 112,00 DM,
DZ: 148,00 – 156,00 DM

Pension Zöllner
PLZ 80331, Sonnenstr. 10/IV u. V
☎ 089–554035
10 Zimmer, 20 Betten
EZ: 59,00 – 85,00 DM,
DZ: 84,00 – 129,00 DM

Pension Schiller
Inh. Rita Saller
PLZ 80336, Schillerstr. 11
☎ 089–592435 Fax: 5501220
11 Zimmer, 19 Betten
EZ: 45,00 – 50,00 DM,
DZ: 65,00 – 80,00 DM
Preise ohne Frühstück

 0,0

Pension Beim Haus der Kunst
PLZ 80538, Bruderstr. 4l
☎ 089–222127
10 Zimmer, 19 Betten
EZ: 75,00 DM, DZ: 95,00 DM

Pension Schiller

Pächter: Rita Saller
Schillerstr. 11
80336 München
Tel. 089-592435
3 Min. vom Hauptbahnhof

*Ein-, Zwei- und Dreibettzimmer, Etagendusche
Drei Minuten vom Hauptbahnhof entfernt*

Hotel-Pension Utzelmann
PLZ 80336, Pettenkoferstr. 6
☎ 089-594889
10 Zimmer, 19 Betten
EZ: 48,00 – 125,00 DM,
DZ: 90,00 – 145,00 DM

Pension Asta
PLZ 80335, Seidlstr. 2
☎ 089-592515
9 Zimmer, 18 Betten
EZ: 55,00 – 80,00 DM,
DZ: 80,00 – 120,00 DM

Pension Herzog-Heinrich
PLZ 80336, Herzog-Heinrich-Str. 3
☎ 089-532575, 5380750
8 Zimmer, 16 Betten
EZ: 55,00 – 75,00 DM,
DZ: 80,00 – 100,00 DM

Pension Maximilian
PLZ 80538, Reitmorstr. 12
☎ 089-222433
8 Zimmer, 16 Betten
EZ: 75,00 – 85,00 DM,
DZ: 80,00 – 95,00 DM

Pension Lindner
PLZ 80331, Dultstr. 1
☎ 089-263413 Fax: 268760
8 Zimmer, 15 Betten
EZ: 55,00 DM, DZ: 95,00 – 135,00 DM

Pension Carolin
PLZ 80539, Kaulbachstr. 42
☎ 089-345757 Fax: 334451
7 Zimmer, 14 Betten
EZ: 75,00 – 110,00 DM,
DZ: 95,00 – 137,00 DM

Pension Don Giovanni
PLZ 80538, Robert-Koch-Str. 4
☎ 089-224461/-62
7 Zimmer, 14 Betten
EZ: 110,00 DM, DZ: 155,00 DM

Pension Schubert
PLZ 80336, Schubertstr. 1/I
☎ 089-533087
5 Zimmer, 10 Betten
EZ: 50,00 DM, DZ: 85,00 – 95,00 DM

Pension Seibel
PLZ 80469, Reichenbachstr. 8
☎ 089-264043 Fax: 267803
5 Zimmer, 10 Betten
EZ: 89,00 – 139,00 DM,
DZ: 119,00 – 159,00 DM

Allach

Hotel Lutter GmbH garni
PLZ 80099, Eversbuschstr. 109
☎ 089-8127004/-05 Fax: 8129584
26 Zimmer, 40 Betten
EZ: 95,00 – 120,00 DM,
DZ: 140,00 – 170,00 DM

 12,0

Hotel garni Westside
PLZ 80999, Eversbuschstr. 192
☎ 089-8129047 Fax: 8129040
15 Zimmer, 30 Betten
EZ: 90,00 – 120,00 DM,
DZ: 150,00 – 165,00 DM

Pension Würmtalhof
PLZ 80999, Eversbuschstr. 91
☎ 089–892152-0 Fax: 8122185
8 Zimmer, 11 Betten
EZ: 95,00 DM, DZ: 150,00 DM

  8,0

Aubing

Hotel Pollinger
PLZ 81243, Aubinger Str. 162
☎ 089–8714044 Fax: 8712203
36 Zimmer, 72 Betten
EZ: 110,00 – 130,00 DM,
DZ: 140,00 – 250,00 DM

  5-50 11,0 EZ
110,00 DM, DZ 140,00 DM

Hotel garni Grünwald
PLZ 81245, Altostr. 38
☎ 089–86301-0 Fax: 8632329
32 Zimmer, 52 Betten
EZ: 95,00 – 120,00 DM,
DZ: 140,00 – 160,00 DM

  12,0

Berg am Laim

Hotel garni Eisenreich
PLZ 81673, Baumkirchner Str. 17
☎ 089–434021/-23 Fax: 4312924
25 Zimmer, 50 Betten
EZ: 98,00 DM, DZ: 150,00 DM

Bogenhausen

Pension Alba
PLZ 81677, Mühlbaurstr. 2
☎ 089–472458
5 Zimmer, 9 Betten
EZ: 45,00 – 65,00 DM,
DZ: 85,00 – 125,00 DM

Feldmoching

Gasthof Schießstätte
PLZ 80995, Karlsfelder Str. 35
☎ 089–3138439, 3121300
23 Zimmer, 45 Betten
EZ: 80,00 DM, DZ: 125,00 DM

Freimann

Hotel-Pension Beer Garni
PLZ 80939, Situlistr. 51
☎ 089–3227631 Fax: 3227570
16 Zimmer, 30 Betten
EZ: 135,00 DM, DZ: 165,00 DM

 20 6,0

Fürstenried

Hotel Olympia
Inh. F. Burgstaller
PLZ 81475, Maxhofstr. 23
☎ 089–754063/-64 Fax: 7591382
27 Zimmer, 54 Betten
EZ: 53,00 – 95,00 DM,
DZ: 88,00 – 155,00 DM

10,0

Pension Prähofer
PLZ 81379, Kistlerhofstr. 135
☎ 089–783738 Fax: 781828
26 Zimmer, 52 Betten
EZ: 75,00 – 110,00 DM,
DZ: 130,00 – 165,00 DM

Gästehaus Unterdill
PLZ 81476, Forstenrieder Allee 305
☎ 089–756717 Fax: 756717
11 Zimmer, 21 Betten
EZ: 55,00 – 85,00 DM,
DZ: 95,00 – 130,00 DM

Giesing

Hotel garni Wetterstein
PLZ 81547, Grünwalder Str. 16
☎ 089–6970025 Fax: 694345
69 Zimmer, 111 Betten
EZ: 100,00 – 190,00 DM,
DZ: 140,00 – 230,00 DM

3,0 auf Anfrage

Pension Brecherspitze
PLZ 81541, St.-Martin-Str. 38
☎ 089–6928286, 6913412 Fax: 6913412
25 Zimmer, 50 Betten
EZ: 70,00 – 105,00 DM,
DZ: 100,00 – 140,00 DM

Hotel garni Bonifatiushof
PLZ 81541, St.-Bonifatius-Str. 4
☎ 089–6917105 Fax: 6921251
20 Zimmer, 39 Betten
EZ: 70,00 – 98,00 DM,
DZ: 100,00 – 160,00 DM

Pension Haus Wendelstein
PLZ 81541, Wendelsteinstr. 4
☎ 089–6916229 Fax: 6913165
15 Zimmer, 30 Betten
EZ: 70,00 – 80,00 DM,
DZ: 110,00 – 120,00 DM

Pension Fischer
PLZ 81539, Tegernseer Landstr. 69
☎ 089–6973092
14 Zimmer, 28 Betten
EZ: 80,00 DM, DZ: 120,00 DM

Gästehaus Lang
PLZ 81547, Klobensteiner Str. 16
☎ 089–645466
8 Zimmer, 16 Betten
EZ: 48,00 DM, DZ: 95,00 DM

Großhadern

Hotel garni Neumayr
PLZ 81377, Heiglhofstr. 18
☎ 089–7141960 Fax: 7193376
48 Zimmer, 96 Betten
EZ: 120,00 – 150,00 DM,
DZ: 180,00 – 220,00 DM

Hotel Säntis
PLZ 81377, Waldfriedhofstr. 90
☎ 089–711255, 7142757 Fax: 7192134
45 Zimmer, 80 Betten
EZ: 120,00 – 150,00 DM,
DZ: 170,00 – 200,00 DM

 8,0

Hotel garni Villa West
PLZ 81377, Fürstenrieder Str. 250
☎ 089–71054-0 Fax: 71054-60
26 Zimmer, 51 Betten
EZ: 146,50 DM, DZ: 204,00 DM

Pension Thalmair
PLZ 81377, Heiglhofstr. 3
☎ 089–741163-0 Fax: 741163-41
16 Zimmer, 35 Betten
EZ: 90,00 DM, DZ: 140,00 DM

Gasthof Wachau
PLZ 81377, Heiglhofstr. 13
☎ 089–7141854 Fax: 7193376
15 Zimmer, 30 Betten
EZ: 55,00 – 75,00 DM,
DZ: 110,00 – 150,00 DM

Hotel garni Luise
PLZ 81377, Luise-Kiesselbach-Platz 32
☎ 089–7191087 Fax: 7194242
9 Zimmer, 18 Betten
EZ: 104,00 – 124,00 DM,
DZ: 149,00 – 189,00 DM

Haidhausen

Hotel garni Aurbacher
PLZ 81541, Aurbacherstr. 5
☎ 089–48091-0 Fax: 48091600
40 Zimmer, 80 Betten
EZ: 145,00 – 230,00 DM,
DZ: 180,00 – 280,00 DM

Pension Mariahilf
PLZ 81669, Lilienstr. 83
☎ 089–484834 Fax: 4891381
24 Zimmer, 48 Betten
EZ: 95,00 – 135,00 DM,
DZ: 120,00 – 170,00 DM

Hotel Habis
PLZ 81675, Maria-Theresia-Str. 2a
☎ 089–4705071 Fax: 4705101
25 Zimmer, 40 Betten
EZ: 135,00 DM, DZ: 190,00 DM

 2,0   auf
Anfrage

Pension Christl
PLZ 81667, Rosenheimer Str. 103/I
☎ 089–4487474 Fax: 488881
13 Zimmer, 25 Betten
EZ: 99,00 – 115,00 DM,
DZ: 125,00 – 135,00 DM

Kleinhadern

Hotel garni Petri
PLZ 80689, Aindorferstr. 82
☎ 089–581099, 582035 Fax: 5808630
35 Zimmer, 70 Betten
EZ: 85,00 – 155,00 DM,
DZ: 160,00 – 200,00 DM

Laim

Hotel garni Tessin
PLZ 80687, Landsberger Str. 291
☎ 089–581014 Fax: 5807882
15 Zimmer, 30 Betten
EZ: 110,00 – 165,00 DM,
DZ: 170,00 – 210,00 DM

Pension Laim
PLZ 80686, Agricolastr. 60
☎ 089–569329
10 Zimmer, 20 Betten
EZ: 50,00 DM, DZ: 90,00 DM

Pension München
PLZ 80686, Valpichlerstr. 49
☎ 089–564045 Fax: 566804
10 Zimmer, 20 Betten
EZ: 65,00 – 88,00 DM,
DZ: 92,00 – 128,00 DM

Pension Reich
PLZ 80687, Stöberlstr. 41
☎ 089–584924 Fax: 7409074
11 Zimmer, 18 Betten
EZ: 60,00 – 120,00 DM,
DZ: 130,00 – 150,00 DM

Lerchenau

Pension Eberl
PLZ 80995, Josef-Frankl-Str. 56
☎ 089–3132638
12 Zimmer, 23 Betten
EZ: 45,00 – 80,00 DM,
DZ: 70,00 – 100,00 DM
Preise ohne Frühstück

Hotel Seehof-Lerchenau
PLZ 80995, Lassallestr. 100
☎ 089–1501035/-36 Fax: 1503437
13 Zimmer, 21 Betten
EZ: 90,00 DM, DZ: 120,00 DM

 10,0

Max Vorstadt

Hotel garni Stefanie
PLZ 80799, Türkenstr. 35
☎ 089–284031/-3 Fax: 2809535
33 Zimmer, 60 Betten
EZ: 70,00 – 105,00 DM,
DZ: 130,00 – 165,00 DM

Milbertshofen

Pension Fleischmann
Inh. Helena Weber
PLZ 80809, Bischof-Adalbert-Str. 10
☎ 089–3595379, 3595427
Fax: 35651569
14 Zimmer, 28 Betten
EZ: 55,00 – 85,00 DM,
DZ: 75,00 – 98,00 DM

Pension Fleischmann
Inh. Helena Weber
Bischof-Adalbert-Str. 10
80809 München
Tel. 089-3595379/3595427
Fax 089-35651569

*Alle Zimmer mit fl. k. u. w. Wasser
Tel.; kein Ruhetag; Garage*

Pension Frankfurter Ring
PLZ 80809, Riesenfeldstr. 79/I
☎ 089–3511309
9 Zimmer, 18 Betten
EZ: 44,00 – 64,00 DM,
DZ: 82,00 – 85,00 DM

Pension Olymp
PLZ 80809, Schleißheimer Str. 337
☎ 089–3515527
9 Zimmer, 18 Betten
EZ: 65,00 DM, DZ: 110,00 DM

Moosach

Hotel garni Mayerhof
PLZ 80992, Dachauer Str. 421
☎ 089–14366-0 Fax: 1402417
70 Zimmer, 150 Betten
EZ: 125,00 – 185,00 DM,
DZ: 165,00 – 235,00 DM, HP: 18,00 DM

Pension Moosbichl
PLZ 80997, Rathgeberstr. 3
☎ 089–1415353 Fax: 1414225
30 Zimmer, 59 Betten
EZ: 60,00 – 120,00 DM,
DZ: 100,00 – 145,00 DM

Hotel Gaststätte Post-Sport-Park
Inh. Gebr. Hussar
PLZ 80992, Franz-Mader-Str. 11
☎ 089–1491055 Fax: 1404028
25 Zimmer, 50 Betten
EZ: 65,00 DM, DZ: 105,00 DM, HP: ja
Dreibettzimmer: 135,00 DM

Neuaubing

Hotel garni Econtel
PLZ 81243, Bodenseestr. 227
☎ 089–87189-0 Fax: 87189400
80 Zimmer, 160 Betten
EZ: 111,00 – 175,00 DM,
DZ: 121,00 – 211,00 DM

Hotel Köberl
PLZ 81243, Bodenseestr. 222
☎ 089–876339 Fax: 873793
32 Zimmer, 50 Betten
EZ: 50,00 – 60,00 DM,
DZ: 90,00 – 120,00 DM

Pension Aurora
PLZ 81243, Limestr. 68 a
☎ 089–878051 Fax: 878921
15 Zimmer, 30 Betten
EZ: 85,00 – 95,00 DM,
DZ: 130,00 – 160,00 DM

Pension Altenburg
PLZ 81243, Altenburgstr. 11
☎ 089–875510, 8711212 Fax: 8711212
8 Zimmer, 15 Betten
EZ: 80,00 DM, DZ: 125,00 – 138,00 DM

Neuhausen

CA. Comfort Aparthotel
PLZ 80637, Dachauer Str. 195-199
☎ 089–15924-0, 4584407
Fax: 15924800
188 Zimmer, 248 Betten
EZ: 143,00 – 163,00 DM,
DZ: 186,00 – 270,00 DM
 5,0

Hotel Orly
PLZ 80636, Gabrielenstr. 6
☎ 089–187012/-16 Fax: 187800
75 Zimmer, 150 Betten
EZ: 98,00 – 145,00 DM,
DZ: 125,00 – 195,00 DM, HP: ja

Hotel garni Rotkreuzplatz
PLZ 80634, Rotkreuzplatz 2
☎ 089–162071 Fax: 166469
60 Zimmer, 120 Betten
EZ: 120,00 – 210,00 DM,
DZ: 200,00 – 250,00 DM

† 23.12.-07.01. 3,0

Hotel Nymphenburg
PLZ 80636, Nymphenburger Str. 141
☎ 089–181086/-89 Fax: 182540
40 Zimmer, 80 Betten
EZ: 145,00 DM, DZ: 220,00 DM, HP: ja

Pension Josefihof
PLZ 80637, Trivastr. 11
☎ 089–151187 Fax: 1578594
38 Zimmer, 75 Betten
EZ: 68,00 – 92,00 DM,
DZ: 116,00 – 139,00 DM

Pension Hedwig
PLZ 80636, Hedwigstr. 7/III
☎ 089–1293302
10 Zimmer, 20 Betten
EZ: 65,00 – 70,00 DM,
DZ: 100,00 – 125,00 DM

Nymphenburg

Hotel garni Laimer Hof
PLZ 80639, Laimer Str. 40
☎ 089–177030/-39 Fax: 1782007
20 Zimmer, 40 Betten
EZ: 95,00 – 140,00 DM,
DZ: 105,00 – 165,00 DM
 8,0

Hotel garni Kriemhild
Inh. Fam. Chibidzura
PLZ 80639, Guntherstr. 16
☎ 089–170077 Fax: 177478
18 Zimmer, 32 Betten
EZ: 88,00 – 145,00 DM,
DZ: 118,00 – 180,00 DM
 12 4,5

Pension Lutz
PLZ 80637, Hohenfelsstr. 57
☎ 089–152970 Fax: 8145476
6 Zimmer, 11 Betten
EZ: 65,00 DM, DZ: 78,00 – 130,00 DM

Oberföhring

Queens Hotel
PLZ 81925, Effnerstr. 99
☎ 089–927980 Fax: 983813
151 Zimmer, 301 Betten
EZ: 126,00 – 263,00 DM,
DZ: 153,00 – 339,00 DM, HP: ja

Obermenzing

Edelweiß-Parkhotel garni
PLZ 80997, Menzinger Str. 103
☎ 089–8111001 Fax: 8115742
25 Zimmer, 50 Betten
EZ: 110,00 – 140,00 DM,
DZ: 140,00 – 180,00 DM

Hotel garni Blutenburg
PLZ 81247, Verdistr. 130
☎ 089–8112035/-37 Fax: 8111925
18 Zimmer, 35 Betten
EZ: 120,00 DM,
DZ: 160,00 – 180,00 DM

 8,0

Hotel garni Neuner
PLZ 81245, Bergsonstr. 13a
☎ 089–8112053 Fax: 8119403
18 Zimmer, 35 Betten
EZ: 98,00 – 120,00 DM,
DZ: 140,00 – 165,00 DM

Hotel Hopfenland
PLZ 81247, Verdistr. 137
☎ 089–8119371, 8115160 Fax: 8119361
17 Zimmer, 33 Betten
EZ: 95,00 – 110,00 DM,
DZ: 130,00 – 140,00 DM

Hotel garni Aida
PLZ 81247, Verdistr. 9
☎ 089–8110058/-59 Fax: 8110136
14 Zimmer, 27 Betten
EZ: 115,00 – 130,00 DM,
DZ: 140,00 – 180,00 DM

Hotel garni Verdi
Inh. M. Knoll
PLZ 81247, Verdistr. 123
☎ 089–8111484 Fax: 8111484
15 Zimmer, 20 Betten
EZ: 57,00 – 95,00 DM,
DZ: 92,00 – 127,00 DM

 8,0

Pension Maisinger
PLZ 81247, Pippinger Str. 105
☎ 089–8112920
10 Zimmer, 20 Betten
EZ: 35,00 – 40,00 DM,
DZ: 50,00 – 60,00 DM

Pension Mayr
PLZ 81247, Rathochstr. 77
☎ 089–8111660
10 Zimmer, 19 Betten
EZ: 60,00 – 90,00 DM,
DZ: 100,00 – 130,00 DM

Pension Härtl
PLZ 81247, Verdistr. 135
☎ 089–8111632
10 Zimmer, 19 Betten
EZ: 56,00 – 74,00 DM,
DZ: 81,00 – 117,00 DM

Pasing

Hotel Zur Post
PLZ 81241, Bodenseestr. 4
☎ 089–896950 Fax: 837319
90 Zimmer, 180 Betten
EZ: 125,00 – 180,00 DM,
DZ: 150,00 – 210,00 DM, HP: ja

Hotel garni Imperial
PLZ 81241, Landsberger Str. 463
☎ 089–883065 Fax: 8201604
80 Zimmer, 160 Betten
EZ: 125,00 – 195,00 DM,
DZ: 165,00 – 255,00 DM

Hotel garni Stadt Pasing
PLZ 81241, Blumenauer Str. 131
☎ 089–8344066/-67 Fax: 8342318
36 Zimmer, 64 Betten
EZ: 96,00 – 120,00 DM,
DZ: 134,00 – 183,00 DM

 30 9,0

Hotel garni Peter im Park
PLZ 81243, Neufeldstr. 20
☎ 089–881356 Fax: 830341
20 Zimmer, 40 Betten
EZ: 75,00 – 115,00 DM,
DZ: 85,00 – 145,00 DM

Hotel Landsberger Hof
PLZ 81243, Bodenseestr. 32
☎ 089–881805, 886968 Fax: 8340426
18 Zimmer, 36 Betten
EZ: 95,00 – 125,00 DM,
DZ: 125,00 – 180,00 DM, HP: ja

Hotel garni Petra
PLZ 81245, Marschnerstr. 73
☎ 089–832041/-42 Fax: 838773
18 Zimmer, 26 Betten
EZ: 90,00 – 95,00 DM,
DZ: 125,00 – 135,00 DM

 8,0

Pension Amsel
PLZ 81241, Gräfstr. 91
☎ 089–882932 Fax: 8205621
9 Zimmer, 23 Betten
EZ: 68,00 – 85,00 DM,
DZ: 95,00 – 110,00 DM

 4,0 auf
Anfrage

Pension Am Knie
PLZ 81241, Strindbergstr. 33
☎ 089–886450
8 Zimmer, 15 Betten
EZ: 48,00 – 66,00 DM,
DZ: 80,00 – 88,00 DM

Perlach

Ambient Hotel Colina
PLZ 81737, Stemplinger Anger 20
☎ 089–62701-0 Fax: 62701160
55 Zimmer, 109 Betten
EZ: 115,00 – 195,00 DM,
DZ: 160,00 – 250,00 DM, HP: ja

Hotel garni Winhart
PLZ 81549, Balanstr. 238
☎ 089–683117, 682226 Fax: 6804870
30 Zimmer, 60 Betten
EZ: 70,00 – 100,00 DM,
DZ: 90,00 – 120,00 DM

Hotel Altperlach
PLZ 81737, Pfanzeltplatz 11
☎ 089–670022-0 Fax: 670022311
29 Zimmer, 48 Betten
EZ: 148,00 – 183,00 DM,
DZ: 186,00 – 226,00 DM,
HP: 25,00 DM, VP: 50,00 DM

 6,0 EZ 87,00 DM, DZ
134,00 DM

Hotel garni Friedenspromenade
PLZ 81827, Friedenspromenade 13
☎ 089–4309044 Fax: 4309047
19 Zimmer, 38 Betten
EZ: 95,00 – 145,00 DM,
DZ: 140,00 – 205,00 DM

Pension Lechner
PLZ 81549, Fasangartenstr. 92
☎ 089–683730, 684621 Fax: 6802817
8 Zimmer, 15 Betten
EZ: 75,00 DM, DZ: 125,00 DM

Pension Münch
PLZ 81739, Heimdallstr. 2 b
☎ 089–605222 Fax: 6012526
5 Zimmer, 10 Betten
EZ: 55,00 – 65,00 DM,
DZ: 85,00 – 95,00 DM

 12,0

Schwabing

Tourotel München
PLZ 80807, Domagkstr. 26
☎ 089–360010 Fax: 36001340
230 Zimmer, 400 Betten
EZ: 140,00 – 203,00 DM,
DZ: 195,00 – 245,00 DM,
HP: 20,00 DM, VP: 43,00 DM

 10-70 10,0 auf
Anfrage: EZ 110,00 DM, DZ 130,00 DM

Hotel Ibis
PLZ 80805, Ungererstr. 139
☎ 089–360830 Fax: 363793
68 Zimmer, 137 Betten
EZ: 146,00 DM, DZ: 161,00 DM, HP: ab
20,00 DM, VP: ab 40,00 DM

 130 8,0

Hotel garni Bosch
PLZ 80333, Amalienstr. 25
☎ 089–281061 Fax: 280161
81 Zimmer, 120 Betten
EZ: 130,00 – 210,00 DM,
DZ: 200,00 – 250,00 DM

 1,5 Fr-Mo: EZ 110,00 DM, DZ
150,00 DM

Hotel Leopold
PLZ 80804, Leopoldstr. 119
☎ 089–367061 Fax: 36043150
75 Zimmer, 100 Betten
EZ: 145,00 – 185,00 DM,
DZ: 110,00 – 245,00 DM

 3,0

Hotel garni Carlton
PLZ 80333, Fürstenstr. 12
☎ 089–282061 Fax: 284391
35 Zimmer, 70 Betten
EZ: 140,00 – 210,00 DM,
DZ: 190,00 – 320,00 DM

 1,0

Hotel garni Consul
PLZ 80803, Viktoriastr. 10
☎ 089–334035 Fax: 399266
29 Zimmer, 58 Betten
EZ: 80,00 – 140,00 DM,
DZ: 160,00 – 180,00 DM

Hotel garni Lord
PLZ 80803, Herzogstr. 3
☎ 089–348094/-96 Fax: 390724
29 Zimmer, 57 Betten
EZ: 100,00 – 160,00 DM,
DZ: 120,00 – 200,00 DM

Hotel garni Astoria
PLZ 80802, Nikolaistr. 9
☎ 089–395091/-93 Fax: 341496
25 Zimmer, 50 Betten
EZ: 130,00 – 145,00 DM,
DZ: 155,00 – 175,00 DM

Pension Englischer Garten
PLZ 80802, Liebergesellstr. 8
☎ 089–392034 Fax: 391233
22 Zimmer, 44 Betten
EZ: 98,00 – 176,00 DM,
DZ: 137,00 – 192,00 DM

Pension Agnes
PLZ 80797, Agnesstr. 58
☎ 089–1293062 Fax: 1291764
38 Zimmer, 37 Betten
EZ: 49,00 – 75,00 DM, DZ: 89,00 DM
Preise ohne Frühstück

Pension Occam
PLZ 80802, Occamstr. 7
☎ 089–393934, 332511 Fax: 390530
18 Zimmer, 36 Betten
EZ: 80,00 – 150,00 DM,
DZ: 95,00 – 190,00 DM

Hotel-Pension Am Siegestor
Inh. Michaela Michél
PLZ 80799, Akademiestr. 5
☎ 089–399550/-51 Fax: 343050
20 Zimmer, 28 Betten
EZ: 75,00 DM, DZ: 95,00 DM

Pension Am Kaiserplatz
PLZ 80803, Kaiserplatz 12
☎ 089–349190
10 Zimmer, 20 Betten
EZ: 45,00 – 59,00 DM,
DZ: 69,00 – 85,00 DM

 1,0

Pension Steinberg
PLZ 80803, Ohmstr. 9
☎ 089–331011
10 Zimmer, 20 Betten
EZ: 55,00 – 98,00 DM,
DZ: 110,00 – 135,00 DM

Pension Am Nordbad
PLZ 80797, Schleißheimer Str. 91
☎ 089–180857
9 Zimmer, 18 Betten
EZ: 50,00 – 95,00 DM,
DZ: 80,00 – 115,00 DM

Pension Strigl
PLZ 80796, Elisabethstr. 11/II
☎ 089–2713444, 2716250
9 Zimmer, 18 Betten
EZ: 50,00 – 60,00 DM,
DZ: 75,00 – 95,00 DM

Pension Greiner
PLZ 80802, Ohmstr. 12
☎ 089–3801880 Fax: 339246
10 Zimmer, 17 Betten
EZ: 65,00 – 98,00 DM,
DZ: 98,00 – 140,00 DM

 2,0

Pension Excelsior
PLZ 80802, Kaulbachstr. 85/I
☎ 089–348213
7 Zimmer, 14 Betten
EZ: 65,00 DM, DZ: 110,00 DM

Pension Doria
PLZ 80801, Hohenstaufenstr. 12/IV
☎ 089–333872
7 Zimmer, 14 Betten
EZ: 45,00 – 55,00 DM,
DZ: 78,00 – 85,00 DM

Pension Lina
PLZ 80803, Herzogstr. 51
☎ 089–333808 Fax: 347663
7 Zimmer, 14 Betten
EZ: 78,00 – 108,00 DM,
DZ: 128,00 – 138,00 DM

Pension Josefine
PLZ 80799, Nordendstr. 13
☎ 089–2710043
7 Zimmer, 14 Betten
EZ: 54,00 – 72,00 DM,
DZ: 79,00 – 95,00 DM
Preise ohne Frühstück

Pension Isabella
Inh. Linda Kratzer
PLZ 80796, Isabellastr. 35
☎ 089–2713503 Fax: 2712903
6 Zimmer, 12 Betten
EZ: 50,00 – 60,00 DM,
DZ: 80,00 – 95,00 DM

Pension Lipp
PLZ 80803, Herzogstr. 11
☎ 089–332951
6 Zimmer, 11 Betten
EZ: 60,00 DM, DZ: 90,00 DM

Sendling

Hotel Herzog
Inh. J. Baumgärtner
PLZ 80337, Häberlstr. 9
☎ 089–530495 Fax: 5328118
60 Zimmer, 150 Betten
EZ: 128,00 – 198,00 DM,
DZ: 158,00 – 238,00 DM

Hotel garni Bauer
PLZ 81371, Kidlerstr. 32
☎ 089–74619-0 Fax: 74619-180
50 Zimmer, 100 Betten
EZ: 95,00 DM, DZ: 145,00 DM

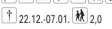

Hotel Brack garni
PLZ 80337, Lindwurmstr. 153
☎ 089–771052 Fax: 7250615
50 Zimmer, 80 Betten
EZ: 140,00 – 160,00 DM,
DZ: 195,00 – 230,00 DM

Pension Grafinger Hof
PLZ 80337, Zenettistr. 31
☎ 089–764742 Fax: 773558
23 Zimmer, 45 Betten
EZ: 70,00 – 86,00 DM,
DZ: 96,00 – 130,00 DM

Garagenhotel
PLZ 80337, Lindwurmstr. 20-30
☎ 089–5442440 Fax: 54424499
23 Zimmer, 40 Betten
EZ: 58,00 – 72,00 DM,
DZ: 92,00 – 125,00 DM

Hotel garni Galleria
PLZ 81369, Plinganserstr. 142
☎ 089–7233001 Fax: 7241564
19 Zimmer, 32 Betten
EZ: 145,00 – 196,00 DM,
DZ: 185,00 – 295,00 DM

Pension Schmellergarten
PLZ 80337, Schmellerstr. 20
☎ 089–773157, 764841 Fax: 7256886
12 Zimmer, 24 Betten
EZ: 65,00 – 110,00 DM,
DZ: 100,00 – 170,00 DM

Pension Mainburg
PLZ 81369, Mainburger Str. 62
☎ 089–7148318
11 Zimmer, 22 Betten
EZ: 60,00 – 90,00 DM,
DZ: 100,00 – 130,00 DM

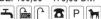

Pension Harras
PLZ 81369, Albert-Roßhaupter-Str. 64
☎ 089–7605565
7 Zimmer, 14 Betten
EZ: 50,00 – 70,00 DM,
DZ: 100,00 – 120,00 DM

Solln

Hotel garni Heigl
Inh. Michael Heigl
PLZ 81479, Bleibtreustr. 15
☎ 089–798925/-26 Fax: 7900971
38 Zimmer, 59 Betten
EZ: 98,00 – 140,00 DM,
DZ: 138,00 – 185,00 DM

 25 10,0

Hotel Sollner Hof
Inh. J. u. H. Heigl
PLZ 81479, Herterichstr. 63
☎ 089–792090/-9 Fax: 7900394
21 Zimmer, 42 Betten
EZ: 52,00 – 135,00 DM,
DZ: 86,00 – 198,00 DM

 8,0

Hotel garni Villa Solln
PLZ 81479, Wilhelm-Leibl-Str. 16
☎ 089–792091 Fax: 7900428
16 Zimmer, 32 Betten
EZ: 105,00 – 130,00 DM,
DZ: 160,00 – 180,00 DM

Gästehaus Drexl
PLZ 81479, Aidenbachstr. 122
☎ 089–783680 Fax: 783680
16 Zimmer, 31 Betten
EZ: 55,00 – 75,00 DM,
DZ: 80,00 – 120,00 DM

Hotel Pegasus
PLZ 81479, Wolfratshauser Str. 211
☎ 089–7900024/-25, 749153-0
Fax: 7912970
22 Zimmer, 30 Betten
EZ: 118,00 DM, DZ: 158,00 DM

7,0 auf Anfrage

Gasthof Sollner Hof
PLZ 81479, Herterichstr. 63-65
☎ 089–792090, 794045
14 Zimmer, 28 Betten
EZ: 52,00 – 56,00 DM,
DZ: 88,00 – 94,00 DM

Thalkirchen

Hotel garni Avella
PLZ 81369, Steinerstr. 20
☎ 089–7237091/-92 Fax: 7241675
25 Zimmer, 50 Betten
EZ: 135,00 – 145,00 DM,
DZ: 160,00 – 245,00 DM

Hotel garni Haustein
PLZ 81479, Wolfratshauser Str. 149
☎ 089–795538/-42 Fax: 7901981
11 Zimmer, 22 Betten
EZ: 100,00 – 110,00 DM,
DZ: 140,00 – 150,00 DM

Trudering

Hotel Obermaier
PLZ 81825, Truderinger Str. 304 b
☎ 089–429021 Fax: 426400
35 Zimmer, 70 Betten
EZ: 125,00 – 165,00 DM,
DZ: 155,00 – 240,00 DM

30-200 10,0 EZ
95,00 DM, DZ 135,00 DM

Hotel Wasserburg
PLZ 81827, Wasserburger Landstr. 145
☎ 089–4301053 Fax: 4305594
27 Zimmer, 53 Betten
EZ: 149,00 – 169,00 DM,
DZ: 190,00 – 210,00 DM

Hotel garni Am Schatzbogen
PLZ 81825, Truderinger Str. 198
☎ 089–429279 Fax: 429930
20 Zimmer, 40 Betten
EZ: 95,00 – 175,00 DM,
DZ: 110,00 – 265,00 DM, HP: ja

Gästehaus Waldtrudering
PLZ 81827, Schwanenweg 10
☎ 089–4530440 Fax: 45304445
14 Zimmer, 28 Betten
EZ: 60,00 – 80,00 DM,
DZ: 90,00 – 150,00 DM, HP: ja

Pension St. Augustinus
PLZ 81825, St.-Augustinus-Str. 6
☎ 089–425191, 429321 Fax: 423230
13 Zimmer, 26 Betten
EZ: 63,00 DM, DZ: 96,00 DM

Westend

Arabella Westpark-Hotel
PLZ 80339, Garmischer Str. 2
☎ 089–5196-0 Fax: 523680
229 Zimmer, 458 Betten
EZ: 138,00 – 378,00 DM,
DZ: 198,00 – 438,00 DM, HP: ja

Hotel Metropol
PLZ 80335, Bayerstr. 43
☎ 089–530764 Fax: 5328134
260 Zimmer, 370 Betten
EZ: 130,00 – 165,00 DM,
DZ: 170,00 – 230,00 DM,
HP: 27,00 DM, VP: 46,00 DM

 7-60 0,0

Hotel Hahn
PLZ 80339, Landsberger Str. 117
☎ 089–5027037 Fax: 504586
40 Zimmer, 70 Betten
EZ: 110,00 – 160,00 DM,
DZ: 160,00 – 220,00 DM, HP: nur für
Reisegr.

 24.12.-06.01. 2,0 auf
Anfrage

garni Messe-Hotel
PLZ 80339, Anglerstr. 19
☎ 089–507088 Fax: 5029045
30 Zimmer, 60 Betten
EZ: 118,00 DM, DZ: 158,00 DM

Zamdorf

Landhotel Martinshof
PLZ 81829, Martin-Empl-Ring 8
☎ 089–922080 Fax: 92208400
12 Zimmer, 23 Betten
EZ: 135,00 – 190,00 DM,
DZ: 165,00 – 250,00 DM, HP: ja

Münster

Stadtmitte

Hotel garni Kaiserhof
PLZ 48143, Bahnhofstr. 14-16
☎ 0251–41780 Fax: 4178666
109 Zimmer, 147 Betten
EZ: 145,00 DM,
DZ: 203,00 – 248,00 DM
 15-90

Hotel Münnich
PLZ 48167, Heeremansweg 11
☎ 0251–61870 Fax: 6187199
70 Zimmer, 130 Betten
EZ: 90,00 DM, DZ: 135,00 DM,
HP: 20,00 DM, VP: 35,00 DM

 25-80 4,5

Hotel Überwasserhof
PLZ 48143, Überwasserstr. 3
☎ 0251–41770 Fax: 4177100
62 Zimmer, 100 Betten
EZ: 140,00 – 160,00 DM,
DZ: 170,00 – 200,00 DM,
HP: 28,00 DM, VP: 53,00 DM
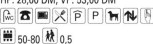
50-80 0,5

Hotel Coerdehof
PLZ 48149, Raesfeldstr. 2
☎ 0251–922020 Fax: 92202200
64 Zimmer, 92 Betten
EZ: 112,00 DM, DZ: 166,00 DM,
HP: 30,00 DM, VP: 42,00 DM

25-50 1,0

Hotel garni Conti
PLZ 48143, Berliner Platz 2a
☎ 0251–44044 Fax: 51711
50 Zimmer, 91 Betten
EZ: 119,00 – 179,00 DM,
DZ: 129,00 – 229,00 DM
 18-60

Hotel Europa
PLZ 48145, Kaiser-Wilhelm-Ring 26
☎ 0251–37062 Fax: 394339
59 Zimmer, 86 Betten
EZ: 129,00 – 179,00 DM,
DZ: 149,00 – 269,00 DM,
HP: 20,00 DM, VP: 29,00 DM

 25-100

Hotel Martinihof
PLZ 48143, Hörsterstr. 25
☎ 0251–418620 Fax: 54743
53 Zimmer, 72 Betten
EZ: 64,00 – 96,00 DM,
DZ: 103,00 – 153,00 DM

City-Hotel garni
PLZ 48153, Friedrich-Ebert-Str. 55-57
☎ 0251–97280 Fax: 9728100
32 Zimmer, 65 Betten
EZ: 125,00 DM, DZ: 165,00 DM
 200

Hotel garni Am Schloßpark
PLZ 48149, Schmale Str. 2-4
☎ 0251–20541/-44 Fax: 22977
28 Zimmer, 53 Betten
EZ: 120,00 DM,
DZ: 185,00 – 265,00 DM

Hotel garni Bockhorn
PLZ 48155, Bremer Str. 24
☎ 0251–65510
35 Zimmer, 49 Betten
EZ: 52,50 DM, DZ: 95,00 – 105,00 DN

Hotel garni Windsor
PLZ 48145, Warendorfer Str. 177
☎ 0251-131330 Fax: 391610
28 Zimmer, 44 Betten
EZ: 138,00 DM,
DZ: 178,00 – 240,00 DM

 2,0

Hotel garni F_nd
PLZ 48145, Warendorfer Str. 58
☎ 0251-30241/-42 Fax: 36300
24 Zimmer, 44 Betten
EZ: 95,00 DM, DZ: 140,00 DM

Hotel Feldmann
PLZ 48143, An der Clemenskirche 14
☎ 0251-43309 Fax: 43318
27 Zimmer, 40 Betten
EZ: 90,00 – 145,00 DM,
DZ: 170,00 – 210,00 DM

Hotel garni International
PLZ 48143, Neubrückenstr. 12-14
☎ 0251-43540/-49 Fax: 511281
21 Zimmer, 40 Betten
EZ: 90,00 DM, DZ: 150,00 – 180,00 DM

Hotel garni Horstmann
PLZ 48143, Windthorststr. 12
☎ 0251-47077
23 Zimmer, 35 Betten
EZ: 95,00 DM, DZ: 165,00 DM

Hotel Steinburg
PLZ 48151, Mecklenbecker Str. 80
☎ 0251-77179 Fax: 72267
17 Zimmer, 29 Betten
EZ: 98,00 DM, DZ: 152,00 DM

 60

Hotel Haus Niemann
PLZ 48149, Horstmarer Landweg 126
☎ 0251-82828 Fax: 88800
13 Zimmer, 26 Betten
EZ: 80,00 DM, DZ: 120,00 DM,
HP: 15,00 DM, VP: 25,00 DM

60 † Sa 4,0

Hotel Kuhmann
PLZ 48155, Albersloher Weg 65
☎ 0251-64024 Fax: 664168
14 Zimmer, 21 Betten
EZ: 49,00 – 54,00 DM,
DZ: 75,00 – 85,00 DM

 40

Hotel Albatros zur Engelschanze
PLZ 48143, Klosterstr. 56
☎ 0251-43347, 46839 Fax: 518443
14 Zimmer, 20 Betten
EZ: 60,00 DM, DZ: 110,00 DM

 20

Hotel An'n Schlagbaum
Inh. C. Altekemper
PLZ 49151, Weseler Str. 269
☎ 0251-792180 Fax: 792180
10 Zimmer, 18 Betten
EZ: 50,00 DM, DZ: 90,00 – 120,00 DM

30 † Fr 5,0

Hotel Zum Schwan
PLZ 48155, Schillerstr. 27
☎ 0251-661166 Fax: 67681
11 Zimmer, 17 Betten
EZ: 65,00 – 80,00 DM,
DZ: 110,00 – 130,00 DM

 † Rest.: Mo 0,1

Hotel Wienburg
PLZ 48147, Kanalstr. 237
☎ 0251-293354 Fax: 294001
7 Zimmer, 13 Betten
EZ: 89,00 DM, DZ: 140,00 DM,
HP: 20,00 DM, VP: 40,00 DM

130-200

Hotel Zur Krone
PLZ 48153, Hammer Str. 67
☎ 0251–73868
5 Zimmer, 9 Betten
EZ: 50,00 DM, DZ: 100,00 DM

Albachten

Hotel Sontheimer
PLZ 48163, Dülmener Str. 9
☎ 02536–1094
12 Zimmer, 18 Betten
EZ: 36,00 DM, DZ: 72,00 DM

 25-100

Amelsbüren

Hotel Landhaus Keßler
PLZ 48163, Raringsheide 226
☎ 02501–6440 Fax: 25596
12 Zimmer, 30 Betten
DZ: 96,00 – 136,00 DM

42

Pension Streffer
PLZ 48163, Kesselfeld 12
☎ 02501–58688 Fax: 58688
6 Zimmer, 12 Betten
EZ: 70,00 DM, DZ: 100,00 DM

6,0

Coerde

Hotel Coerheide
PLZ 48157, Königsberger Str. 159
☎ 0251–249780
8 Zimmer, 16 Betten
EZ: 65,00 DM, DZ: 100,00 DM, HP: ja,
VP: ja

Handorf

Ringhotel Haus Eggert
Inh. Heinz Eggert
PLZ 48157, Zur Haskenau 81
☎ 0251–328040 Fax: 3280459
37 Zimmer, 78 Betten
EZ: 115,00 DM,
DZ: 180,00 – 196,00 DM, HP: 25,00 DM

 25-60 8,0

Hotel Dorbaum
PLZ 48157, Dorbaumstr. 145
☎ 0251–326255 Fax: 326503
24 Zimmer, 43 Betten
EZ: 60,00 – 80,00 DM,
DZ: 90,00 – 130,00 DM

Parkhotel Haus Vennemann
Inh. Jochen Consten
PLZ 48157, Vennemannstr. 6
☎ 0251–329071 Fax: 327339
23 Zimmer, 41 Betten
EZ: 115,00 DM, DZ: 170,00 DM,
HP: 20,00 DM, VP: 40,00 DM

 150 7,0

Hotel-Restaurant Deutscher Vater
PLZ 48157, Petronillaplatz 9
☎ 0251–932090 Fax: 9320944
24 Zimmer, 35 Betten
EZ: 80,00 – 105,00 DM,
DZ: 130,00 – 180,00 DM

 80 † Fr 8,0

Handorfer Hof
PLZ 48157, Handorfer Str. 22
☎ 0251–932050 Fax: 9320055
15 Zimmer, 23 Betten
EZ: 85,00 DM, DZ: 140,00 DM

 35-70

Hiltrup

Hotel Zur Prinzenbrücke
PLZ 48165, Osttor 16
☎ 02501–44970 Fax: 449797
23 Zimmer, 48 Betten
EZ: 139,00 DM, DZ: 179,00 DM

 35-80 5,0 EZ
125,00 DM, DZ 160,00 DM

Hiltruper Gästehaus
PLZ 48165, Marktallee 44
☎ 02501–4016 Fax: 13066
21 Zimmer, 42 Betten
DZ: 160,00 DM

 30

Hotel Hiltruper Hof
PLZ 48165, Westfalenstr. 148
☎ 02501–4025 Fax: 7878
20 Zimmer, 32 Betten
EZ: 85,00 – 99,00 DM, DZ: 150,00 DM,
HP: 15,00 DM, VP: 30,00 DM

Gästehaus Landgraf
PLZ 48165, Thierstr. 26
☎ 02501–1236 Fax: 3473
10 Zimmer, 19 Betten
EZ: 90,00 DM, DZ: 130,00 DM

 15-75

Gasthof Zum Ollen Dourp
PLZ 48165, Westfalenstr. 156
☎ 02501–2018
10 Zimmer, 18 Betten
EZ: 45,00 DM, DZ: 80,00 DM,
VP: 10,00 DM

Hotel Zur Dicken Eiche
PLZ 48165, Osttor 71
☎ 02501–2266
7 Zimmer, 10 Betten
EZ: 65,00 DM, DZ: 100,00 DM

Mecklenbeck

Hotel Lohmann
PLZ 48163, Mecklenbecker Str. 345
☎ 0251–71525 Fax: 714368
22 Zimmer, 38 Betten
EZ: 45,00 – 78,00 DM,
DZ: 85,00 – 125,00 DM

Hotel Monasteria
PLZ 48163, Untietheide 2
☎ 0251–971030 Fax: 9710325
7 Zimmer, 13 Betten
EZ: 110,00 DM, DZ: 160,00 DM

Pension Haselmann
PLZ 48163, Flaßkamp 41
☎ 0251–717055
3 Zimmer, 5 Betten
EZ: 45,00 DM, DZ: 75,00 – 85,00 DM

Nienberge

Hotel Hüerländer
PLZ 48161, Twerenfeldweg 4
☎ 02533–561, 562 Fax: 4259
17 Zimmer, 32 Betten
EZ: 78,00 DM, DZ: 112,00 – 128,00 DM

Hotel Zurhorst
PLZ 48161, Nienberger Kirchplatz 4
☎ 02533–1330 Fax: 1330
14 Zimmer, 24 Betten
EZ: 50,00 DM, DZ: 98,00 – 130,00 DM

 25
 5,0

Hotel Zur Post
PLZ 48161, Altenberger Str. 8
☎ 02533–1292
8 Zimmer, 13 Betten
EZ: 40,00 DM, DZ: 80,00 – 100,00 DM

Roxel

Hotel Brintrup
PLZ 48161, Roxeler Str. 579
☎ 02534–7039 Fax: 1237
15 Zimmer, 24 Betten
EZ: 53,00 – 78,00 DM, DZ: 128,00 DM
 10-140

St. Mauritz

Gästehaus Haus vom Guten Hirten
PLZ 48145, Mauritz Lindenweg 61
☎ 0251–37870 Fax: 374549
27 Zimmer, 45 Betten
EZ: 50,00 DM, DZ: 90,00 DM
Dreibettzimmer: 129,00 DM
 15 1,5

Haus vom Guten Hirten

Mauritz-Lindenweg 61
48145 Münster
Tel. 0251-37870
Fax 0251-374549

*Alle Zimmer mit fl. k. u. w. Wasser
Konferenzraum mit 15 Plätzen*

Hotel Pleistermühle
PLZ 48157, Pleistermühlenweg 196
☎ 0251–311072 Fax: 311476
13 Zimmer, 26 Betten
EZ: 100,00 DM, DZ: 160,00 DM,
HP: 25,00 DM, VP: 50,00 DM
 40-150

Hotel Tannenhof
PLZ 48155, Prozessionsweg 402
☎ 0251–31373 Fax: 3111406
8 Zimmer, 13 Betten
EZ: 138,00 DM, DZ: 178,00 DM
 20-150

Wolbeck

Hotel Thier-Hülsmann
PLZ 48167, Münsterstr. 33
☎ 02506–2066 Fax: 3403
37 Zimmer, 57 Betten
EZ: 119,00 – 175,00 DM,
DZ: 145,00 – 235,00 DM, VP: ja
 15-70

Hotel Tanneneck
PLZ 48155, Alter Postweg 26
☎ 02506–7319
9 Zimmer, 15 Betten
EZ: 45,00 DM, DZ: 84,00 DM
[wc] P

Hotel garni Klostermann
PLZ 48167, Münsterstr. 25
☎ 02506–2234 Fax: 6034
7 Zimmer, 13 Betten
EZ: 55,00 DM, DZ: 98,00 DM
[wc] P 8,0

Nürnberg

Stadtmitte

Hotel garni Ibis Nürnberg Marientor
PLZ 90402, Königstorgraben 9
☎ 0911–24090 Fax: 2409413
152 Zimmer, 322 Betten
EZ: 135,00 DM, DZ: 150,00 DM

3-60 † 25.-31.12. 0,3

Wochenendangebote sind nicht im voraus buchbar

Wöhrdersee hotel Mercure
PLZ 90402, Dürrenhofstr. 8
☎ 0911–99490 Fax: 9949444
145 Zimmer, 290 Betten
EZ: 130,00 – 255,00 DM,
DZ: 150,00 – 305,00 DM,
HP: 22,00 – 28,00 DM,
VP: 44,00 – 56,00 DM

120 1,0 EZ
99,00 – 130,00 DM, DZ
119,00 – 150,00 DM

Hotel garni am Jakobsmarkt
PLZ 90402, Schottengasse 5
☎ 0911–241437 Fax: 22874
77 Zimmer, 130 Betten
EZ: 138,00 – 154,00 DM,
DZ: 194,00 – 204,00 DM, HP: 25,00 DM

0,0 EZ 112,00 DM, DZ
164,00 DM

Hotel Bayerischer Hof
PLZ 90402, Gleißbühlstr. 15
☎ 0911–23210 Fax: 2321511
79 Zimmer, 110 Betten
EZ: 119,00 – 125,00 DM,
DZ: 170,00 – 180,00 DM

Hotel garni Victoria
PLZ 90402, Königstr. 80
☎ 0911–24050 Fax: 227432
47 Zimmer, 93 Betten
EZ: 110,00 DM, DZ: 160,00 DM

Burghotel
PLZ 90403, Lammsgasse 3
☎ 0911–204414 Fax: 223882
46 Zimmer, 88 Betten
EZ: 118,00 – 125,00 DM,
DZ: 170,00 – 300,00 DM, HP: auf
Anfrage, VP: auf Anfrage

0,0

Hotel Weinhaus Steichele
PLZ 90402, Knorrstr. 2-8
☎ 0911–204377 Fax: 221914
42 Zimmer, 84 Betten
EZ: 120,00 DM, DZ: 170,00 DM,
HP: 25,00 DM, VP: 45,00 DM

0,0

Hotel garni Deutscher Kaiser
PLZ 90402, Königstr. 55
☎ 0911–203341 Fax: 2418982
52 Zimmer, 83 Betten
EZ: 80,00 – 105,00 DM,
DZ: 120,00 – 160,00 DM,
HP: 22,00 DM, VP: 44,00 DM

15 0,5 auf
Anfrage

Hotel garni Avenue
Inh. Werner Walz
PLZ 90403, Josephsplatz 10
☎ 0911–244000 Fax: 243600
41 Zimmer, 75 Betten
EZ: 135,00 – 165,00 DM,
DZ: 195,00 – 265,00 DM, HP: 35,00 DM

 25 0,0

Hotel garni Continental
PLZ 90402, Luitpoldstr. 14-16
☎ 0911–204571 Fax: 225168
38 Zimmer, 75 Betten
EZ: 85,00 DM, DZ: 140,00 DM

Romantik Hotel Am Josephsplatz
PLZ 90403, Josephsplatz 30-32
☎ 0911–241156 Fax: 243165
36 Zimmer, 69 Betten
EZ: 130,00 – 180,00 DM,
DZ: 180,00 – 250,00 DM

 12 † 23.12.-06.01. 0,0
auf Anfrage

Hotel garni Ibis Königstor
PLZ 90402, Königstr. 74
☎ 0911–232000 Fax: 209684
31 Zimmer, 62 Betten
EZ: 135,00 – 175,00 DM,
DZ: 150,00 – 190,00 DM,
HP: 20,00 DM, VP: 40,00 DM

 0,0
 78,00 DM ohne Frühstück auf
Anfrage

Hotel garni Kröll am Hauptmarkt
PLZ 90403, Hauptmarkt 6-8
☎ 0911–227113 Fax: 2419608
26 Zimmer, 52 Betten
EZ: 85,00 – 95,00 DM, DZ: 155,00 DM

Hotel garni Probst
PLZ 90402, Luitpoldstr. 9
☎ 0911–203433
25 Zimmer, 50 Betten
EZ: 72,00 – 83,00 DM,
DZ: 110,00 – 120,00 DM

Hotel garni Lorenz
PLZ 90402, Pfannenschmiedsgasse 4
☎ 0911–204417 Fax: 204457
23 Zimmer, 45 Betten
EZ: 100,00 DM, DZ: 155,00 DM

Garden Hotel garni
PLZ 90403, Vordere Ledergasse 12
☎ 0911–205060 Fax: 2050660
33 Zimmer, 42 Betten
EZ: 135,00 – 165,00 DM,
DZ: 180,00 – 225,00 DM

 0,0
 auf Anfrage

Hotel garni Drei Raben
PLZ 90402, Königstr. 63
☎ 0911–204583 Fax: 232611
20 Zimmer, 40 Betten
EZ: 120,00 – 155,00 DM,
DZ: 160,00 – 190,00 DM

Hotel garni Zum Walfisch
PLZ 90402, Jakobstr. 19
☎ 0911–225270
19 Zimmer, 38 Betten
EZ: 60,00 DM, DZ: 110,00 DM

Burghotel
Inh. Fam. Bischoff
PLZ 90403, Schildgasse 14-16
☎ 0911–203040 Fax: 226503
22 Zimmer, 35 Betten
EZ: 85,00 – 90,00 DM,
DZ: 145,00 – 185,00 DM

2,0

Hotel garni am Schönen Brunnen
PLZ 90403, Hauptmarkt 17
☎ 0911–224225 Fax: 225393
17 Zimmer, 34 Betten
EZ: 98,00 – 120,00 DM,
DZ: 145,00 – 180,00 DM

Hotel garni Pfälzer Hof
PLZ 90402, Am Gräslein 10
☎ 0911–221411 Fax: 221469
17 Zimmer, 34 Betten
EZ: 70,00 DM, DZ: 108,00 DM

Merian Hotel
Inh. Daniel Roskar
PLZ 90403, Unschlittplatz 7
☎ 0911–204194 Fax: 221274
21 Zimmer, 32 Betten
EZ: 125,00 – 140,00 DM,
DZ: 180,00 DM
 0,0

City-Hotel
PLZ 90402, Königstr. 25-27
☎ 0911–232645 Fax: 203999
15 Zimmer, 30 Betten
EZ: 105,00 – 115,00 DM,
DZ: 165,00 – 175,00 DM

Hotel garni Keiml
PLZ 90402, Luitpoldstr. 7
☎ 0911–226240
15 Zimmer, 30 Betten
EZ: 50,00 – 90,00 DM,
DZ: 85,00 – 130,00 DM

Pension Brendel
PLZ 90402, Blumenstr. 1
☎ 0911–225618
15 Zimmer, 30 Betten
EZ: 40,00 DM, DZ: 80,00 – 95,00 DM

Hotel Central
PLZ 90403, Augustinerstr. 2
☎ 0911–226451 Fax: 2418850
18 Zimmer, 28 Betten
EZ: 105,00 DM, DZ: 160,00 DM
 0,0

EZ 85,00 DM, DZ 145,00 DM

Pension Fischer
PLZ 90402, Brunnengasse 11
☎ 0911–226189
13 Zimmer, 26 Betten
EZ: 45,00 DM, DZ: 75,00 – 80,00 DM

Pension Aquamarin
PLZ 90402, Lorenzer Str. 11
☎ 0911–497705
13 Zimmer, 26 Betten
EZ: 69,00 DM, DZ: 79,00 – 89,00 DM

Gasthof Kronfleischküche
PLZ 90403, Kaiserstr. 22
☎ 0911–227845 Fax: 2419746
13 Zimmer, 26 Betten
EZ: 41,00 – 50,00 DM,
DZ: 82,00 – 90,00 DM

Gasthof Zum Schwänlein
PLZ 90402, Hintere Sterngasse 11
☎ 0911–225162 Fax: 2419008
16 Zimmer, 23 Betten
EZ: 35,00 – 50,00 DM,
DZ: 60,00 – 80,00 DM, HP: 15,00 DM,
VP: 25,00 DM
 0,2

Pension Altstadt
PLZ 90403, Hintere Ledergasse 4
☎ 0911–226102 Fax: 221806
14 Zimmer, 23 Betten
EZ: 45,00 – 55,00 DM,
DZ: 85,00 – 90,00 DM
 0,5

Gasthaus Keim
PLZ 90402, Peuntgasse 10
☎ 0911–225940
11 Zimmer, 22 Betten
EZ: 40,00 – 45,00 DM,
DZ: 75,00 – 80,00 DM

Pension Sonne
PLZ 90402, Königstr. 45
☎ 0911–227166
9 Zimmer, 18 Betten
EZ: 50,00 DM, DZ: 85,00 DM

Gasthof Pillhofer
PLZ 90402, Königstr. 78
☎ 0911–226322 Fax: 226322
9 Zimmer, 18 Betten
EZ: 55,00 DM, DZ: 95,00 DM

Pension Goldener Adler
PLZ 90402, Hallplatz 21
☎ 0911–221360
9 Zimmer, 17 Betten
EZ: 60,00 DM, DZ: 90,00 DM

Hotel garni Elch
PLZ 90403, Irrerstr. 9
☎ 0911–209544 Fax: 2419304
8 Zimmer, 15 Betten
EZ: 110,00 – 140,00 DM,
DZ: 160,00 – 200,00 DM

Pension Alt-Nürnberg
PLZ 90402, Breite Gasse 40
☎ 0911–224129
7 Zimmer, 14 Betten
EZ: 30,00 – 35,00 DM,
DZ: 50,00 – 50,00 DM

Hotel Blaue Traube
PLZ 90402, Johannesgasse 22
☎ 0911–221666 Fax: 243282
6 Zimmer, 12 Betten
EZ: 40,00 – 80,00 DM,
DZ: 80,00 – 120,00 DM

Hotel garni Albrecht-Dürer
PLZ 90403, Bergstr. 25
☎ 0911–204592
6 Zimmer, 11 Betten
EZ: 60,00 DM, DZ: 95,00 DM

Altenfurt

Hotel Daucher
PLZ 90475, Habsburger Str. 9 u. 12
☎ 0911–835699 Fax: 836053
37 Zimmer, 73 Betten
EZ: 80,00 DM, DZ: 120,00 DM

Hotel garni Nürnberger Trichter
PLZ 90475, Löwenberger Str. 147
☎ 0911–834304, 834307 Fax: 835880
35 Zimmer, 60 Betten
EZ: 90,00 – 120,00 DM,
DZ: 120,00 – 160,00 DM

 10,0

Eberhardshof

Hotel garni Hamburg
PLZ 90431, Hasstr. 3
☎ 0911–327218 Fax: 312589
23 Zimmer, 45 Betten
EZ: 105,00 – 168,00 DM,
DZ: 136,00 – 230,00 DM

Eibach

Hotel garni Am Hafen
PLZ 90451, Isarstr. 37
☎ 0911–6493078/-79 Fax: 644778
27 Zimmer, 53 Betten
EZ: 105,00 DM, DZ: 145,00 DM

 So ab 13 Uhr 8,0

Pension Eberlein
PLZ 90451, Jägerstr. 11
☎ 0911–6427821
25 Zimmer, 49 Betten
EZ: 30,00 DM, DZ: 56,00 DM

Erlenstegen

Hotel garni Erlenstegen
PLZ 90491, Äußere Sulzbacher Str. 157
☎ 0911–591033 Fax: 591036
40 Zimmer, 62 Betten
EZ: 125,00 – 155,00 DM,
DZ: 175,00 – 215,00 DM

 24.12.-06.01. 4,0

Hotel Siechenkobel
PLZ 90491, Äußere Sulzbacher Str. 151
☎ 0911–593476 Fax: 5988058
10 Zimmer, 20 Betten
EZ: 115,00 DM

Fischbach

Hotel Silberhorn
PLZ 90475, Fischbacher Hauptstr.
108-112
☎ 0911–983504 Fax: 832316
65 Zimmer, 130 Betten
EZ: 130,00 DM, DZ: 170,00 DM,
HP: 25,00 DM, VP: 45,00 DM

2-100 8,0

Hotel garni Fischbacher Stuben
PLZ 90475, Hutbergstr. 2
☎ 0911–831011 Fax: 832473
12 Zimmer, 32 Betten
EZ: 90,00 – 110,00 DM,
DZ: 120,00 – 150,00 DM

10,0

Hotel garni Postkutsche
Inh. F. Gaßner
PLZ 90475, Fischbacher Hauptstr. 109
☎ 0911–831783
12 Zimmer, 24 Betten
EZ: 60,00 – 80,00 DM,
DZ: 90,00 – 130,00 DM

8,0

Gärten b. W.

Hotel Drei Linden
PLZ 90489, Äußere Sulzbacher Str. 1
☎ 0911–533233 Fax: 554047
20 Zimmer, 40 Betten
EZ: 120,00 – 150,00 DM,
DZ: 180,00 – 220,00 dM

Gärten h. d. V.

Hotel garni alte Messehalle
PLZ 90409, Am Stadtpark 5
☎ 0911–58810 Fax: 5881100
29 Zimmer, 58 Betten
EZ: 90,00 DM, DZ: 125,00 DM

Hotel garni am Stadtpark
PLZ 90409, Bayreuther Str. 31
☎ 0911–559925 Fax: 554395
25 Zimmer, 50 Betten
EZ: 90,00 DM, DZ: 100,00 – 140,00 DM

Hotel garni Haus Vosteen
PLZ 90409, Lindenaststr. 12
☎ 0911–533325
10 Zimmer, 20 Betten
EZ: 38,00 – 55,00 DM,
DZ: 90,00 – 95,00 DM

Galgenhof

Advantage Appartement Hotel
PLZ 90459, Dallinger Str. 5
☎ 0911–94550 Fax: 9455200
50 Zimmer, 70 Betten
EZ: 119,00 – 169,00 DM,
DZ: 149,00 – 219,00 DM, HP: 25,00 DM

 So 0,5

Hotel garni Luga
PLZ 90459, Gabelsberger Str. 49
☎ 0911–445291 Fax: 435839
30 Zimmer, 62 Betten
EZ: 95,00 – 105,00 DM,
DZ: 135,00 – 160,00 DM

 0,9

Hotel garni Schweizer Hof
PLZ 90459, Karl-Bröger-Str. 38
☎ 0911–443860
32 Zimmer, 61 Betten
EZ: 61,00 – 75,00 DM,
DZ: 92,00 – 122,00 DM

Hotel Busch
PLZ 90459, Aufseßplatz 2
☎ 0911–44069 Fax: 435558
28 Zimmer, 55 Betten
EZ: 120,00 DM,
DZ: 160,00 – 170,00 DM

Hotel am Hauptbahnhof garni
PLZ 90459, Comeniusstr. 1
☎ 0911–445099 Fax: 4466785
22 Zimmer, 44 Betten
EZ: 98,00 DM, DZ: 120,00 DM

Hotel Keglerkrug
PLZ 90459, Peter-Henlein-Str. 44
☎ 0911–444967 Fax: 241309
14 Zimmer, 33 Betten
EZ: 90,00 DM, DZ: 120,00 DM

Hotel garni Berlin
PLZ 90459, Comeniusstr. 8
☎ 0911–448448 Fax: 448448
15 Zimmer, 30 Betten
EZ: 80,00 DM, DZ: 120,00 DM

Hotel garni Mozart
PLZ 90459, Galgenhofstr. 45
☎ 0911–447707 Fax: 451913
14 Zimmer, 27 Betten
EZ: 99,00 – 110,00 DM,
DZ: 120,00 – 140,00 DM

Gartenstadt

Pension Stiegler
PLZ 90469, Herpersdorfer Str. 3
☎ 0911–48881 Fax: 4801616
13 Zimmer, 25 Betten
EZ: 72,00 – 85,00 DM,
DZ: 135,00 – 150,00 DM

Gostenhof

Gästehaus Maximilian
Appartement-Residenz in Nürnberg
PLZ 90429, Obere Kanalstr. 11
☎ 0911–92950 Fax: 9295610
287 Zimmer, 411 Betten
EZ: 145,00 DM, DZ: 185,00 DM

 6-8 1,0 nur
außerhalb der Messezeiten

Hotel garni Am Ring
PLZ 90429, Am Plärrer 2
☎ 0911–284530, 92612-0 Fax: 284859
32 Zimmer, 54 Betten
EZ: 50,00 – 80,00 DM,
DZ: 75,00 – 130,00 DM

 0,2

Hotel garni Metropol
PLZ 90429, Fürther Str. 338
☎ 0911–324390 Fax: 3243913
16 Zimmer, 32 Betten
EZ: 84,00 – 92,00 DM,
DZ: 110,00 – 140,00 DM

Großgründlach

Gasthaus Rotes Ross
PLZ 90427, Großgründlacher Hauptstr. 22
☎ 0911–301003 Fax: 3067328
13 Zimmer, 25 Betten
EZ: 108,00 DM, DZ: 158,00 DM

Herpersdorf

Gasthaus Egerer
PLZ 90455, Radmeisterstr. 11
☎ 0911–884022
9 Zimmer, 18 Betten
EZ: 60,00 DM, DZ: 90,00 DM

Hummelstein

Hotel Gerhard
PLZ 90459, Pillenreuther Str. 144
☎ 0911–442277 Fax: 447712
40 Zimmer, 80 Betten
EZ: 89,00 – 169,00 DM,
DZ: 120,00 – 198,00 DM

Gasthof Cramer-Klett
PLZ 90459, Pillenreuther Str. 162
☎ 0911–449291
19 Zimmer, 38 Betten
EZ: 30,00 DM, DZ: 60,00 DM

Hotel garni Lichtenhof
PLZ 90459, Pillenreuther Str. 150
☎ 0911–9945990 Fax: 99459925
8 Zimmer, 15 Betten
EZ: 95,00 – 125,00 DM,
DZ: 145,00 – 165,00 DM

Kleinreuth b./Schw.

Pension Weinländer
PLZ 90431, Rothenburger Str. 482
☎ 0911–612761
16 Zimmer, 31 Betten
EZ: 38,00 DM, DZ: 75,00 DM

Kornburg

Gasthaus Weisses Lamm
PLZ 90455, Fleckenstr. 2
☎ 09129–8732 Fax: 4394
20 Zimmer, 40 Betten
EZ: 50,00 – 65,00 DM,
DZ: 88,00 – 100,00 DM

Gasthaus Grüner Baum
PLZ 90455, Venatoriusstr. 7
☎ 09129–5060
20 Zimmer, 40 Betten
EZ: 55,00 – 65,00 DM,
DZ: 95,00 – 105,00 DM

Langwasser

Hotel garni Langwasser
PLZ 90471, Thomas-Mann-Str. 71
☎ 0911–86735 Fax: 869987
26 Zimmer, 52 Betten
EZ: 118,00 DM, DZ: 168,00 DM

Laufamholz

Park-Hotel
PLZ 90482, Brandstr. 64
☎ 0911–501057 Fax: 503510
18 Zimmer, 35 Betten
EZ: 108,00 – 128,00 DM,
DZ: 138,00 – 158,00 DM

Pension Christl
Inh. Fam. Pröli
PLZ 90482, Laufamholzstr. 216 c
☎ 0911–950730 Fax: 95073-13
23 Zimmer, 30 Betten
EZ: 48,00 – 55,00 DM,
DZ: 89,00 – 95,00 DM
 10,0

Leyh

Hotel garni Westend
PLZ 90431, Karl-Martell-Str. 42-44
☎ 0911–939860 Fax: 3263601
20 Zimmer, 40 Betten
EZ: 75,00 – 88,00 DM,
DZ: 118,00 – 128,00 DM

Gasthof Höfener Garten
PLZ 90431, Höfener Str. 184
☎ 0911–324530 Fax: 3245350
12 Zimmer, 23 Betten
EZ: 95,00 DM, DZ: 150,00 DM

Lichtenhof

Hotel Avantgarde
PLZ 90461, Allersberger Str. 34
☎ 0911–443181 Fax: 436933
42 Zimmer, 84 Betten
EZ: 89,00 – 129,00 DM,
DZ: 129,00 – 238,00 DM

Hotel Meteor
PLZ 90461, Holzgartenstr. 25
☎ 0911–498273 Fax: 497822
35 Zimmer, 70 Betten
EZ: 95,00 – 120,00 DM,
DZ: 140,00 – 180,00 DM

Gasthof Petzengarten
PLZ 90461, Wilhelm-Spaeth-Str. 47-49
☎ 0911–49581 Fax: 472836
32 Zimmer, 57 Betten
EZ: 115,00 – 135,00 DM,
DZ: 190,00 DM

 100 † So ab 14 Uhr 4,0

Gasthof Süd
PLZ 90461, Ingolstädter Str. 51
☎ 0911–445139
26 Zimmer, 52 Betten
EZ: 37,00 DM, DZ: 64,00 – 80,00 DM

CT-Hotel
PLZ 90461, Allersberger Str. 26
☎ 0911–443181 Fax: 436933
25 Zimmer, 49 Betten
EZ: 79,00 – 139,00 DM,
DZ: 109,00 – 189,00 DM

Lohe

Hotel Schlötzer
PLZ 90427, Loher Hauptstr. 118
☎ 0911–345718 Fax: 347214
21 Zimmer, 42 Betten
EZ: 80,00 DM, DZ: 115,00 DM

Maiach

Gasthof Palmengarten
PLZ 90451, Innstr. 17
☎ 0911–963530 Fax: 9635319
10 Zimmer, 20 Betten
EZ: 70,00 – 78,00 DM, DZ: 105,00 DM

Mögeldorf

Gasthaus Zur Friedenslinde
PLZ 90482, Mögeldorfer Hauptstr. 63
☎ 0911–5441909 Fax: 5430831
8 Zimmer, 16 Betten
EZ: 90,00 DM, DZ: 135,00 DM

Muggenhof

Gasthaus Laternd'l
PLZ 90429, Tassilostr. 12
☎ 0911–3262107 Fax: 3263656
5 Zimmer, 9 Betten
EZ: 39,00 – 79,00 DM,
DZ: 98,00 – 118,00 DM

Neunhof

Pension Goldsche
PLZ 90427, Obere Dorfstr. 6
☎ 0911–305565
7 Zimmer, 14 Betten
EZ: 45,00 – 75,00 DM, DZ: 110,00 DM

Rennweg

Pension Übelacker
PLZ 90489, Mathildenstr. 13
☎ 0911–553158 Fax: 558445
14 Zimmer, 27 Betten
EZ: 55,00 – 60,00 DM,
DZ: 95,00 – 100,00 DM

Reutles

Hotel garni Käferstein
PLZ 90427, Reutleser Str. 67
☎ 0911–306905 Fax: 306900
42 Zimmer, 84 Betten
EZ: 110,00 – 170,00 DM,
DZ: 140,00 – 220,00 DM

Hotel Höfler
PLZ 90427, Reutleser Str. 59-61
☎ 0911–305073 Fax: 306621
33 Zimmer, 66 Betten
EZ: 135,00 – 160,00 DM,
DZ: 150,00 – 190,00 DM

Schoppershof

Hotel garni Cristal
PLZ 90491, Willibaldstr. 7
☎ 0911–564004 Fax: 564006
42 Zimmer, 70 Betten
EZ: 105,00 – 115,00 DM,
DZ: 120,00 – 150,00 DM

 20 1,0 auf Anfrage

Hotel garni Klughardt
PLZ 90491, Tauroggenstr. 40
☎ 0911–91988-0 Fax: 595989
31 Zimmer, 43 Betten
EZ: 80,00 – 99,00 DM,
DZ: 110,00 – 150,00 DM

24.12.-06.01. 2,0

Schweinau

Pension Bauer
PLZ 90441, Friesenstr. 3
☎ 0911–66038 Fax: 629816
15 Zimmer, 30 Betten
EZ: 80,00 DM, DZ: 150,00 DM

Steinbühl

Hotel garni Peter Henlein
PLZ 90443, Peter-Henlein-Str. 15
☎ 0911–412912 Fax: 417242
25 Zimmer, 50 Betten
EZ: 95,00 DM, DZ: 125,00 DM

Pension Vater Jahn
PLZ 90478, Jahnstr. 13
☎ 0911–444507
14 Zimmer, 28 Betten
EZ: 60,00 DM, DZ: 90,00 DM

Gasthaus Humboldtklause
PLZ 90443, Humboldtstr. 41
☎ 0911–413801
7 Zimmer, 14 Betten
EZ: 52,00 DM, DZ: 85,00 DM

Gasthaus Fleischmann
PLZ 90443, Gibitzenhofstr. 52
☎ 0911–413217 Fax: 414617
6 Zimmer, 12 Betten
EZ: 70,00 – 80,00 DM,
DZ: 90,00 – 98,00 DM

Pension Melanchthon
PLZ 90443, Melanchtonplatz 1
☎ 0911–412626
6 Zimmer, 12 Betten
EZ: 40,00 – 50,00 DM,
DZ: 70,00 – 80,00 DM

St. Johannis

Gästehaus Ledon garni
PLZ 90419, Burgschmietstr. 8
☎ 0911–372950 Fax: 3729555
32 Zimmer, 64 Betten
EZ: 100,00 DM, DZ: 170,00 DM

St. Peter

Hotel garni am Heideloffplatz
PLZ 90478, Heideloffplatz 9-11
☎ 0911–449451 Fax: 4469661
35 Zimmer, 70 Betten
EZ: 92,00 – 125,00 DM,
DZ: 180,00 – 190,00 DM

Hotel garni St. Peter
PLZ 90478, Harsdörfferstr. 30
☎ 0911–946690 Fax: 466147
160 Zimmer, 35 Betten
EZ: 125,00 DM,
DZ: 155,00 – 185,00 DM

Tafelhof

Ibis Nürnberg Plärrer
PLZ 90443, Steinbühlerstr. 2
☎ 0911–23710 Fax: 223319
118 Zimmer, 235 Betten
EZ: 139,00 DM, DZ: 183,00 DM

Altea Hotel Carlton
PLZ 90443, Eilgutstr. 13-15
☎ 0911–20030 Fax: 2003532
100 Zimmer, 200 Betten
EZ: 130,00 – 265,00 DM,
DZ: 150,00 – 355,00 DM

Hotel am Sterntor
PLZ 90443, Tafelhofstr. 8-14
☎ 0911–23581 Fax: 203101
80 Zimmer, 160 Betten
EZ: 110,00 – 150,00 DM,
DZ: 130,00 – 200,00 DM

Hotel Marienbad
PLZ 90443, Eilgutstr. 5
☎ 0911–203147 Fax: 204260
50 Zimmer, 100 Betten
EZ: 110,00 – 130,00 DM,
DZ: 150,00 – 180,00 DM

Hotel Astoria
PLZ 90443, Weidenkellerstr. 4
☎ 0911–208505 Fax: 243670
30 Zimmer, 57 Betten
EZ: 115,00 – 180,00 DM,
DZ: 130,00 – 240,00 DM, HP: ja, VP: ja

 70,80 0,3

Hotel garni Fackelmann
PLZ 90443, Essenweinstr. 10
☎ 0911-204121 Fax: 241604
25 Zimmer, 50 Betten
EZ: 98,00 - 130,00 DM,
DZ: 150,00 - 180,00 DM

Smile-Hotel
PLZ 90443, Zufuhrstr. 4
☎ 0911-262491 Fax: 270295
20 Zimmer, 25 Betten
EZ: 65,00 - 75,00 DM,
DZ: 105,00 - 130,00 DM
 1,0

Thon

Hotel Kreuzeck
PLZ 90425, Schnepfenreuther Weg 1
☎ 0911-34961 Fax: 383304
30 Zimmer, 40 Betten
EZ: 85,00 - 130,00 DM,
DZ: 95,00 - 160,00 DM, HP: ja

Wöhrd

Hotel Prinzregent garni
PLZ 90489, Prinzregentenufer 11
☎ 0911-533107 Fax: 556236
35 Zimmer, 81 Betten
EZ: 99,00 - 170,00 DM,
DZ: 130,00 - 220,00 DM
 1,0

Hotel garni Royal
PLZ 90489, Theodorstr. 9
☎ 0911-533209 Fax: 534311
35 Zimmer, 70 Betten
EZ: 56,00 DM, DZ: 93,00 DM
 2,0

Hotel garni Wöhrder Hof Royal
PLZ 90489, Rahm 18
☎ 0911-536060 Fax: 538617
27 Zimmer, 38 Betten
EZ: 93,00 DM, DZ: 130,00 - 150,00 DM
 2,0

Worzeldorf

Hotel Zirbelstube
PLZ 90455, Friedrich-Overbeck-Str. 1
☎ 0911-88155
8 Zimmer, 16 Betten
EZ: 130,00 - 150,00 DM,
DZ: 180,00 - 200,00 DM
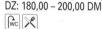

Zerzabelshof

Hotel am Tiergarten
PLZ 90480, Am Tiergarten 8
☎ 0911-547071 Fax: 5441866
63 Zimmer, 118 Betten
EZ: 105,00 - 160,00 DM,
DZ: 130,00 - 205,00 DM,
HP: 23,00 DM, VP: 43,00 DM
 6-600 5,0 EZ
105,00 DM, DZ 130,00 DM

Hotel Jägerheim
PLZ 90480, Valznerweiherstr. 75
☎ 0911-404021 Fax: 404125
33 Zimmer, 55 Betten
EZ: 100,00 DM, DZ: 130,00 DM
 60 5,0

Ziegelstein

Hotel Alpha
PLZ 90411, Ziegelsteinstr. 197
☎ 0911–952450 Fax: 9524545
21 Zimmer, 42 Betten
EZ: 90,00 – 105,00 DM,
DZ: 120,00 – 150,00 DM

Hotel garni Sanssouci
PLZ 90411, Bierweg 71
☎ 0911–522474 Fax: 5299382
14 Zimmer, 27 Betten
EZ: 70,00 DM, DZ: 105,00 DM

Potsdam

Stadtmitte

Landhaus Onkel Emil
Inh. Fam. Scholz
PLZ 14467, Hauptstr. 2
☎ 0331–974687 Fax: 974687
3 Zimmer, 6 Betten
EZ: 90,00 DM, DZ: 120,00 DM
 35
5,0

Babelsberg

Hotel Babelsberg
Inh. Piotrowski
PLZ 14482, Stahnsdorfer Str. 68
☎ 0331–74901-0, 708889 Fax: 707668
23 Zimmer, 41 Betten
EZ: 65,00 – 95,00 DM,
DZ: 90,00 – 120,00 DM
 3,0

Hotel Zum Hummer
PLZ 14482, Park Babelsberg 2
☎ 0331–77398 Fax: 77398
12 Zimmer, 24 Betten
EZ: 85,00 DM, DZ: 110,00 DM
 2,0

DEFA Gästehaus
PLZ 14482, Stahnsdorfer Str. 81
☎ 0331–9653188
14 Zimmer, 23 Betten
EZ: 39,00 DM, DZ: 75,00 – 85,00 DM
Preise ohne Frühstück
 2,0

Berliner Vorstadt

Hotel Am Jägertor
PLZ 14467, Hegelallee 11
☎ 0331–21834/-36 Fax: 21038
25 Zimmer, 45 Betten
EZ: 105,00 – 130,00 DM,
DZ: 135,00 – 185,00 DM
 8,25
2,0 Nov.-Dez.

Speiserestaurant Rote Villa
PLZ 14467, Berliner Str. 133
☎ 0331–24607 Fax: 23703
3 Zimmer, 6 Betten
EZ: 120,00 DM, DZ: 180,00 DM

Brandenburger Vorstadt

Hotel Bayrisches Haus
PLZ 14471, Im Wildpark 1
☎ 0331–973192 Fax: 972329
24 Zimmer, 42 Betten
EZ: 115,00 – 160,00 DM,
DZ: 195,00 – 225,00 DM,
HP: 25,00 DM, VP: 50,00 DM
15-20,25,40 5,0

Neu Fahrland

Die Herberge
PLZ 14476, Tschudisstr. 6
☎ 0172–2804093 Fax: 2801838
41 Zimmer, 120 Betten
EZ: 55,00 DM, DZ: 80,00 DM,
HP: möglich, VP: möglich
 30-40
3,5

Schlaatz

Residence Hotel Potsdam
PLZ 14478, Saarmunder Str. 60
☎ 0331–8830-0 Fax: 8830-511
239 Zimmer, 427 Betten
EZ: 110,00 – 185,00 DM,
DZ: 240,00 – 420,00 DM,
HP: 25,00 DM, VP: 50,00 DM
zusätlich Suite: 490,00 – 520,00 DM;
Preise ohne Frühstück

 588 4,0

Pension „Mark Brandenburg"
Inh. Gabriele Albrecht
PLZ 14478, Heinrich-Mann-Allee 71
☎ 0331–888230 Fax: 8882344
17 Zimmer, 33 Betten
EZ: 85,00 DM, DZ: 140,00 – 170,00 DM

 25

West

Hotelschiff Friedrich der Große
PLZ 14471, Am Kai der Weißen Flotte
☎ 0331–8760 Fax: 872006
49 Zimmer, 101 Betten
EZ: 140,00 – 185,00 DM,
DZ: 170,00 – 240,00 DM

Pension Am Luftschiffhafen
PLZ 14471, Am Luftschiffhafen 1
☎ 0331–9679147 Fax: 9690113
20 Zimmer, 101 Betten
EZ: 95,00 DM, DZ: 140,00 DM

 18 5,0

Jugend- u. Seminarhotel
PLZ 14471, Geschwister-Scholl-Str. 51
☎ 0331–972325 Fax: 964763
18 Zimmer, 45 Betten
EZ: 45,00 DM, DZ: 80,00 DM,
HP: 15,00 DM, VP: 20,00 DM

P 5,80 2,5

Hotel-Pension Kranich
PLZ 14469, Kirschallee 57
☎ 0331–2805078/-79 Fax: 2805080
15 Zimmer, 29 Betten
EZ: 105,00 DM, DZ: 155,00 DM

P 4,0

Restaurant-Pension Barvega
PLZ 14471, Sonnenlandstr. 12
☎ 0331–973170 Fax: 973170
3 Zimmer, 7 Betten
EZ: 70,00 – 80,00 DM,
DZ: 130,00 – 180,00 DM

 P 30

† Rest.: So

Rostock

Stadtmitte

Hotel Am Bahnhof
PLZ 18055, Konrad-Adenauer-Platz 1
☎ 0381–4936331 Fax: 4934679
73 Zimmer, 118 Betten
EZ: 125,00 DM,
DZ: 165,00 – 195,00 DM,
HP: 20,00 DM, VP: 40,00 DM

 14

Hotel Mecklenburger Hof
PLZ 18055, August-Bebel-Str. 111
☎ 0381–4922301 Fax: 4922303
21 Zimmer, 44 Betten
EZ: ab 100,00 DM, DZ: ab 145,00 DM,
HP: 18,00 DM

 30

City-Pension
Inh. Sonja Polke
PLZ 18055, Krönkenhagen 3
☎ 0381–4590829, 4590704
8 Zimmer, 13 Betten
EZ: ab 75,00 DM,
DZ: 135,00 – 150,00 DM

0,2

Pension
PLZ 18057, Doberaner Str. 155
Neueröffnung in 1995

Dierkow

Landhaus Dierkow
Inh. Petra u. Willi Harnack
PLZ 18146, Gutenbergstr. 5-6
☎ 0381–65800 Fax: 6580100
44 Zimmer, 59 Betten
EZ: 99,00 – 120,00 DM,
DZ: 135,00 – 145,00 DM,
HP: 20,00 DM, VP: 35,00 DM

 24

Groß-Klein

Motel Troika
Inh. U. und. U. Klingebeil
PLZ 18109, Alte Warnemünder
Chaussee 42
☎ 0381–717970 Fax: 717870
15 Zimmer, 30 Betten
EZ: ab 80,00 DM, DZ: ab 120,00 DM,
HP: 20,00 DM, VP: 30,00 DM

 30

Hinrichshagen

Schinkenkrug
PLZ 18146, Bäderstr.

Lütten Klein

Congress-Hotel Rostock
PLZ 18107, St.-Petersburger-Str. 45
☎ 0381–7030 Fax: 703294
182 Zimmer, 352 Betten
EZ: 125,00 – 145,00 DM,
DZ: 150,00 – 180,00 DM,
HP: 25,00 DM, VP: 45,00 DM

 20-450

Markgrafenheide

Pension Uns Eck
Inh. Lothar Klee
PLZ 18146, Waldsiedlung 11a
☎ 0381–669900
11 Zimmer, 30 Betten
EZ: 50,00 – 80,00 DM,
DZ: 80,00 – 100,00 DM

 28

Hotel Heideperle
PLZ 18146, Waldweg 5
☎ 0381–669827 Fax: 669827
16 Zimmer, 28 Betten
EZ: 95,00 – 105,00 DM,
DZ: 110,00 – 140,00 DM
zusätzlich Bungalows

Reutershagen

Hotel Haus der Hochseefischer
PLZ 18069, Holbeinplatz 14
☎ 0381–8075100 Fax: 8098354
146 Zimmer, 279 Betten
EZ: 55,00 – 65,00 DM,
DZ: 80,00 – 90,00 DM, HP: 18,00 DM,
VP: 35,00 DM

elbotel
Appartement-Hotel
PLZ 18069, Fritz-Triddelfritz-Weg 2
☎ 0381–80880 Fax: 8088708
98 Zimmer, 136 Betten
EZ: 95,00 – 165,00 DM,
DZ: 145,00 – 190,00 DM,
HP: 27,50 DM, VP: 55,00 DM
Restaurant eröffnet im Mai 1995

Pension Zur Rotbuche
Inh. Erika Kissmann
PLZ 18069, Blumenweg 1
☎ 0381–455230
4 Zimmer, 8 Betten
DZ: 93,00 – 120,00 DM

Schmarl

Jugendgästeschiff Schmarl
PLZ 18106, Schmarl-Dorf
☎ 0381–716224 Fax: 714014

Südstadt

Hotel An der Stadthalle
PLZ 18059, Südring 90
☎ 0381–405200 Fax: 4052062
25 Zimmer, 59 Betten
EZ: 69,00 – 140,00 DM,
DZ: 90,00 – 150,00 DM

 0,3

Hotel im Bürotel
PLZ 18059, Platz der Freundschaft 1
☎ 0381–448420 Fax: 448420
14 Zimmer, 26 Betten
EZ: 85,00 – 105,00 DM,
DZ: 100,00 – 125,00 DM

Warnemünde

Wefthotel
PLZ 18119, Parkstr. 46
☎ 0381–51205, 52386 Fax: 5103473
103 Zimmer, 212 Betten
EZ: ab 44,00 DM, DZ: ab 70,00 DM

Hanse Hotel Warnemünde
PLZ 18119, Parkstr. 51
☎ 0381–5450 Fax: 5453006
74 Zimmer, 144 Betten
EZ: 140,00 – 200,00 DM,
DZ: 180,00 – 230,00 DM, HP: 28,00 DM

 25

Hotel Am Alten Strom
PLZ 18119, Am Strom 60-61
☎ 0381–52581 Fax: 52581
41 Zimmer, 89 Betten
EZ: 45,00 – 100,00 DM,
DZ: 70,00 – 160,00 DM, HP: 20,00 DM,
VP: 35,00 DM

Hotel Stolteraa
PLZ 18119, Strandweg 17
☎ 0381–5321
47 Zimmer, 80 Betten
EZ: 50,00 – 65,00 DM,
DZ: 80,00 – 180,00 DM, HP: 18,00 DM,
VP: 35,00 DM

Hotel Warnemünde
PLZ 18119, Am Kirchenplatz
☎ 0381–51216/-19 Fax: 52054
20 Zimmer, 41 Betten
EZ: 130,00 DM,
DZ: 145,00 – 160,00 DM

Hotel Am Leuchtturm
PLZ 18119, Am Leuchtturm 16
☎ 0381–52543 Fax: 52544
20 Zimmer, 40 Betten
EZ: ab 79,00 DM, DZ: ab 129,00 DM

Parkhotel Seeblick
PLZ 18119, Strandweg 12 a
☎ 0381–519550 Fax: 5195403
19 Zimmer, 37 Betten
EZ: 140,00 DM, DZ: 170,00 DM

Hotel Germania
PLZ 18119, Am Strom 110-111
☎ 0381–519850 Fax: 5198510
18 Zimmer, 30 Betten
EZ: 135,00 – 155,00 DM,
DZ: 165,00 – 185,00 DM

Pension Zur Brücke
PLZ 18119, Alexandrinenstr. 35
☎ 0381–52448 Fax: 52448
17 Zimmer, 28 Betten
EZ: 30,00 – 90,00 DM,
DZ: 70,00 – 130,00 DM

Pension Katy
Inh. Christa Kanwischer
PLZ 18119, Kurhausstr. 9
☎ 0381–51143 Fax: 51143
12 Zimmer, 24 Betten
DZ: 110,00 – 150,00 DM

Pension Zum Alten Strom
PLZ 18119, Alexandrinenstr. 128
☎ 0381–51616, 51617, 51618
Fax: 51617
8 Zimmer, 24 Betten
EZ: 90,00 DM, DZ: 100,00 DM
Ferienwohnung: 160,00 DM ohne
Frühstück

 Rest.: Sa

Hus Jenny Ferienpension
PLZ 18119, Groß Kleiner Weg 11
☎ 0381–51664 Fax: 51665
8 Zimmer, 20 Betten
EZ: 75,00 – 80,00 DM,
DZ: 110,00 – 120,00 DM
Ferienwohnung: 150,00 – 160,00 DM

Hotel-Versteck am Strom
PLZ 18119, Am Strom 32
☎ 0381–5191110 Fax: 52620
10 Zimmer, 17 Betten
EZ: 120,00 – 130,00 DM,
DZ: 150,00 – 185,00 DM

Hotel Hübner
PLZ 18119, Seestr. 12
100 Zimmer

Travel Charme Hotel Hübner
PLZ 18119, Seestr. 10
Neueröffnung in 1995

Kurpark-Hotel
PLZ 18199, Kurhausstr./Schillerstr.
Neueröffnung Mai 1995

Ostsee-Ferienzentrum
PLZ 18146, Budentannenweg 10
☎ 0381–669955 Fax: 669557

Warnemünde-Diedrichshagen

Hotel Warnemünder Hof
und Restaurant „Uns Hüsung"
PLZ 18119, Stolteraer Weg 8
☎ 0381–51307 Fax: 51306
95 Zimmer, 190 Betten
EZ: ab 140,00 DM, DZ: ab 170,00 DM,
HP: 20,00 DM

 125

Elro-Ferienhof Ostseeland
PLZ 18119, Stolteraer Weg 47
☎ 0381–52603
17 Zimmer, 70 Betten

Landhaus Frommke
PLZ 18119, Stolteraer Weg 3
☎ 0381–5191904 Fax: 5191905
9 Zimmer, 20 Betten
EZ: 100,00 – 120,00 DM,
DZ: 150,00 – 180,00 DM

Hotel Hus Sunnengold
PLZ 18119, Stolteraer Weg 34 b
☎ 0381–5190815

Stuttgart

Stadtmitte

InterCity Hotel
PLZ 70173, Arnulf-Klett-Platz 2
☎ 0711–2239801 Fax: 2261899
112 Zimmer, 147 Betten
EZ: 135,00 – 180,00 DM,
DZ: 220,00 DM

Hansa MinOtel
PLZ 70176, Silberburgstr. 114-116
☎ 0711–625083 Fax: 617349
79 Zimmer, 136 Betten
EZ: 90,00 – 115,00 DM,
DZ: 115,00 – 165,00 DM

Hotel Wartburg
PLZ 70174, Lange Str. 49
☎ 0711–2045-0 Fax: 2045-450
81 Zimmer, 99 Betten
EZ: 75,00 – 185,00 DM,
DZ: 125,00 – 250,00 DM

Gasthof Alte Mira
PLZ 70174, Büchsenstr. 24
☎ 0711–295132 Fax: 2991606
35 Zimmer, 63 Betten
EZ: 60,00 – 100,00 DM,
DZ: 100,00 – 140,00 DM

REMA-Hotel Astoria
PLZ 70174, Hospitalstr. 29
☎ 0711–299301 Fax: 299307
48 Zimmer, 58 Betten
EZ: 95,00 – 240,00 DM,
DZ: 220,00 – 230,00 DM

City Hotel
PLZ 70182, Uhlandstr. 18
☎ 0711–210810 Fax: 2369772
32 Zimmer, 57 Betten
EZ: 140,00 – 150,00 DM,
DZ: 170,00 – 200,00 DM

 0,5

 20 % Preisnachlaß

Uhlandstr. 18 70182 Stuttgart-Mitte
Tel. 0711-21081-0 Fax 0711-2369772

*Zimmer mit Dusche/WC, Tel.,TV, Minibar
0,5 km vom Stadtzentrum entfernt; Parkplatz
Wochenendpreise 20 % Rabatt*

Hotel Berlin
PLZ 70176, Hasenbergstr. 49 A
☎ 0711–613070 Fax: 613079
30 Zimmer, 45 Betten
EZ: 119,00 DM, DZ: 139,00 DM,
HP: 18,00 DM

 20 1,0

Hotel garni Find
PLZ 70178, Hauptstätterstr. 53 b
☎ 0711–6404076-78 Fax: 6409417
29 Zimmer, 42 Betten
EZ: 77,00 – 110,00 DM,
DZ: 118,00 – 180,00 DM

 0,0

Hotel Wörtz zur Weinsteige
PLZ 70184, Hohenheimer Str. 30
☎ 0711–2367001 Fax: 2367007
25 Zimmer, 40 Betten
EZ: 90,00 – 180,00 DM,
DZ: 125,00 – 280,00 DM,
HP: 35,00 DM, VP: 60,00 DM

† So, Mo, Feiert. 1,0

Hotel Am Wilhelmsplatz
PLZ 70182, Wilhelmsplatz 9
☎ 0711–210240 Fax: 21024-99
27 Zimmer, 35 Betten
EZ: 130,00 – 160,00 DM,
DZ: 160,00 – 210,00 DM

0,0 EZ 95,00 DM, DZ
130,00 – 160,00 DM

Hotel Münchner Hof
PLZ 70190, Neckarstr. 170
☎ 0711–925700 Fax: 2626170
30 Zimmer, 34 Betten
EZ: 120,00 – 140,00 DM,
DZ: 155,00 – 180,00 DM

15

2,0 EZ 99,00 DM, DZ
135,00 DM

Hotel garni Espenlaub
PLZ 70182, Charlottenstr. 27
☎ 0711–210910 Fax: 2109155
24 Zimmer, 34 Betten
EZ: 75,00 – 150,00 DM,
DZ: 92,00 – 180,00 DM

1,2

Hotel Köhler
PLZ 70190, Neckarstr. 209
☎ 0711–16666-0 Fax: 16666-33
20 Zimmer, 30 Betten
EZ: 68,00 – 95,00 DM,
DZ: 110,00 – 160,00 DM

Hotel Sphinx
PLZ 70190, Neckarstr. 215 a
☎ 0711–261924 Fax: 261149
18 Zimmer, 28 Betten
EZ: 48,00 – 53,00 DM,
DZ: 93,00 – 98,00 DM

Hotel Wirt am Berg
PLZ 70182, Gaisburgstr. 12 a
☎ 0711–241865 Fax: 2361348
18 Zimmer, 24 Betten
EZ: 70,00 DM, DZ: 110,00 DM

0,0

Hotel Killesberg
PLZ 70192, Am Kochenhof 60
☎ 0711–16545-0 Fax: 16545-33
17 Zimmer, 24 Betten
EZ: 125,00 – 150,00 DM,
DZ: 170,00 – 200,00 DM

Pension Schaich
PLZ 70178, Paulinenstr. 16
☎ 0711–602679
15 Zimmer, 21 Betten
EZ: 65,00 – 75,00 DM,
DZ: 100,00 – 110,00 DM

Gasthof Museumstube
PLZ 70174, Hospitalstr. 9
☎ 0711–296810
10 Zimmer, 16 Betten
EZ: 55,00 – 63,00 DM,
DZ: 82,00 – 120,00 DM

Hotel Arche
PLZ 70173, Bärenstr. 2
☎ 0711–245759 Fax: 243044
12 Zimmer, 13 Betten
EZ: 80,00 DM, DZ: 150,00 DM

Gasthof Schwarzwaldheim
PLZ 70174, Fritz-Elsas-Str. 20
☎ 0711–296988
5 Zimmer, 9 Betten
EZ: 70,00 DM, DZ: 95,00 DM

Bad Cannstatt

Sporthotel
am Gottlieb-Daimler-Stadion
PLZ 70372, Mercedesstr. 83
☎ 0711–565238 Fax: 558885
23 Zimmer, 45 Betten
EZ: 65,00 DM, DZ: 105,00 DM,
HP: 12,50 DM, VP: 25,00 DM

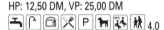 4,0

Hotel Geissler
PLZ 70372, Waiblinger Str. 21
☎ 0711–563003, 569160 Fax: 557526
27 Zimmer, 36 Betten
EZ: 55,00 – 92,00 DM,
DZ: 100,00 – 140,00 DM

Hotel Wiesbadener Hof
PLZ 70372, Wiesbadener Str. 23
☎ 0711–561201/-02 Fax: 564539
28 Zimmer, 35 Betten
EZ: 60,00 – 110,00 DM, DZ: 160,00 DM

Hotel Krehl's Linde
PLZ 70374, Obere Waiblinger Str. 113
☎ 0711–527567, 5281385 Fax: 5286370
26 Zimmer, 32 Betten
EZ: 100,00 – 160,00 DM,
DZ: 160,00 – 220,00 DM

 5,0

Gasthof Stoll
PLZ 70372, Brunnenstr. 27
☎ 0711–562331
20 Zimmer, 29 Betten
EZ: 42,00 – 62,00 DM,
DZ: 95,00 – 110,00 DM

Hotel garni Schmidgall
PLZ 70372, Schmidener Str. 102
☎ 0711–561276 Fax: 556151
14 Zimmer, 20 Betten
EZ: 95,00 – 130,00 DM,
DZ: 160,00 – 180,00 DM

Hotel Krone
PLZ 70372, Zieglergasse 24
☎ 0711–568987 Fax: 556218
10 Zimmer, 14 Betten
EZ: 90,00 – 120,00 DM,
DZ: 140,00 – 160,00 DM

Bergheim

Pension garni Morlock
PLZ 70499, Solitudestr. 27
☎ 0711–861039 Fax: 865502
14 Zimmer, 20 Betten
EZ: 85,00 DM, DZ: 150,00 DM

Gasthof Muckenstüble
PLZ 70499, Solitudestr. 25
☎ 0711–865122 Fax: 865502
12 Zimmer, 16 Betten
EZ: 85,00 DM, DZ: 150,00 DM

Birkach

Hotel garni Haus Birkach
PLZ 70599, Grüninger Str. 25
☎ 0711–45804-0 Fax: 45804-22
89 Zimmer, 92 Betten
EZ: 65,00 – 70,00 DM, DZ: 120,00 DM,
VP: t

Hotel Birke
Inh. J. Probst
PLZ 70599, Birkheckenstr. 19
☎ 0711–450031 Fax: 450036
20 Zimmer, 28 Betten
EZ: 125,00 DM, DZ: 160,00 DM

 5,0

Botnang

Hotel Hirsch
PLZ 70195, Eltinger Str. 2
☎ 0711–692917, 693326 Fax: 6990788
44 Zimmer, 60 Betten
EZ: 92,00 – 130,00 DM,
DZ: 138,00 – 150,00 DM,
HP: 25,00 DM, VP: 50,00 DM
Rest.: Sonntagabend u. Mo geschl.

 15-150  5,0

Büsnau

Hotel Glemstal
PLZ 70569, Mahdentalstr. 111
☎ 0711–681618 Fax: 682822
20 Zimmer, 27 Betten
EZ: 90,00 – 110,00 DM,
DZ: 130,00 – 170,00 DM

Degerloch

Hotel Waldhorn
PLZ 70596, Epplestr. 41
☎ 0711–764917 Fax: 7657023
31 Zimmer, 51 Betten
EZ: 80,00 – 115,00 DM,
DZ: 110,00 – 150,00 DM

† So 11-19 Uhr 5,0

Dürrlewang

Gasthof Geiler
PLZ 70565, Osterbronnstr. 52
☎ 0711–741704
7 Zimmer, 8 Betten
EZ: 60,00 DM, DZ: 115,00 DM

Fasanenhof

Hotel Mercure
PLZ 70567, Eichwiesenring 1/1
☎ 0711–7266-0 Fax: 7266-444
148 Zimmer, 209 Betten
EZ: 139,00 – 195,00 DM,
DZ: 159,00 – 235,00 DM

 11,0

Hotel Panorama garni
PLZ 70565, Laubeweg 1
☎ 0711–97162-44 Fax: 97162-88
11 Zimmer, 19 Betten
EZ: 110,00 DM, DZ: 171,00 DM

 12,0

Feuerbach

Hotel garni Feuerbach im Biberturm
PLZ 70469, Feuerbacher-Tal-Str. 4
☎ 0711–98179-0 Fax: 9817959
36 Zimmer, 49 Betten
EZ: 130,00 – 180,00 DM,
DZ: 180,00 DM

Fr-Mo: EZ 95,00 DM, DZ 130,00 DM

Hotel Feuerbacher Hof
PLZ 70469, Wilhelm-Geiger-Platz 8
☎ 0711–1357640 Fax: 855270
20 Zimmer, 30 Betten
EZ: 110,00 DM, DZ: 160,00 DM

Hotel Striegel
PLZ 70469, Stuttgarter Str. 58
☎ 0711–981770 Fax: 981777
19 Zimmer, 29 Betten
EZ: 140,00 DM, DZ: 210,00 DM

Hotel Im schönsten Wiesengrund
PLZ 70469, Feuerbacher-Tal-Str. 200
☎ 0711–856120 Fax: 850652
12 Zimmer, 22 Betten
EZ: 140,00 DM, DZ: 190,00 DM

Gasthof Solitude
PLZ 70469, Hohewartstr. 10
☎ 0711–854919
15 Zimmer, 20 Betten
EZ: 40,00 DM, DZ: 80,00 DM

City-Hotel garni
PLZ 70469, Stuttgarter Str. 71
☎ 0711–852268, 855655
12 Zimmer, 15 Betten
EZ: 60,00 – 85,00 DM,
DZ: 130,00 – 140,00 DM

Arkaden Hotel Schaible garni
PLZ 70469, Staufeneckstr. 1
☎ 0711–812076, 1353170 Fax: 8179222
9 Zimmer, 13 Betten
EZ: 90,00 – 95,00 DM,
DZ: 145,00 – 150,00 DM
 10,0

Gaisburg

Hotel Bellevue
Inh. Walter u. Carola Widmann
PLZ 70816, Schurwaldstr. 45
☎ 0711–481010, 486406 Fax: 487506
12 Zimmer, 17 Betten
EZ: 90,00 – 110,00 DM,
DZ: 130,00 – 150,00 DM

 2,0

Giebel

Hotel garni Giebel Center
PLZ 70499, Krötenweg 3
☎ 0711–986800-0 Fax: 986800-10
23 Zimmer, 25 Betten
EZ: 65,00 – 95,00 DM,
DZ: 100,00 – 135,00 DM
 18-23 12,0

Heumaden

Hotel garni Seyboldt
PLZ 70619, Fenchelstr. 11
☎ 0711–448060, 445354 Fax: 447863
17 Zimmer, 25 Betten
EZ: 85,00 – 110,00 DM,
DZ: 110,00 – 140,00 DM

Möhringen

Hotel Gloria
PLZ 70567, Sigmaringer Str. 59
☎ 0711–7185-0 Fax: 7185-121
80 Zimmer, 121 Betten
EZ: 129,00 – 142,00 DM,
DZ: 175,00 – 194,00 DM,
HP: 20,00 DM, VP: 35,00 DM
 8,0 auf Anfrage

Hotel garni Körschtal
PLZ 70567, Richterstr. 23
☎ 0711–716090 Fax: 716029
30 Zimmer, 60 Betten
EZ: 105,00 DM, DZ: 165,00 DM
 8,0

Hotel-Gasthof Anker
Inh. Hendrik Steck
PLZ 70567, Vaihinger Str. 76
☎ 0711–161530 Fax: 710959
25 Zimmer, 34 Betten
EZ: 115,00 DM, DZ: 160,00 DM

 25-60 † Rest.: Sa, So 10,0

Gasthof Adler
PLZ 70567, Filderbahnstr. 25
☎ 0711–711304
20 Zimmer, 31 Betten
EZ: 55,00 DM, DZ: 85,00 – 95,00 DM

Hotel Lindenhof
PLZ 70567, Filderbahnstr. 48
☎ 0711–711217
13 Zimmer, 18 Betten
EZ: 50,00 – 70,00 DM,
DZ: 100,00 – 120,00 DM

Gasthof Riedsee
PLZ 70567, Elfenstr. 120
☎ 0711–712484 Fax: 7189764
8 Zimmer, 12 Betten
EZ: 80,00 – 110,00 DM, DZ: 140,00 DM

Nord

Ringhotel Ruff
PLZ 70191, Friedhofstr. 21
☎ 0711–2587-0 Fax: 2587-404
81 Zimmer, 162 Betten
EZ: 145,00 – 165,00 DM,
DZ: 188,00 – 208,00 DM

Hotel garni Mack
PLZ 70191, Kriegerstr. 5-7
☎ 0711–291927, 292942 Fax: 293489
48 Zimmer, 59 Betten
EZ: 80,00 – 140,00 DM,
DZ: 140,00 – 195,00 DM

Hotel garni Pflieger
PLZ 70191, Kriegerstr. 9-11
☎ 0711–221778 Fax: 293489
37 Zimmer, 47 Betten
EZ: 80,00 – 140,00 DM,
DZ: 160,00 – 195,00 DM

Hotel Alter Fritz am Killesberg
PLZ 70192, Feuerbacher Weg 101
☎ 0711–13565-0 Fax: 13565-65
10 Zimmer, 16 Betten
EZ: 140,00 – 150,00 DM,
DZ: 180,00 – 200,00 DM

Pension garni Märklin
PLZ 70174, Friedrichstr. 39
☎ 0711–291315
9 Zimmer, 12 Betten
EZ: 40,00 – 45,00 DM,
DZ: 80,00 – 90,00 DM

Obertürkheim

BRITA-Hotel
PLZ 70329, Augsburger Str. 671-673
☎ 0711–32023-0 Fax: 32023-400
70 Zimmer, 117 Betten
EZ: 122,00 – 154,00 DM,
DZ: 212,00 – 316,00 DM, HP: 35,00 DM

5,0 EZ 100,00 DM, DZ
145,00 DM

Ost

Hotel garni Bergmeister
PLZ 70190, Rotenbergstr. 16
☎ 0711–283363 Fax: 283719
46 Zimmer, 75 Betten
EZ: 98,00 – 159,00 DM,
DZ: 189,00 – 240,00 DM

2,5

Stadthotel am Wasen garni
PLZ 70188, Schlachthofstr. 19
☎ 0711–168570 Fax: 1685757
31 Zimmer, 45 Betten
EZ: 80,00 – 130,00 DM,
DZ: 120,00 – 180,00 DM

2,0

Hotel-Restaurant Bäckerschmide
PLZ 70186, Schurwaldstr. 42/44
☎ 0711–16868-0 Fax: 16868-99
24 Zimmer, 41 Betten
EZ: 90,00 – 125,00 DM,
DZ: 140,00 – 179,00 DM

1,5

Hotel - Restaurant
Bäckerschmide
Inh. A. & R. Karagianidis
Schurwaldstr. 42/44, 70186 Stuttgart
Tel. 0711-16868-0 Fax 16868-99

*Zimmer mit Dusche/WC, Tel., Sat.-TV,Minibar
Restaurant, Parkplatz, keine Ruhetage
Wochenendpauschalen möglich*

Hotel am Friedensplatz
PLZ 70190, Friedensplatz 2-4
☎ 0711–28650/-42 Fax: 2864396
27 Zimmer, 36 Betten
EZ: 115,00 – 125,00 DM,
DZ: 155,00 – 165,00 DM

0,8

Hotel garni Geroksruhe
PLZ 70184, Pischekstr. 70
☎ 0711–23869-0 Fax: 267523
20 Zimmer, 32 Betten
EZ: 55,00 – 98,00 DM,
DZ: 135,00 – 149,00 DM

Hotel garni Haus Berg
PLZ 70190, Karl-Schurz-Str. 16
☎ 0/11–261875 Fax: 2864639
17 Zimmer, 24 Betten
EZ: 50,00 – 70,00 DM,
DZ: 85,00 – 98,00 DM

Hotel Lamm
Inh. Sabine Ulmer
PLZ 70190, Karl-Schurz-Str. 7
☎ 0711–2622354 Fax: 2622374
14 Zimmer, 21 Betten
EZ: 70,00 DM, DZ: 110,00 DM
Dreibettzimmer: 120,00 DM

 So
5,0

Pension Ev. Waldheim Frauenkopf
PLZ 70186, Waldebene Ost 20
☎ 0711–240134
11 Zimmer, 21 Betten
EZ: 40,00 – 45,00 DM,
DZ: 70,00 – 80,00 DM

40,80,100 Gaststätte:
Sa 5,0

Hotel Krämer's Bürgerstuben
PLZ 70186, Gablenberger Hauptstr. 4
☎ 0711–465481 Fax: 486508
14 Zimmer, 20 Betten
EZ: 46,00 DM, DZ: 84,00 DM

Hotel Traube
PLZ 70190, Steubenstr. 1
☎ 0711–282001
14 Zimmer, 16 Betten
EZ: 95,00 DM, DZ: 150,00 DM

Hotel garni Jursitzki
PLZ 70188, Staibenäcker 1
☎ 0711–261890
9 Zimmer, 14 Betten
EZ: 70,00 DM, DZ: 95,00 – 120,00
 4,0

Gasthof Pflugfelder
PLZ 70190, Ostendstr. 20
☎ 0711–2622731
7 Zimmer, 10 Betten
EZ: 55,00 – 60,00 DM,
DZ: 90,00 – 100,00 DM

Pension garni Am Gaskessel
Inh. G. Martin
PLZ 70188, Schlachthofstr. 17
☎ 0711–464379 Fax: 464379
5 Zimmer, 8 Betten
EZ: 80,00 – 98,00 DM,
DZ: 110,00 – 130,00 DM

Plieningen

Hotel Fissler Post
PLZ 70599, Schoellstr. 4-6
☎ 0711–4584-0 Fax: 4584-333
60 Zimmer, 86 Betten
EZ: 120,00 – 150,00 DM,
DZ: 130,00 – 190,00 DM

Apart-Hotel garni
PLZ 70599, Scharnhauser Str. 4
☎ 0711–45010 Fax: 4501100
56 Zimmer, 68 Betten
EZ: 90,00 – 175,00 DM,
DZ: 150,00 – 275,00 DM
 10,0

Romantikhotel Traube
PLZ 70599, Brabandtgasse 2
☎ 0711–458920 Fax: 4589220
22 Zimmer, 34 Betten
EZ: 95,00 – 155,00 DM,
DZ: 195,00 – 250,00 DM

† So 12,0

Boardinghouse J. u. M. Fritz
PLZ 70599, Ressestr. 5
☎ 0711–606185 Fax: 603935
16 Zimmer, 28 Betten
EZ: 40,00 – 65,00 DM,
DZ: 65,00 – 95,00 DM
Preise o. Frühstück; Appartm. mit voll
eingerichteter Küche
 15,0

Rohr

Gasthof Eisenmann
PLZ 70565, Osterbronnstr. 5
☎ 0711–742779 Fax: 743330
13 Zimmer, 18 Betten
EZ: 40,00 – 53,00 DM,
DZ: 80,00 – 96,00 DM

Rohracker

Hotel Rose
PLZ 70329, Sillenbucher Str. 21
☎ 0711–420055 Fax: 429779
10 Zimmer, 18 Betten
EZ: 60,00 DM, DZ: 90,00 DM,
HP: 15,00 – 20,00 DM
Dreibettzimmer: 150,00 DM

Rot

Hotel garni Koetzle
PLZ 70437, Eschenauer Str. 27
☎ 0711–87007-0 Fax: 87007-77
42 Zimmer, 56 Betten
EZ: 40,00 – 112,00 DM,
DZ: 89,00 – 157,00 DM

Rotenberg

Rotenberg-Hotel Böhringer garni
PLZ 70327, Neuer Berg 44
☎ 0711–331293, 331343 Fax: 330232
23 Zimmer, 31 Betten
EZ: 65,00 – 150,00 DM,
DZ: 120,00 – 190,00 DM

Sonnenberg

Gasthof Sonenberg
PLZ 70597, Rembrandtstr. 190
☎ 0711–762576, 762899 Fax: 7657517
14 Zimmer, 16 Betten
EZ: 45,00 – 70,00 DM,
DZ: 70,00 – 95,00 DM, HP: 20,00 DM,
VP: 30,00 DM
Frühstück: 10,00 DM

 70 7,0

Stammheim

Novotel
PLZ 70439, Korntaler Str. 207
☎ 0711–98062-0 Fax: 803673
233 Zimmer, 350 Betten
EZ: 99,00 – 155,00 DM,
DZ: 138,00 – 175,00 DM

Hotel garni Domino
PLZ 70439, Freihofstr. 2-4
☎ 0711–809030 Fax: 8090340
72 Zimmer, 100 Betten
EZ: 118,00 DM, DZ: 148,00 DM

5-10 5,0 EZ
105,00 DM, DZ 130,00 DM

Hotel Strobel
PLZ 70439, Korntaler Str. 35
☎ 0711–801532 Fax: 807133
32 Zimmer, 44 Betten
EZ: 48,00 – 95,00 DM,
DZ: 105,00 – 135,00 DM

Hotel Traube
PLZ 70439, Kornwestheimer Str. 11
☎ 0711–802696
13 Zimmer, 13 Betten
EZ: 46,00 – 55,00 DM

Süd

Hotel Hottmann
PLZ 70199, Möhringer Str. 99
☎ 0711–604639 Fax: 6402876
40 Zimmer, 65 Betten
EZ: 80,00 – 130,00 DM,
DZ: 120,00 – 190,00 DM

Hotel Seybold garni
PLZ 70180, Neue Weinsteige 114
☎ 0711–6492021 Fax: 6492023
18 Zimmer, 24 Betten
EZ: 65,00 – 150,00 DM,
DZ: 110,00 – 180,00 DM

3,0

Uhlbach

Hotel Münzmay
PLZ 70329, Rührbrunnenweg 19
☎ 0711–324028 Fax: 329586
14 Zimmer, 17 Betten
EZ: 120,00 – 140,00 DM,
DZ: 175,00 – 185,00 DM

Unterlürkheim

Hotel garni Beißwanger
PLZ 70327, Augsburger Str. 331
☎ 0711–330893 Fax: 333471
32 Zimmer, 42 Betten
EZ: 50,00 – 95,00 DM,
DZ: 90,00 – 140,00 DM

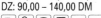

Hotel Petershof
PLZ 70327, Klabundeweg 10
☎ 0711–30640 Fax: 3064222
30 Zimmer, 40 Betten
EZ: 125,00 – 140,00 DM,
DZ: 160,00 – 180,00 DM

 20 6,0

Gasthof Adler
PLZ 70327, Großglocknerstr. 25
☎ 0711–330273 Fax: 338955
15 Zimmer, 20 Betten
EZ: 50,00 – 95,00 DM,
DZ: 120,00 – 135,00 DM

Gasthof-Weinstube Waldhorn
Inh. Christian Straub
PLZ 70327, Großglocknerstr. 63
☎ 0711–330980 Fax: 337152
10 Zimmer, 13 Betten
EZ: 90,00 DM, DZ: 140,00 DM

 35 † Fr-abend,

Sa 10,0

Pension garni Bronni
PLZ 70327, Stierlenstr. 2
☎ 0711–335266
6 Zimmer, 8 Betten
EZ: 40,00 DM, DZ: 80,00 DM

Vaihingen

Hotel Dachswald
PLZ 70569, Dachswaldweg 120
☎ 0711–6783-3 Fax: 6783-500
52 Zimmer, 70 Betten
EZ: 120,00 – 140,00 DM,
DZ: 165,00 – 180,00 DM

 10,0

Römerhof Hotelbetriebs GmbH
PLZ 70563, Robert-Leicht-Str. 93
☎ 0711–687880 Fax: 6878860
42 Zimmer, 60 Betten
EZ: 70,00 – 170,00 DM,
DZ: 125,00 – 238,00 DM,
HP: 25,00 DM, VP: 50,00 DM

 8,0

Hotel garni Lamm
PLZ 70563, Glockenblumenstr. 1
☎ 0711–731174 Fax: 731506
39 Zimmer, 55 Betten
EZ: 70,00 – 180,00 DM,
DZ: 100,00 – 200,00 DM

Hotel garni Vaihinger Hof
PLZ 70563, Katzenbachstr. 95
☎ 0711–731935, 731951
36 Zimmer, 54 Betten
EZ: 80,00 – 90,00 DM,
DZ: 100,00 – 120,00 DM

Hotel Fremd Gambrinus
PLZ 70563, Möhringer Landstr. 26
☎ 0711–901580 Fax: 9015860
17 Zimmer, 27 Betten
EZ: 125,00 DM, DZ: 160,00 DM

Hotel Rosental
PLZ 70563, Hauptstr. 57
☎ 0711–733895
14 Zimmer, 19 Betten
EZ: 60,00 – 95,00 DM,
DZ: 90,00 – 120,00 DM

Boardinghouse im Endelbang
PLZ 70569, Endelbangstr. 18
☎ 0711–7261021 Fax: 7288383
10 Zimmer, 15 Betten
EZ: 98,00 – 180,00 DM,
DZ: 98,00 – 180,00 DM

Pension garni Im Himmel
PLZ 70569, Im Himmel 44
☎ 0711–681071 Fax: 6787758
6 Zimmer, 10 Betten
EZ: 80,00 DM, DZ: 130,00 DM

Wangen

Aparthotel Wangener Landhaus
PLZ 70327, Weißensteinerstr. 13-15
☎ 0711–4025-0 Fax: 4027418
128 Zimmer, 192 Betten
EZ: 140,00 – 160,00 DM,
DZ: 198,00 – 210,00 DM

Aparthotel Wangener Post
PLZ 70327, Wasenstr. 15
☎ 0711–4027-0 Fax: 4027-418
63 Zimmer, 122 Betten
EZ: 140,00 – 160,00 DM,
DZ: 198,00 – 210,00 DM

Hetzel Hotel Löwen
PLZ 70327, Ulmer Str. 331-337
☎ 0711–4016-0 Fax: 4016-333
59 Zimmer, 87 Betten
EZ: 100,00 – 160,00 DM,
DZ: 135,00 – 220,00 DM, HP: ab
15,00 DM, VP: ab 25,00 DM

Hotel Autohof
PLZ 70327, Hedelfinger Str. 17
☎ 0711–424081 Fax: 424084
27 Zimmer, 48 Betten
EZ: 125,00 – 145,00 DM,
DZ: 160,00 – 195,00 DM

Hotel Rößle
PLZ 70327, Ulmer Str. 346
☎ 0711–423418 Fax: 4204810
18 Zimmer, 27 Betten
EZ: 55,00 – 70,00 DM,
DZ: 90,00 – 110,00 DM

Hotel garni Kuhnhäuser
PLZ 70327, Geislinger Str. 6
☎ 0711–423515
13 Zimmer, 18 Betten
EZ: 60,00 – 80,00 DM,
DZ: 95,00 – 110,00 DM

Weilimdorf

Hotel Holiday Inn Garden Court
PLZ 70499, Mittlerer Pfad 25-27
☎ 0711–98888-0 Fax: 98888-100
325 Zimmer, 476 Betten
EZ: 120,00 – 360,00 DM,
DZ: 150,00 – 400,00 DM,
HP: 30,00 DM, VP: 60,00 DM

120,00 DM, DZ 150,00 DM

Pension garni zum Hirsch
PLZ 70499, Glemsgaustr. 14
☎ 0711–8873270 Fax: 8876238
38 Zimmer, 54 Betten
EZ: 50,00 – 70,00 DM,
DZ: 80,00 – 100,00 DM

Gasthof Hasen
PLZ 70499, Solitudestr. 261
☎ 0711–8873051
4 Zimmer, 6 Betten
EZ: 50,00 – 70,00 DM,
DZ: 85,00 – 90,00 DM

West

Hotel Sautter
PLZ 70176, Johannesstr. 28
☎ 0711–61430 Fax: 611639
59 Zimmer, 87 Betten
EZ: 115,00 – 135,00 DM,
DZ: 150,00 – 180,00 DM

† 23.12.-03.01. 🚶 0,5

Hotel Am Feuersee
PLZ 70176, Johannesstr. 2
☎ 0711–626103, 621201 Fax: 627804
38 Zimmer, 56 Betten
EZ: 145,00 – 155,00 DM,
DZ: 165,00 – 190,00 DM

Hotel garni Haus von Lippe
PLZ 70197, Rotenwaldstr. 68
☎ 0711–631511, 631451
32 Zimmer, 53 Betten
EZ: 75,00 – 120,00 DM, DZ: 180,00 DM

Pension garni Eckel
PLZ 70193, Vorsteigstr. 10
☎ 0711–290995
14 Zimmer, 20 Betten
EZ: 40,00 – 65,00 DM,
DZ: 75,00 – 90,00 DM

Hotel Xenia
PLZ 70197, Rotebühlstr. 151
☎ 0711–66641-0 Fax: 610437
10 Zimmer, 10 Betten
EZ: 114,00 – 129,00 DM

Zuffenhausen

Fora Hotel Residence
HTM GmbH
PLZ 70435, Schützenbühlstr. 16
☎ 0711–82001-00 Fax: 82001-01
120 Zimmer, 200 Betten
EZ: 110,00 – 175,00 DM,
DZ: 145,00 – 200,00 DM,
HP: 25,00 DM, VP: 50,00 DM

 90 🚶 8,0

Hotel garni Keinath
PLZ 70435, Spielberger Str. 24-26
☎ 0711–875392 Fax: 837708
83 Zimmer, 95 Betten
EZ: 65,00 – 90,00 DM,
DZ: 110,00 – 150,00 DM

Hotel garni Bruy Domicil
PLZ 70435, Güglinger Str. 5-11
☎ 0711–870050 Fax: 8700540
55 Zimmer, 66 Betten
EZ: 65,00 – 125,00 DM,
DZ: 85,00 – 165,00 DM

Hotel Neuwirtshaus
PLZ 70435, Schwieberdinger Str. 198
☎ 0711–980630 Fax: 9806319
35 Zimmer, 62 Betten
EZ: 125,00 – 140,00 DM,
DZ: 165,00 – 185,00 DM

 25 🚶 7,0

Hotel Garten
PLZ 70435, Unterländerstr. 88
☎ 0711–136860 Fax: 1368650
27 Zimmer, 53 Betten
EZ: 135,00 – 150,00 DM,
DZ: 160,00 – 175,00 DM

Hotel garni Siegel
PLZ 70435, Marbacher Str. 32
☎ 0711–98766-0 Fax: 98766-50
30 Zimmer, 36 Betten
EZ: 86,00 – 105,00 DM,
DZ: 155,00 – 175,00 DM

Hotel garni Hafner
PLZ 70435, Straßburger Str. 15
☎ 0711–872280, 879259 Fax: 8790924
23 Zimmer, 35 Betten
EZ: 75,00 – 95,00 DM,
DZ: 120,00 – 180,00 DM

 7,0 auf Anfrage

Hotel Linde
PLZ 70435, Friesenstr. 2
☎ 0711–872360 Fax: 875195
18 Zimmer, 24 Betten
EZ: 50,00 DM, DZ: 90,00 – 120,00 DM

Gasthof Meltem
PLZ 70435, Straßburger Str. 1
☎ 0711–987909-0 Fax: 987909-9
12 Zimmer, 23 Betten
EZ: 110,00 DM,
DZ: 160,00 – 220,00 DM

Hotel garni Wenninger
PLZ 70435, Bottwardstr. 12
☎ 0711–875458 Fax: 879426
11 Zimmer, 16 Betten
EZ: 60,00 – 95,00 DM,
DZ: 125,00 – 130,00 DM

 5,0

Wiesbaden

Stadtmitte

Hotel Ibis Mauritiusplatz
PLZ 65183, Mauritiusstr. 5-7
☎ 0611–1670 Fax: 167750
149 Zimmer, 330 Betten
EZ: 134,00 DM, DZ: 148,00 DM

 20-50

Hotel Ibis Kranzplatz
PLZ 65183, Kranzplatz
☎ 0611–3614-0 Fax: 3614-499
132 Zimmer, 184 Betten
EZ: 134,00 DM, DZ: 148,00 DM

Hotel Hansa
PLZ 65185, Bahnhofstr. 23
☎ 0611–39955 Fax: 300319
86 Zimmer, 130 Betten
EZ: 130,00 DM, DZ: 170,00 DM,
HP: 25,00 DM, VP: 50,00 DM

 30 🚶 0,4 🛁 EZ
120,00 DM, DZ 165,00 DM

Hotel Oranien (VCH)
PLZ 65193, Platter Str. 2
☎ 0611–525025 Fax: 525020
85 Zimmer, 110 Betten
EZ: 132,00 DM, DZ: 198,00 DM,
HP: 29,50 DM, VP: 49,50 DM

 20,50,100 🚶 1,2 🛁 auf
Anfrage

Hotel Fürstenhof-Esplanade
Inh. Fam. Eierdanz
PLZ 65193, Sonnenberger Str. 32
☎ 0611–522091 Fax: 522005
70 Zimmer, 110 Betten
EZ: 70,00 – 130,00 DM,
DZ: 110,00 – 200,00 DM

 20,50 🚶 0,5 🛁 auf
Anfrage

Hotel Central
PLZ 65185, Bahnhofstr. 65
☎ 0611–372001/-4 Fax: 372005
68 Zimmer, 100 Betten
EZ: 90,00 – 130,00 DM,
DZ: 120,00 – 180,00 DM

 20-50

Hotel Bären
PLZ 65183, Bärenstr. 3
☎ 0611–301021 Fax: 301024
58 Zimmer, 80 Betten
EZ: 90,00 – 160,00 DM,
DZ: 210,00 – 230,00 DM

 20-50 🚶 0,0 🛁

Hotel Klemm
PLZ 65193, Kapellenstr. 9
☎ 0611–582-0 Fax: 582-222
55 Zimmer, 80 Betten
EZ: ab 100,00 DM, DZ: ab 140,00 DM

Hotel Luisenhof
PLZ 65185, Bahnhofstr. 7
☎ 0611–39431 Fax: 377058
37 Zimmer, 60 Betten
EZ: 60,00 – 125,00 DM,
DZ: 150,00 – 170,00 DM

 🚶 0,5
🛁

Hotel De France
PLZ 65183, Taunusstr. 49
☎ 0611–520061 Fax: 528174
37 Zimmer, 60 Betten
EZ: 135,00 DM, DZ: 195,00 DM

Hotel Aachener Hof
PLZ 65185, Matthias-Claudius-Str. 16
☎ 0611–301203 Fax: 303660
24 Zimmer, 48 Betten
EZ: 58,00 – 90,00 DM,
DZ: 100,00 – 135,00 DM

Pension Haus Klemm
PLZ 65185, Matthias-Claudius-Str. 25
☎ 0611–304313 Fax: 306346
30 Zimmer, 46 Betten
EZ: 55,00 DM, DZ: 80,00 DM
Preise ohne Frühstück

Hotel Admiral
PLZ 65193, Geisbergstr. 8
☎ 0611–58660 Fax: 521053
28 Zimmer, 45 Betten
EZ: 115,00 DM, DZ: 165,00 DM

Hotel Am Kochbrunnen
PLZ 65183, Taunusstr. 15
☎ 0611–522001/-2 Fax: 522006
24 Zimmer, 45 Betten
EZ: 100,00 – 130,00 DM,
DZ: 180,00 DM

Hotel Am Landeshaus
PLZ 65185, Moritzstr. 51
☎ 0611–373041/-3 Fax: 373044
22 Zimmer, 44 Betten
EZ: 125,00 DM, DZ: 175,00 DM

 2,0

Ring-Hotel garni
PLZ 65183, Bleichstr. 29
☎ 0611–403021/-2 Fax: 451573
22 Zimmer, 35 Betten
EZ: 58,00 – 76,00 DM, DZ: 134,00 DM

 1,5

Hotel Fontana
PLZ 65193, Sonnenberger Str. 62
☎ 0611–520091 Fax: 521894
25 Zimmer, 33 Betten
EZ: 140,00 DM, DZ: 221,00 DM
Frühstück: 19,00 DM

 20 † 24.12.-01.01. 0,7

Hotel Condor
PLZ 65189, Berliner Str. 27
☎ 0611–74647/-8
17 Zimmer, 26 Betten
EZ: 58,00 – 93,00 DM,
DZ: 125,00 – 138,00 DM

Hotel Karlshof
PLZ 65185, Rheinstr. 72
☎ 0611–302444 Fax: 309007
19 Zimmer, 25 Betten
EZ: 80,00 – 105,00 DM, DZ: 150,00 DM

Hotel Braun
PLZ 65191, Aukammallee 19
☎ 0611–5699-0 Fax: 5699-100
15 Zimmer, 25 Betten
EZ: 55,00 – 115,00 DM,
DZ: 115,00 – 149,00 DM

 20

Hotel Jägerhof
PLZ 65185, Bahnhofstr. 6
☎ 0611–302797
14 Zimmer, 21 Betten
EZ: 60,00 DM, DZ: 80,00 DM

Hotel Drei Lilien
PLZ 65183, Spiegelgasse 3
☎ 0611–374470 Fax: 300680
13 Zimmer, 20 Betten
EZ: 145,00 DM, DZ: 195,00 DM

20

Das Kleine Hotel
PLZ 65183, Feldstr. 6
☎ 0611–95270-0 Fax: 524440
12 Zimmer, 18 Betten
EZ: 120,00 DM, DZ: 180,00 DM

Biebrich

Hotel Nassau
PLZ 65203, Rheingaustr. 148
☎ 0611–603058 Fax: 602303
33 Zimmer, 53 Betten
EZ: 65,00 – 95,00 DM,
DZ: 100,00 – 140,00 DM

Hotel Meuser
PLZ 65203, Stettiner Str. 13
☎ 0611–62038 Fax: 691446
26 Zimmer, 35 Betten
EZ: 55,00 – 80,00 DM,
DZ: 95,00 – 110,00 DM

Gästehaus Kranig
PLZ 65203, Elisabethenstr. 6
☎ 0611–65069 Fax: 692393
6 Zimmer, 14 Betten
EZ: 95,00 DM, DZ: 130,00 DM

 5,0

Hotel Zum Scheppen Eck
PLZ 65203, Rathausstr. 94
☎ 0611–6730 Fax: 673159
6 Zimmer, 11 Betten
EZ: 110,00 DM, DZ: 160,00 DM

Bierstadt

Bierstadter Hof
PLZ 65191, Zieglerstr. 1
☎ 0611–507231 Fax: 509940
10 Zimmer, 17 Betten
EZ: 69,00 – 90,00 DM, DZ: 140,00 DM

Hotel zum Anker
PLZ 65191, Venatorstr. 8
☎ 0611–503625
11 Zimmer
EZ: 40,00 DM, DZ: 60,00 – 80,00 DM

Breckenheim

Pension Tannenhof
PLZ 65207, Alte Dorfstr. 47
☎ 06122–15065 Fax: 6693
14 Zimmer, 27 Betten
EZ: 80,00 DM, DZ: 120,00 DM

 20 12,0

Delkenheim

Pension Haus Vera
PLZ 65205, Max-Planck-Ring 39 a
☎ 06122–51054/-5
9 Zimmer, 12 Betten
EZ: 55,00 – 70,00 DM, DZ: 105,00 DM

Dotzheim

Hotel Rheineck
PLZ 65199, Stegerwaldstr. 2-6
☎ 0611–421061 Fax: 429945
38 Zimmer, 70 Betten
EZ: 105,00 DM, DZ: 170,00 DM

20

Erbenheim

Hotel Toskana garni
PLZ 65205, Kreuzberger Ring 32
☎ 0611–7635-0 Fax: 7635-333
52 Zimmer, 100 Betten
EZ: 145,00 DM, DZ: 185,00 DM

 20 4,0

Hotel Scheidgen
PLZ 65205, Am Hochfeld 11
☎ 0611–719383 Fax: 719383
4 Zimmer, 6 Betten
EZ: 50,00 DM, DZ: 100,00 DM

 20-50 3,0

Frauenstein

Weinhaus Sinz
PLZ 65201, Hernbergstr. 17-19
☎ 06122–421365 Fax: 9428940
6 Zimmer, 9 Betten
EZ: 100,00 DM, DZ: 150,00 DM

Pension Barbara Ott
PLZ 65201, Burglindenstr. 4
☎ 0611–425459
3 Zimmer, 6 Betten
EZ: 40,00 DM, DZ: 76,00 DM

Heßloch

Pension Kletti
PLZ 65207, Vogelsangstr. 35
☎ 0611–540986
4 Zimmer, 7 Betten
EZ: 45,00 DM, DZ: 85,00 DM

Klarenthal

Hotel Olympia
PLZ 65195, Lahnstr. 120
☎ 0611–464263 Fax: 468602
25 Zimmer, 46 Betten
EZ: 80,00 DM, DZ: 130,00 DM

20,50

Naurod

Hotel Zur Rose
PLZ 65207, Bremthaler Str. 1
☎ 0627–4006
9 Zimmer, 16 Betten
EZ: 75,00 DM, DZ: 100,00 DM

20

Nordenstadt

Hotel Stolberg
PLZ 65205, Stolberger Str. 60
☎ 06122–9920 Fax: 992111
49 Zimmer, 67 Betten
EZ: 118,00 DM, DZ: 160,00 DM

Hotel Zum Wiesengrund
PLZ 65205, Hunsrückstr. 2
☎ 06122–6078 Fax: 15990
24 Zimmer, 44 Betten
EZ: 90,00 DM, DZ: 130,00 DM

Rambach

Gaststätte Haus Waldlust
PLZ 65207, Ostpreußenstr. 46
☎ 0611–540323 Fax: 540323
3 Zimmer, 4 Betten
EZ: 38,00 DM, DZ: 76,00 DM

50 Fr 5,0

Schierstein

Hotel Link
PLZ 65201, Karl-Lehr-Str. 24
☎ 0611–20020
18 Zimmer, 25 Betten
EZ: 60,00 DM, DZ: 115,00 DM

Hotel Nassauer Hof
PLZ 65201, Rheingaustr. 2
☎ 0611–22771
14 Zimmer, 19 Betten
EZ: 48,00 – 58,00 DM,
DZ: 88,00 – 98,00 DM

Gaststätte Ambrosius
Inh. A. und S. Peil
PLZ 65201, Alfred-Schumann-Str. 9
☎ 0611–22324
12 Zimmer, 17 Betten
EZ: 36,00 – 42,00 DM,
DZ: 64,00 – 76,00 DM

 20

† Rest.: Sa 5,0

Hotel Hubertus
PLZ 65201, Wasserrolle 17
☎ 0611–25824
10 Zimmer, 13 Betten
EZ: 40,00 – 60,00 DM,
DZ: 90,00 – 120,00 DM

Sonnenberg

Hotel im Park
PLZ 65191, Danzinger Str. 104
☎ 0611–541196
14 Zimmer, 23 Betten
EZ: 82,00 DM, DZ: 115,00 DM

Taunusstein

Hotel Platterhof
PLZ 65232, Am Platterhof 11
☎ 06128–73253 Fax: 75533
8 Zimmer, 15 Betten
EZ: 70,00 DM, DZ: 115,00 DM

Würzburg

Stadtmitte

Hotel Strauß
PLZ 97070, Juliuspromenade 5
☎ 0931–30570 Fax: 3057555
60 Zimmer, 120 Betten
EZ: 90,00 – 110,00 DM,
DZ: 125,00 – 160,00 DM
 40,70

Hotel Amberger
PLZ 97070, Ludwigstr. 17-21
☎ 0931–50179 Fax: 54136
55 Zimmer, 110 Betten
EZ: 135,00 – 160,00 DM,
DZ: 200,00 – 320,00 DM
 20,25,40

Hotel Residence
PLZ 97070, Juliuspromenade 1
☎ 0931–53546 Fax: 12597
42 Zimmer, 81 Betten
EZ: 110,00 – 155,00 DM,
DZ: 140,00 – 200,00 DM
 30,30

Hotel Franziskaner
Inh. Marlene Seufert
PLZ 97070, Franziskanerplatz 2
☎ 0931–15001 Fax: 57743
47 Zimmer, 73 Betten
EZ: 65,00 – 110,00 DM,
DZ: 130,00 – 190,00 DM,
HP: 30,00 DM, VP: 25,00 DM
 12-15 0,5
Winter-April: DZ 155,00 DM

Hotel Greifenstein
PLZ 97070, Häfnergasse 1
☎ 0931–35170 Fax: 57057
34 Zimmer, 67 Betten
EZ: 98,00 – 135,00 DM,
DZ: 150,00 – 215,00 DM

15,30,50,75

Hotel Regina garni
PLZ 97070, Bahnhofplatz
☎ 0931–52225 Fax: 17752
30 Zimmer, 60 Betten
EZ: 98,00 – 118,00 DM,
DZ: 135,00 – 155,00 DM
 20

Hotel Würzburger Hof, garni
PLZ 97070, Barbarossaplatz 2
☎ 0931–53814/-5 Fax: 58324
290 Zimmer, 58 Betten
EZ: 100,00 – 150,00 DM,
DZ: 180,00 – 250,00 DM

Hotel Schönleber garni
PLZ 97070, Theaterstr. 5
☎ 0931–12068/-9 Fax: 16012
27 Zimmer, 53 Betten
EZ: 65,00 – 110,00 DM,
DZ: 95,00 – 160,00 DM

Hotel Fischzucht
PLZ 97084, Julius-Echter-Str. 15
☎ 0931–64095 Fax: 613266
25 Zimmer, 50 Betten
EZ: 38,00 – 70,00 DM,
DZ: 68,00 – 100,00 DM
 30 4,0

Hotel St. Josef garni
PLZ 97070, Semmelstr. 28-30
☎ 0931–308680 Fax: 3086860
24 Zimmer, 48 Betten
EZ: 95,00 – 110,00 DM,
DZ: 140,00 – 180,00 DM

Hotel Meesenburg
PLZ 97070, Pleichertorstr. 8
☎ 0931–53304 Fax: 16820
24 Zimmer, 47 Betten
EZ: 50,00 – 95,00 DM,
DZ: 100,00 – 130,00 DM
40

Hotel Grüner Baum
PLZ 97082, Zeller Str. 35/37
☎ 0931–47081 Fax: 408688
22 Zimmer, 43 Betten
EZ: 135,00 – 160,00 DM,
DZ: 170,00 – 230,00 DM

Hotel Russ
PLZ 97070, Wolfhartsgasse 1
☎ 0931–50016 Fax: 50969
21 Zimmer, 42 Betten
EZ: 62,00 – 125,00 DM,
DZ: 89,00 – 160,00 DM

 0,0

Hotel Zum Winzermännle
PLZ 97070, Domstr. 32
☎ 0931–54156, 17456 Fax: 58228
20 Zimmer, 40 Betten
EZ: 50,00 – 100,00 DM,
DZ: 95,00 – 170,00 DM

 25

Hotel Urlaub
PLZ 97070, Bronnbachergasse 4
☎ 0931–54813 Fax: 59646
23 Zimmer, 36 Betten
EZ: 80,00 – 100,00 DM,
DZ: 130,00 – 150,00 DM
Halbpension für Gruppen ab 20 P.
möglich (20,00 DM p. P.)

0,5 🔥 Nov.-März

Central Hotel garni
PLZ 97070, Koellikerstr. 1
☎ 0931–56952, 56808 Fax: 50808
23 Zimmer, 36 Betten
EZ: 90,00 – 100,00 DM,
DZ: 120,00 – 140,00 DM

 15

0,0

Hotel Luitpoldbrücke garni
PLZ 97070, Pleichertorstr. 26
☎ 0931–50244 Fax: 50246
17 Zimmer, 34 Betten
EZ: 60,00 – 95,00 DM,
DZ: 90,00 – 150,00 DM

Hotel Till Eulenspiegel garni
Inh. H. Schwab
PLZ 97070, Sanderstr. 1 a
☎ 0931–355840 Fax: 3558430
15 Zimmer, 32 Betten
EZ: 111,00 – 122,00 DM,
DZ: 144,00 – 188,00 DM
Nichtraucher-Hotel

0,0

Hotel Stift Haug
Inh. Th. Aldenhoff
PLZ 97070, Textorstr. 16-18
☎ 0931–53393 Fax: 53345
19 Zimmer, 30 Betten
EZ: 55,00 – 80,00 DM,
DZ: 90,00 – 130,00 DM

 0,3

Hotel-Gasthof Zur Stadt Mainz
Inh. Fam. Schwarzmann
PLZ 97070, Semmelstr. 39
☎ 0931–53155 Fax: 58510
15 Zimmer, 27 Betten
EZ: 130,00 – 150,00 DM,
DZ: 190,00 – 200,00 DM

 Mo,

Sa, Feiert. 1,0

Hotel Barbarossa garni
PLZ 97070, Theaterstr. 2
☎ 0931–55953 Fax: 50367
17 Zimmer, 26 Betten
EZ: 75,00 – 95,00 DM,
DZ: 110,00 – 140,00 DM

 0,4

Hotel Alter Kranen garni
PLZ 97070, Kärnergasse 11
☎ 0931–3518-0 Fax: 50010
13 Zimmer, 26 Betten
EZ: 110,00 – 120,00 DM,
DZ: 130,00 – 150,00 DM

Hotel garni Dortmunder Hof
PLZ 97070, Innerer Graben 22
☎ 0931–56163 Fax: 571825
18 Zimmer, 25 Betten
EZ: 45,00 – 90,00 DM,
DZ: 80,00 – 160,00 DM

 10 0,8

Gasthof Goldener Adler
PLZ 97070, Marktgasse 7
☎ 0931–51941 Fax: 51961
20 Zimmer, 24 Betten
EZ: 50,00 – 75,00 DM, DZ: 130,00 DM

 50
† Mo 2,5

Altstadthotel
PLZ 97070, Theaterstr. 7
☎ 0931–52204 Fax: 17317
12 Zimmer, 24 Betten
EZ: 85,00 – 105,00 DM,
DZ: 120,00 – 140,00 DM

Pension Siegel garni
PLZ 97070, Reisgrubengasse 7
☎ 0931–52941, 52964
10 Zimmer, 19 Betten
EZ: 43,00 DM, DZ: 84,00 DM

Hotel Am Markt
PLZ 97070, Marktplatz 30
☎ 0931–52551
9 Zimmer, 18 Betten
EZ: 50,00 – 60,00 DM,
DZ: 115,00 – 135,00 DM

 30

Pension Spehnkuch garni
Inh. G. Engelmann
PLZ 97070, Rötgenring 7
☎ 0931–54752
7 Zimmer, 12 Betten
EZ: 50,00 DM, DZ: 85,00 DM

 0,2

Frauenland

Hotel Rosenau
PLZ 97074, Erthalstr. 1
☎ 0931–71266, 73686 Fax: 887043
56 Zimmer, 100 Betten
EZ: 60,00 – 99,00 DM,
DZ: 99,00 – 149,00 DM, HP: 18,50 DM,
VP: 37,00 DM

 30 1,5

Heidingsfeld

Post Hotel
PLZ 97084, Mergentheimer Str. 162
☎ 0931–6151-0 Fax: 65856
66 Zimmer, 127 Betten
EZ: 89,00 – 119,00 DM,
DZ: 119,00 – 189,00 DM, HP: auf
Anfrage, VP: auf Anfrage

 20,40,60 3,0

Hotel Brehm
PLZ 97084, Stengerstr. 18
☎ 0931–64028 Fax: 63192
18 Zimmer, 34 Betten
EZ: 75,00 – 110,00 DM,
DZ: 110,00 – 160,00 DM

 40
5,0

Gasthof Zur Klinge
Inh. Uschi Heidingsfeld
PLZ 97084, Rathausplatz
☎ 0931–62122
7 Zimmer, 13 Betten
EZ: 45,00 – 50,00 DM,
DZ: 85,00 – 90,00 DM
 Sa
 4,0

Heuchelhof

Technikumhotel
PLZ 97084, Berner Str. 8
☎ 0931–66730 Fax: 6673300
77 Zimmer, 154 Betten
EZ: 85,00 DM, DZ: 128,00 DM
 35,120 8,0

Lengfeld

Gasthof Zum Hirschen
PLZ 97070, Laurentiusstr. 5
☎ 0931–271937 Fax: 278300
12 Zimmer, 23 Betten
EZ: 50,00 DM, DZ: 90,00 DM
 6,0

Hotel Karl
Inh. Gerd Paulig
PLZ 97076, Georg-Engel-Str. 1
☎ 0931–273023, 275066
8 Zimmer, 14 Betten
EZ: 80,00 DM, DZ: 120,00 – 140,00 DM
5,0

Sanderau

Hotel garni Groene
PLZ 97072, Scheffelstr. 2
☎ 0931–74449
7 Zimmer, 11 Betten
EZ: 35,00 – 38,00 DM,
DZ: 60,00 – 64,00 DM
Preise ohne Frühstück
 2,0

Unterdürrbach

Ringhotel Wittelsbacher Höh
PLZ 97082, Hexenbruchweg 10
☎ 0931–42085/-6 Fax: 415458
70 Zimmer, 140 Betten
EZ: 115,00 – 175,00 DM,
DZ: 160,00 – 300,00 DM
 10-100
2,0

Hotel Schloß Steinburg
PLZ 97080, Auf dem Steinberg
☎ 0931–93061 Fax: 97121
48 Zimmer, 95 Betten
EZ: 120,00 – 140,00 DM,
DZ: 180,00 – 240,00 DM,
HP: 40,00 DM, VP: 65,00 DM

 5-80 7,0

Versbach

Hotel Mühlenhof
PLZ 97078, Frankenstr. 205
☎ 0931–21001/-2 Fax: 29275
30 Zimmer, 60 Betten
EZ: 110,00 DM,
DZ: 160,00 – 175,00 DM
 20,40,80 4,0

Hotel Lindleinsmühle garni
PLZ 97078, Frankenstr. 15
☎ 0931–23046/-7 Fax: 21780
18 Zimmer, 35 Betten
EZ: 70,00 – 75,00 DM, DZ: 120,00 DM
20,50
4,0

Gasthof Jägerruh
PLZ 97080, Grombühlstr. 55
☎ 0931–281412 Fax: 21892
16 Zimmer, 31 Betten
EZ: 40,00 – 60,00 DM,
DZ: 80,00 – 92,00 DM
 15,30,80 3,0

Autokennzeichen erzählen

Von Augsburg bis Zweibrücken
367 Seiten, 13 Karten, DM 19,80
ISBN 3-89425-110-7

Mehr als 700 deutsche Autokennzeichen
aus 116 Stadt- und 324 Landkreisen
begegnen uns täglich auf Autobahnen und
Landstraßen. Daß sich hinter dem Kürzel
HOM der Saar-Pfalz-Kreis ganz im Westen
Deutschlands, hinter MST der Kreis
Mecklenburg-Strelitz und hinter MOL der
an Polen grenzende Kreis Märkisch-
Oderland mit Sitz in Seelow verbergen,
weiß kaum einer. Dieses Buch macht
neugierig auf Unbekanntes. Er erzählt auf
informative und unterhaltsame Weise von
der Heimat eines jeden Kennzeichens und
von den Menschen, die dort leben und
arbeiten.

*»Endlich hat das Rätselraten um die neuen
Kennzeichen ein Ende.« (Hessischer
Rundfunk)*

*»Ob als vorbereitende Reiselektüre oder als
Zeitvertreib im Stau - ... jetzt die
Auflösung·der bisher unbekannten Kürzel
auf den Autokennzeichen ...«
(Norddeutscher Rundfunk)*

Übernachten in Tschechien & Slowakei

Hotel- und Campingführer
234 Seiten, 2 Karten, DM 19,80
ISBN 3-89425-106-9

Im Herzen Europas gelegen, werden die Tschechische und die Slowakische Republik immer wichtigere Reiseländer. Ob Badeaufenthalt in Böhmen oder Bergtour in der Hohen Tatra, ob Business in Prag oder Wanderung im Riesengebirge, - dieser Hotel- und Campingführer ist auch in den schwierigen Zeiten des Umbruchs im Osten ein zuverlässiger Reisebegleiter. Nach Regionen geordnet, enthält das Taschenbuch das gesamte professionelle Beherbergungsangebot zwischen Böhmerwald und Riesengebirge, Böhmischem Bäderdreieck und Hoher Tatra. Dokumentiert werden 1327 Hotels und Motels, 480 Pensionen, 473 sonstige Beherbergungseinrichtungen von der einfachen Berghütte bis zum komfortablen Erholungsheim, 401 Campingplätze und 133 Tourist-Informationen.

Übernachten in Benelux

Hotelführer
359 Seiten, kartoniert, DM 24,80
ISBN 3-89425-108-5

Dieser Hotelführer besticht durch seine
Aktualität und Gründlichkeit. Er ist der
ideale Reisebegleiter sowohl für den
Kurzurlauber als auch für den
Geschäftsreisenden. Er ist der Schlüssel
zu mehr als 3500 Herbergen vom
Landgasthof bis zum Luxushotel
zwischen Aachen und Oostende,
Schiermonnikoog und Luxemburg.

Ob Geschäftsreise nach Luxemburg oder
Urlaub an der See, Radtour durch die
Ardennen oder Städtetrip nach Brügge:
Dieser Hotelführer wird Ihnen ein
unentbehrlicher Weggefährte, besonders
weil er auch gewissenhaft die
Übernachtungspreise bereithält.

GrafiTäter & GrafiTote